Arena-Taschenbuch
Band 1890

Willi Fährmann,
1929 geboren, holte nach einer Maurerlehre das Abitur an Abendschulen
nach und studierte anschließend an der Pädagogischen Hochschule.
Er arbeitete als Lehrer und als Schulrat.
Er zählt zu den bedeutendsten deutschen Kinder- und
Jugendbuchautoren und erhielt zahlreiche
Auszeichnungen, u.a. den Deutschen Jugendliteraturpreis für
»Der lange Weg des Lukas B.«.

Arena-Bücher von Willi Fährmann:

»Timofej oder Der gestohlene Nikolaus«
»Der König und sein Zauberer«
»Jakob und seine Freunde«
»Roter König – weißer Stern«
»Der lange Weg des Lukas B.«
(gebunden und als Taschenbuch-Band 2526)
»Zeit zu hassen, Zeit zu lieben«
(gebunden und als Taschenbuch-Band 2527)
»Das Jahr der Wölfe«
(gebunden und als Taschenbuch Band 2528)
»Kristina, vergiß nicht . . .«
(gebunden und als Taschenbuch Band 2529)
»Der Mann im Feuer«
»Meine Oma macht Geschichten«
»Der Wackelzahn muß weg!«
(Edition Bücherbär im Arena Verlag)
»Thomas und sein toller Zoo«
(Edition Bücherbär im Arena Verlag)
»Hamster Leo's Geheimversteck«
(Edition Bücherbär im Arena Verlag)
»Es geschah im Nachbarhaus« (gebunden und als
Taschenbuch Band 2500)
»Der überaus starke Willibald« (Taschenbuch Band 1950)
»Ein Platz für Katrin« (Taschenbuch Band 1315)
»Das feuerrote Segel« (Taschenbuch Band 1473)
»Siegfried von Xanten« (Taschenbuch Band 1830)
»Kriemhilds Rache« (Taschenbuch Band 1831)
»Elsa und der Schwanenritter« (Taschenbuch Band 1832)
»Dietrich von Bern« (Taschenbuch Band 1833)
»Gudrun« (Taschenbuch Band 1834)

Willi Fährmann

Und leuchtet wie die Sonne

Geschichten für jeden Tag
vom Martinsabend bis Dreikönige

Mit Illustrationen von Karel Franta

1. Auflage als Arena-Taschenbuch 1996
© dieser Taschenbuchausgabe Willi Fährmann 1996
Die gebundene Ausgabe erschien im Echter Verlag, Würzburg
Umschlaggestaltung und Innenillustrationen: Karel Franta
Gesamtherstellung: Westermann Druck Zwickau GmbH
ISSN 0518-4002
ISBN 3-401-01890-6

Inhalt

November

11.11. Martin und Markus mit dem Raben	5
12.11. Tollwut	11
13.11. Das schönste Rad der Welt	16
14.11. Bon voyage	20
15.11. Die Macht der Liebe	31
16.11. Der Alvenbogen	34
17.11. Freundschaft	39
8.11. Der blaue Götterstein	45
19.11. Zwölf Wünsche für Elisabeth (1. Teil)	50
20.11. Zwölf Wünsche für Elisabeth (2. Teil)	56
21.11. Zwölf Wünsche für Elisabeth (3. Teil)	60
22.11. Tappert meldete sich	65
23.11. Die wildgewordene Straßenbahn	71
24.11. Knöpfchen	75
25.11. Ein Fisch, ein Fisch ist mehr als ein Fisch (1. Teil)	79
26.11. Ein Fisch, ein Fisch ist mehr als ein Fisch (2. Teil)	84
27.11. Ein Fisch, ein Fisch ist mehr als ein Fisch (3. Teil)	90
28.11. Irgendwie hat sich der Junge verändert	95
29.11. Das Jahr der Wölfe	101
30.11. Die Legende von den drei Feldherren	108

Dezember

1.12. Die Geschichte von den drei Schülern	112
2.12. Nur ein schmaler Spalt	118
3.12. Die Legende vom Mädchen im Turm	124
4.12. Der Barbarazweig	128
5.12. Die Geschichte von der ausländischen Arbeiterin	133
6.12. Die Legende von Nikolaus und Jonas mit der Taube	140
7.12. Die Legende vom steinharten Herzen	145
8.12. Interview mit einer Holzfigur	149
9.12. Die Legende vom armen Kaufmann und vom alten Teppich	153
10.12. Begegnung in der Nacht	157
Freu dich, Erd und Sternenzelt	165
Felsenharte Bethlehemiten	166

11.12. »Spaghettifresser«	167
12.12. Eine Rose im Poncho	170
13.12. Die Legende vom Mann mit den drei goldenen Äpfeln	174
14.12. Die Legende von der Rettung aus Seenot	177
15.12. Geschäft bleibt Geschäft	180
16.12. Die kleine Pforte von Bethlehem	187
17.12. Die Hechte werden bald beißen	190
18.12. Ein Stern ging auf	197
Dreikönigsspiel im Advent	201
19.12. Der Alte	204
20.12. Zwei Fabeln	214
Lieder mit doppeltem Boden	216
21.12. Hochwasser am Niederrhein	220
Johanna Sebus	225
22.12. Anthony Burns	226
23.12. Wie Ochs und Esel in der Heiligen Nacht	
in den Stall kamen	231
24.12. Heiligabend	
Hirtenspiel in der Heiligen Nacht	235
25.12. Mirjam	238
26.12. Fünf Steine auf Stephanus	247
27.12. Tod am Brunnen	250
28.12. Das Katzkanin	259
29.12. Die Eulenmühle	264
30.12. Sehen mit neuen Augen	270
Sterne	274
31.12. Die Badewanne	276
Zur Jahreswende	280

Januar

1.1. Zum neuen Jahr	281
Jan und die toten Säuglinge	281
2.1. Die Gewißheit des Wortes	287
Spiele im Schnee	296
3.1. Hast du was, dann bist du was	298
4.1. Die Kündigung	303
5.1. Gold im Kornett	308
6.1. Daniel und der Hund des Königs	314

11. November
Martin

Martin und Markus mit dem Raben

Über Nacht war der Winter gekommen. Den ganzen Tag über fegte ein scharfer Eiswind durch die Straßen der kleinen Stadt. Er wirbelte Schneeflocken vor sich her. Erst gegen Abend wurde der Himmel klar. Dunkel lagen die Häuser. Die meisten Menschen waren früh in die Federn gekrochen. Nur im Gasthaus »Zum Goldenen Apfel« brannte noch Licht. Auf dem Platz vor dem Haus waren einige Pferde an eisernen Ringen festgebunden. Sie scharrten mit den Hufen im Schnee. Ihr Fell rund um das Maul war weiß vom Reif.
Die Tür der Gaststube öffnete sich einen Spalt. Ein Junge schlüpfte heraus und ging zu den Pferden. Einem Apfelschimmel tätschelte er den Hals. Mit seiner Hand wischte er den Schnee vom Sattel. Voll und rund stand der Mond am Himmel. Der Schnee glitzerte in seinem matten Licht.
Lange hielt es der Junge in der Kälte nicht aus. Er lief zurück ins warme Haus. Einen Augenblick lang schien hell das Licht durch die Tür. Da war es deutlich zu sehen: Der Junge trug einen Raben auf seiner linken Schulter.
In der Stube lärmten Männer. Becher klirrten. Würfel rollten über die weißgescheuerte Tischplatte. Die Männer hatten rote, erhitzte Gesichter.

Ihre eisernen Helme, die Schwerter und Mäntel lagen achtlos über Tische und Bänke verstreut.

»Wir trinken auf Martin, den jüngsten Hauptmann in unserer Legion«, rief einer.

»Lang soll er leben!« Sie hoben die Becher.

Der Junge mit dem Raben stand hinter Martin. Plötzlich reckte der Rabe seinen Kopf und schrie laut und deutlich: »Martin! Martin!«

»Wenn ich es nicht mit eigenen Ohren hören könnte«, sagte ein alter, grauhaariger Offizier, »ich würde es nicht glauben, daß ein dummer Vogel so gut sprechen kann.«

»Der Rabe hat mehr Verstand als ihr alle.« Martin stand auf. »Es ist spät geworden. Laßt uns ins Lager reiten. Morgen müssen wir früh hinaus.«

»Martin hat all sein Geld im Spiel verloren. Jetzt will er nach Hause«, johlte einer. »Kein Pfennig ist mehr bei ihm zu holen. Seine Taschen sind leer.«

»Martin hat recht, Freunde«, sagte der Alte. »Wir müssen ins Lager zurück, los, wir brechen auf.«

»Martin, Martin«, kreischte der Rabe.

»Ist gut, ist gut«, lachte der Junge. »Unser Herr kommt ja schon.« Er tippte dem Vogel mit dem Finger gegen den Schnabel.

»Gib mir meinen Mantel, Markus«, befahl Martin. Der Junge legte seinem Herrn den dicken roten Mantel um die Schultern und reichte ihm Helm und Schwert.

Martin trat ins Freie. »Der Wind weht kalt«, knurrte er und schlug seinen Mantelkragen hoch. Markus zurrte den Sattelgurt fest. Der Apfelschimmel wieherte.

»Finster ist es zwischen den Häusern«, sagte Martin zu Markus. »Du solltest eine Laterne mitnehmen, wenn wir des Abends in die Stadt gehen.«

»Ja, Herr«, antwortete Markus.

Die Offiziere ritten los. Im neuen weichen Schnee waren die Tritte der Pferde kaum zu hören. Nur dort, wo der Wind das Pflaster blankgeweht hatte, klangen die Hufschläge hell durch die Nacht.

»Martin, Martin«, rief der Rabe.

»Ja, ja, ich reite nicht zu schnell, damit ihr folgen könnt«, sagte Martin.
Markus mußte aber doch rennen, wenn er Martin nicht aus den Augen
verlieren wollte.
Fest krallte sich der Rabe an seine Schulter.
»Eigentlich könntest du fliegen, du fauler Bursche«, schimpfte Markus.
Der Rabe schlug zwar gelegentlich mit den Flügeln, blieb aber auf der
Schulter des Jungen sitzen.
Am Stadttor brannte eine Laterne. In ihrem trüben Lichtschein hockte ein
zerlumpter Mensch. Hoch reckte er seinen nackten Arm. In der Hand hielt
er die Bettelschale.
»Hast du etwa auf uns gewartet?« rief ein Offizier übermütig. »Du sollst
bekommen, was du verdienst!« Er ritt scharf an dem Bettler vorbei, so
daß der Schnee hoch aufflog und den armen Mann überstäubte. Stumm
hielt der Mensch den Reitern die Bettelschale entgegen. Schimpfworte
und höhnische Bemerkungen waren alles, was die Soldaten für ihn übrig
hatten.
Auch Martin sah den Bettler in der Kälte hocken. Der arme Mann saß da,
sagte kein Wort und schaute Martin ruhig an. Martin wich dem Blick nicht
aus. Er zügelte sein Pferd.
»Komm endlich, Martin«, riefen seine Freunde. »Bettler gibt es zu viele
auf der Welt. Komm endlich, komm! Soll er selbst sehen, wie er sich
durchschlägt.«
Martin hörte nicht auf sie. Er sprang vom Pferd und beugte sich zu dem
Menschen hinunter.
Markus mit dem Raben, der hinter den Reitern hergerannt war, hatte
Martin inzwischen erreicht. Was machte sein Herr dort bei dem Bettler
im Schnee?
»Martin, Martin«, krächzte der Rabe.
Einen Augenblick lang schaute Martin auf. Er lächelte dem Vogel zu.
»Ich hab' dich verstanden«, sagte er.
Dann wandte er sich an den Bettler. »Ich besitze keinen einzigen Pfennig
mehr, Mann«, erklärte er ihm. »Alles habe ich beim Würfelspiel verlo-
ren.«
Der Arme ließ die Bettelschale sinken und starrte traurig vor sich in den

Schnee. »Kalt ist mir, kalt«, murmelte er und preßte die nackten Arme eng an seinen Leib.

Martin zögerte einen Augenblick. Doch dann riß er seinen warmen, roten Umhang von den Schultern, zog sein Schwert und trennte mit einem wuchtigen Hieb den Mantel mitten entzwei.

»Hülle dich darin ein, du armer Mensch«, sagte er und deckte ihn mit der einen Hälfte des Mantels behutsam zu.

Markus staunte, denn Martin besaß nur diesen einen Mantel. Es schien seinem Herrn Freude zu machen, den Mantel zu teilen. Fröhlich schwang er sich aufs Pferd und rief: »Markus mit dem Raben, renn los, damit wir bald ins Lager kommen.«

Martins Freunde hatten von ferne zugesehen. Sie warteten am Lagertor.

»Wer den Armen helfen will, der fängt den Regen mit einem Sieb auf«, spotteten sie.

Selbst der alte Offizier schüttelte den Kopf und sagte: »Ein halber Mantel, das ist gar kein Mantel.« Aber Martin schwieg.

»Geteilte Wärme ist doppelte Wärme«, rief Markus den Männern zu.

»Grünschnabel«, fuhr ihn der Alte an. »Gib besser acht auf deinen Herrn, wenn er wieder solchen Unsinn machen will.«

»Komm ins Haus, Markus«, sagte Martin. »Vergiß nicht, den Raben zu füttern.«

Markus konnte zunächst nicht einschlafen. Er lag auf seiner Decke, nahe bei der Tür. Das Mondlicht schien durchs Fenster. Der Rabe hockte mit aufgeplustertem Gefieder auf seiner Stange, den Kopf tief eingezogen. Martins ruhige Atemzüge zeigten es an, sein Herr schlief bereits. Auch dem Jungen fielen schließlich die Augen zu.

Im Traum hörte Markus es deutlich: »Martin, Martin!« klang es durch den Raum. Der Junge fuhr erschreckt hoch.

»Still, du Lausevogel!« zischte Markus den Raben an. Der aber schlief und rührte sich nicht.

Martin richtete sich schlaftrunken auf. »Halt deinen Rabenvogel still«, murmelte er.

»Der Rabe war's nicht«, flüsterte Markus. Aber Martin hörte ihn nicht mehr. Er hatte sich auf die andere Seite gedreht und schlief weiter.

Der Junge lauschte eine Weile, doch nichts rührte sich. Da schlief auch er wieder ein.

Wenig später ertönte ein zweites Mal die Stimme: »Martin, Martin!« Die beiden schreckten hoch.

»Jetzt reicht's mir aber«, maulte Martin. »Gib endlich Ruhe, du Miststück!«

Markus wandte keinen Blick von dem Vogel. Doch der saß da, den Kopf tief im Gefieder verborgen.

»Der Rabe war es nicht«, sagte der Junge.

»Wer sonst?« knurrte Martin verschlafen.

Markus war hellwach. Er setzte sich auf, lehnte seinen Rücken gegen die Wand und starrte in das Zimmer. Nichts rührte sich. Kein Laut war zu hören. Endlich sank Markus zurück in Schlaf und Traum.

Wieder wuchsen aus dem Dunkel die Lichter, die Schatten, die Bilder. Wer war das, der sich da langsam auf das Haus zubewegte? Markus erkannte die Gestalt sofort. Es war kein Zweifel möglich. Der Bettler stand dort beim Fenster. Den roten Mantel hatte er um die Schultern gelegt. Aber wie sah er jetzt aus? Ein helles, strahlendes Licht umfloß ihn. Markus mußte die Augen zu schmalen Schlitzen zusammenkneifen.

»Martin, Martin!« rief die Lichtgestalt. »Was du dem Menschen in der Kälte getan hast, das hast du mir getan.«

Markus richtete sich auf und rieb die Augen. In diesem Augenblick fuhr auch der Soldat hoch und suchte seinen Schuh. Er wollte nach dem Raben werfen.

Doch warum hielt Martin inne? Warum warf er nicht? Was sah er? Er staunte und schwieg.

Das Licht zerfloß. Nur der Mondenschein machte die Kammer ein wenig hell. Martin und Markus schauten sich an. Sie sprachen kein Wort mehr in dieser Nacht, obwohl der eine vom anderen hörte, daß er noch lange wach lag.

»Martin, Martin«, kreischte der Rabe, als die gelbe Wintersonne ihre ersten Strahlen durch die Scheibe schickte.

Markus sprang auf und trat an Martins Lager. »Ich glaube, Herr, der Rabe hat die Ruhe gestört. Er hat heute nacht so seltsam geschrien.«

»Es war nicht dein Rabe, Markus!« antwortete Martin leise. »Der Heiland ist uns begegnet. Im armen Menschen ist er uns begegnet, wie er selbst gesagt hat.«

»Was hat er gesagt?« fragte Markus.

»Ich war nackt, und du hast mich bekleidet, hat er gesagt.«

»War's doch mehr als ein Traum?« fragte der Junge.

Da antwortete Martin: »Wovon wir heute noch träumen, Junge, das kann morgen schon wirklich sein.«

An den folgenden Tagen war Markus emsig beschäftigt. Aus dünnen Brettstückchen und bunten Glasscherben baute er eine Laterne.

Eine Woche später mußte er Martin wieder in die Stadt begleiten. Er zündete das Öllicht in der Laterne an. Herrlich drang der Schein durch das farbige Glas. Richtige Bilder waren zu erkennen: der rote Mantel, der arme Mann im Schnee, der Apfelschimmel und das Schwert.

»Du bist ja ein Künstler, Markus. Durch die Bilder scheint hell das Licht«, sagte Martin. »Deine Laterne erzählt eine Geschichte, Markus.«

»Ja«, antwortete Markus. »Eine Geschichte für jeden schimmert hindurch. Eine Geschichte der neuen Welt.«

12. NOVEMBER

Tollwut

Wie an jedem Abend sagten Siegfried und Bruno nach dem Abendessen gute Nacht und gingen in ihre Dachkammer. Siegfried sprach nur wenig mit Bruno, und dem war das recht. In den ersten Tagen, als sie noch in einem Bett zusammen schlafen mußten, waren beide bis an die äußerste Kante gerutscht, um sich nicht zu berühren. Dann aber hatte Paul für Bruno aus Brettern eine Bettstelle zusammengebaut. Hildegard bekam von ihren Eltern ein Oberbett geschenkt, und Frau Kursanka hatte dem Paul für ein paar Mark einen guten Strohsack überlassen.

Wenn es dunkel geworden war, dann hatte Siegfried gelegentlich mit leiser Stimme gebeten: »Erzähl mir von meinem Opa und von meiner Oma aus Ostpreußen.« Widerwillig erst, dann aber immer ausführlicher, hatte Bruno von den Warczaks erzählt, von den beiden leichten Pferden, von den Fahrten mit dem Wagen, vom Pflügen und Kartoffelesen, von der Kornernte, vom Dreschen in den Wintermonaten, wenn die Drescher aus dem Polnischen kamen und für ein paar Tage viele Stunden lang die Dreschflegel schwangen. Wenn er dann schließlich aufhörte, war Siegfried meist bereits eingeschlafen.

»Erzähle mir, wie meine Oma gestorben ist«, forderte Siegfried an diesem Abend.

»Woher weißt du davon?« fragte Bruno.

»Ich hab' den Brief gelesen, den mein Opa geschrieben hat, aber als Vater das sah, hat er den Brief in die Kiste eingeschlossen.«

Bruno stand mit einem Mal dieser Abend wieder ganz klar vor Augen. Er begann, zuerst stockend, zu erzählen, aber dann vergaß er Siegfried und die Schlafkammer und Gelsenkirchen, und es war ihm, als ob alles erst gestern geschehen wäre.

»Es war wenige Monate nachdem die Russen mit den Deutschen 1917 Frieden geschlossen hatten. In der Dämmerung war Frau Warczak, das Joch auf den Schultern, zum Dorfbrunnen gegangen. Die Warczaks hatten zwar längst, wie die meisten Höfe, einen eigenen Brunnen, aber es war mühsam, den Wassereimer mit einer Kurbel hochzudrehen. Den Dorfbrunnen haben die Bienmanns gebaut. Er besaß einen Zugbalken, der über einer eisernen Achse leicht zu heben und zu senken war. Ein Kind konnte das Wasser emporholen. Aber was die Frauen mehr lockte, das war das abendliche Treffen dort am Brunnen, der kleine Schwatz nach dem langen Tag harter Arbeit in Stall und Feld und Haus.

An diesem Abend nun schöpfen die Frauen das Wasser, stellen die gefüllten Eimer auf die Straße und reden miteinander. Auch Bertha Kaldaun ist dabei, ein weizenblondes, stabiles Frauenzimmer, gerade zwanzig vielleicht. Auf dem Arm trägt sie ihren kleinen Bruder, wie beinahe jeden Abend, und während sie das Wasser hochhievt, stellt sie ihn auf die eigenen Beine, und er läuft von einer Frau zur anderen. Stefan war damals noch nicht in der Schule. Ein Kind wie Milch und Blut, sagte deine Oma noch, als sie schon auf den Tod lag.

An diesem Abend nun albern die Frauen mit dem Jungen herum, fragen ihn, welche von ihnen er später einmal heiraten will, und lachen laut, als Stefan auf seine Schwester zeigt und sagt: ›Die ist die stärkste.‹

An diesem Abend kommt er aus den Wäldern. Ein ausgewachsener Fuchs, von Bienmanns Haus her an der Kirche vorbei auf den Brunnen zu. Sein Fell ist zottig. Er läuft langsam. Es sieht aus, als ob er schwankt. Seine Lefzen hat er hochgezogen, das entblößte Gebiß schimmert gelblich, und geradewegs auf die Frauen zu nimmt er seinen Weg. Die verstummen, schauen und stehen wie gelähmt.

›Tollwut!‹ stößt Trudchen Grumbach hervor.

Wie durch ein Zauberwort sind die Frauen aus ihrer Starrheit erlöst, rennen los, schreien auch. Auch deine Oma läuft weg, dreht sich aber noch einmal um und sieht den Stefan am Brunnen stehen. Ja, er tappt dem Fuchs sogar ein paar Schrittchen entgegen.

›Bertha!‹ schreit die Warczak. ›Bertha, dein Bruder!‹ Aber die Bertha Kaldaun scheint taub, rennt weiter.

Da geht deine Oma zurück an den Brunnen, ist gleichzeitig mit dem Fuchs dort. Der steht kaum einen Schritt von dem Kind entfernt, knurrt und keucht, und der Junge verzieht sein Gesicht, beginnt zu schluchzen, aber rennt nicht weg. Die Warczak nimmt ihr hölzernes Joch vom Boden auf, der Fuchs macht einen Satz auf sie. Sie steht genau zwischen dem Jungen und dem Tier. Der Stefan klammert sich an ihren Rock.

›Lauf doch, Dummkopf!‹ schreit sie, aber er greift nur fester in ihren Rock. Da springt der Fuchs. Sie schlägt ihm das Joch zwischen die Ohren. Er fällt zu Boden, taumelt, rafft sich auf, springt noch einmal wie wahnsinnig, verbeißt sich in ihre Hand. Sie schüttelt ihn ab, drischt mit dem schweren Joch auf den roten Pelz, immer wieder und wieder und immer noch, als der Fuchs schon längst mit glasigen Augen tot daliegt.

Sicher, der Warczak reitet los wie ein Wilder und holt den Arzt aus Ortelsberg in derselben Nacht noch. Als der hört, was vorgefallen ist, da will er nicht kommen, weil gegen die Tollwut kein Kraut gewachsen ist.

›Wo ist Ihre Tasche?‹ fragt der Warczak.

›Welche Tasche?‹ will der Arzt wissen.

›Na, die Sie immer mit sich herumschleppen, wenn Sie die Kranken besuchen.‹

›Da steht sie doch, Tölpel. Wo sie immer steht‹, antwortet der Arzt und zeigt in die Flurecke. ›Aber ich sage dir, Warczak, hat sie sich angesteckt, dann ist sie hin, ob ich nun komme oder nicht. Wenn nicht, dann bin ich sowieso überflüssig.‹

Schon will er dem Warczak die Tür vor der Nase zuschlagen und zurück ins warme Bett, da stößt der zu, die Tür knallt gegen die Wand. Er packt die Tasche, hebt den Arzt vom Boden auf und schwingt sich mit dem Doktor und der Tasche auf den Gaul und hetzt das Tier, daß der Schaum

nur so flockt. Und während des Ritts, da singt der Warczak und schreit
zu den Heiligen: ›Ora pro nobis‹, brüllt er, ›bitte für uns‹, und den ganzen
Weg hört er nicht auf und vergißt keinen Märtyrer, keinen Bekenner,
keine heiligen Frauen, keine Kirchenlehrer. Kein Wort sagt der Arzt,
steigt vom Pferd, tritt in das Haus, reinigt die Wunde mit starkem
Seifenwasser, verbindet sie, und bevor er die Kutsche besteigt, die ihn in
die Stadt zurückbringen soll und die der Bauer Kaldaun ihm bereitwillig
gestellt hat, trinkt er einen großen Schnaps, den der Warczak ihm ein-
schenkt, und läßt nachgießen und trinkt wieder. ›Warczak‹, sagt er, ›wirst
für deine Frau jetzt eher den Pfarrer brauchen als den Arzt. Nach drei bis
vier Wochen wird sich's zeigen. Bring sie ins Hospital, wenn die Krämpfe
beginnen.‹ Und als er den Warczak mit hängendem Kopf stehen sieht, da
sagt er: ›Wie viele, Warczak, sind in den letzten Jahren gestorben und
sterben immer noch, weil sie ausgezogen sind, Menschen zu töten. Deine
Frau hat ein Menschenleben gerettet, ein Kinderleben, Warczak. Sie
werden ihr das Eiserne Kreuz nicht verleihen. Aber vergessen, mein
Lieber, vergessen wird das Dorf die Warczak nie. Die Frau, die sich
zwischen den tollwütigen Fuchs und ein Kind gestellt hat, werden sie in
der ganzen Gegend sagen, und alle werden sie ein wenig teilhaben wollen
an dem, was am Brunnen in Liebenberg geschah.‹
Der Arzt steht noch bei dem Warczak. Der schaut ihm jetzt ins Gesicht
und sagt: ›Danke‹, und nach einem Augenblick fährt er fort: ›Und nichts
für ungut, Doktor, daß ich Sie . . . na ja, daß ich Ihnen geholfen hab',
hierher zu kommen.‹
›Laß gut sein, Warczak‹, sagt der Arzt. ›Aber schenk mir die halbe
Flasche Schnaps. Hat mindestens sechzig Prozent, dein Fusel.‹
›Sie werden die Engel singen hören, Doktor, wenn Sie die Flasche
leersaufen‹, warnt der Warczak und reicht die Flasche dem Arzt hinüber.
›Ich werd' keinen Tropfen mehr von dem Zeug trinken, Mann. Den
Hintern hast du mir wundgeritten. Es gibt nichts Besseres als Schnaps auf
die aufgeriebene Haut. Merk dir's!‹
Deine Oma, Siegfried, die hat gewußt, daß sie den Tod nicht mehr aus
der Kammer treiben kann. Ich habe erzählen hören, daß sie einen harten
Tod gestorben ist. Wie es genau war, Siegfried, das weiß ich nicht, weil

sie uns ferngehalten haben von ihr, ehe das Fieber und die Krämpfe über sie kamen.«

»Ist das auch nicht gelogen?« fragte Siegfried, als Bruno verstummte.

»Genauso war es, Siegfried. Ganz genauso! Du hast eine Großmutter gehabt, auf die du stolz sein kannst.«

13. November

Das schönste Rad der Welt

Es regnete den ganzen Vormittag in Strömen. Die Regentropfen klatschten schwer in die Pfützen und ließen tausend kleine Springbrunnen emporschießen. Großmutter nützte die Zeit und schrieb lange Briefe. Einer war für ihre Schwester bestimmt, die schon seit fünf Wochen in einem Krankenhaus liegen mußte. Der zweite lag zusammengefaltet im Umschlag und sollte an ihre Tochter geschickt werden.
»Gleich schreibe ich noch an eure Eltern«, kündigte sie ihren Enkeln Anna und Johannes an. »Du, Johannes, kannst dann einen Gruß darunterschreiben.«
»Ich auch«, rief Anna.
»Ja, Kind, ich werde dir die Hand führen«, versprach die Großmutter.
Anna wandte sich wieder ihren Puppen zu. Johannes hockte in dem mächtigen Sessel, der am Fenster stand, und sah und hörte nichts. Er las. Die Bäuerin hatte ihm eine Bibel für Kinder geliehen. »Ist noch von meiner Tochter«, hatte sie gesagt.
Johannes vertiefte sich in das abenteuerliche Schicksal von Joseph, der von seinen eigenen Brüdern verraten und verkauft worden war. Die Ohren wurden bei der spannenden Geschichte immer röter. Schließlich ließ Johannes das Buch sinken und fragte: »Großmutter, wie sieht Gott eigentlich aus?«

»Wie so ein ganz alter, großer Opa sieht er aus«, antwortete Anna. »Einen langen weißen Bart hat er.«

»Wer hat dir denn den Unsinn erzählt?« lachte die Großmutter.

»Habe ich selbst gesehen«, verteidigte sich Anna. »Meine Freundin Martina hat ein Foto davon.«

Johannes schrie: »Quatsch. Gott kann man nicht fotografieren.«

»Hat sie aber!« Anna wurde böse.

Großmutter legte Briefpapier und Kugelschreiber beiseite und erzählte: »Wißt ihr, Kinder, das ist keine neue Frage, die der Johannes da stellt. Vor langer, langer Zeit, da hat ein bedeutender Mann schon einmal gefragt: ›Wie siehst du aus, Gott?‹ Der Mann hieß Moses. Er hatte das Volk Israel durch die Wüste geleitet. Er wollte die Menschen in das wunderbare Land führen, das Gott seinem Volk versprochen hatte. ›Ich möchte dich einmal sehen, Gott‹, hat Moses in den Wind gerufen. Gott hat die Stimme dieses Mannes gehört.

›Da im Gebirge ist ein tiefer Felsspalt‹, hat Gott dem Moses geantwortet. ›Gehe tief in diesen Spalt hinein. Drehe dein Gesicht der Felswand zu. Ich will draußen vorüberschreiten.‹

Moses tat so, wie Gott es gesagt hatte. Ganz weit ging er in den Spalt hinein und stellte sich dicht vor die steinerne Wand. Plötzlich war Moses wie von hundert Blitzen geblendet. Feuriges Licht, wie es nie zuvor ein Mensch geschaut hatte, strahlte hell auf.

Moses wurde von großer Freude erfüllt. Er eilte zu seinem Volk zurück und wollte alles erzählen. Auf seinem Gesicht aber lag ein solcher Glanz, daß niemand ihn anblicken konnte. Er mußte sein Gesicht mit einem Schleier verhüllen. Er hatte den Widerschein Gottes mit eigenen Augen gesehen.«

»Was ist das, ein Widerschein?« wollte Anna wissen.

Johannes zeigte zu den Baumwipfeln hinauf. Es hatte zu regnen aufgehört. »Da ist ein Widerschein, Anna«, sagte er. »Die Sonne kann man jetzt aus unserem Fenster nicht sehen. Aber ihre Strahlen fallen auf die Bäume. Du kannst den Sonnenschein sehen.«

»Ist das ein Widerschein?« fragte Anna ungläubig.

»Ja, Anna, das ist ein Widerschein«, bestätigte die Großmutter.

Spätnachmittags gingen die Kinder mit der Großmutter ins Dorf. Sie wollten die Briefe an der Post einwerfen. Als sie am Hof des Bauern Heekerens vorbeikamen, blieben sie wie angewurzelt stehen. Da stolzierte ein sehr großer Vogel über den Hof. Grün und blau schillerte sein Gefieder. Einen langen Federschweif schleppte er hinter sich her.

»Ein ganz, ganz großer Hahn«, staunte Anna.

»Nein, Kind, das ist kein Hahn. Das ist ein prächtiger Pfau«, erklärte die Großmutter.

»Der hat herrliche Federn«, schwärmte Johannes. »Die wären richtig für einen Indianerhut.«

Der Pfau hüpfte die Treppenstufen zum Wohnhaus hinauf, sprang auf das Steingeländer und stand schließlich im hellen Sonnenlicht. Sein Gefieder funkelte. »Widerschein«, flüsterte Anna.

Mit einem Mal begann der Pfau, seine Schwanzfedern zu spreizen und auszubreiten. Er entfaltete sie schließlich zu einem riesigen Rad. Der zarte, durchsichtige Federkranz schien wie mit Edelsteinen besetzt.

»Tretet ein wenig hierher«, sagte Großmutter leise.

Die Kinder schlichen zu ihr hin. Die Sonnenscheibe stand jetzt genau hinter dem Pfauenrad.

Johannes mußte die Augen zu ganz schmalen Schlitzen zusammenkneifen, so blendete ihn der Glanz.

»Ein Zeichen«, flüsterte er. »Der Pfau ist ein Zeichen.«

Die Haustür öffnete sich, und eine Frau trat heraus. Erschreckt klappte der Pfau sein Rad zusammen und sprang von dem Geländer hinab in den Hof zurück. Dabei flatterte er heftig mit den Flügeln und schrie schrill und aufgeregt.

»Ja«, sagte die Großmutter, »ein Zeichen für Gottes Herrlichkeit ist er. Wenn ihr genau zuschaut, Kinder, dann entdeckt ihr viele Spuren Gottes in unserer schönen Welt. Und einmal wird sich die Herrlichkeit Gottes überall zeigen. Unvorstellbar schön wird das sein.«

»Wie der Pfau mit dem Sonnenrad«, sagte Anna.

»Viel, viel schöner«, behauptete Johannes.

Als Anna am Abend in die große Bauernstube trat, hatte sie sich den Fetzen einer alten Gardine über den Kopf und vor das Gesicht gehängt.

»Anna ist eine Braut«, lachte Johannes.

»Bin ich nicht«, kam es unter dem Schleier hervor. »Ich bin wie der Moses. Ich habe den Widerschein im Gesicht von dem Sonnenpfau.«
»Ist aber lästig beim Essen«, neckte Johannes sie. »Es gibt Blaubeerpudding.«
»Guck weg«, befahl Anna. »Ich nehme meinen Schleier ab. Blaubeerpudding ist mein Leibgericht.«

14. November

Bon voyage

Sie war zweiundvierzig, als sie es wagte.
Was ist schon dabei, sagte sie sich, nach so vielen Jahren. Ganz bewußt hatte sie sich diesen Satz immer wieder vorgesprochen, als die Maschine in Lohausen weich aufsetzte, langsam wurde, einschwenkte, ausrollte. Ihr war es angenehm, daß die Triebwerke mit niedrigen Touren weiterliefen. So brauchte sie sich nicht darüber Rechenschaft zu geben, ob nicht das leise Zittern doch und allein ihr Zittern war.
»Nach so vielen Jahren«, flüsterte sie, als sie die Uniform der Zollbeamten, der Polizisten sah, die glatten, hellhäutigen Gesichter, jungenhaft und frisch. Jetzt konnte sie nicht mehr das Beben ihrer Hände, ihres Körpers mit der verhaltenen Kraft der Maschine erklären. Was ist schon dabei, sagte ihr Verstand. Aber ihr Herz sprach eine andere Sprache. Sie hatte Angst.
Zwar gelang es den Argumenten, das Zittern zu vertreiben, die dunkle Angst irgendwohin in einen Winkel zu drängen. Sie wollte nicht daran denken. Die Formalitäten waren bald erledigt. Auf die Routinefragen nach der Zollpflicht erwartete niemand eine Antwort.
Sie fuhr mit dem Bus gleich zum Hauptbahnhof Düsseldorf weiter. Die Stadt bedeutete ihr nichts. Nur einmal war sie als Kind mit ihrem Vater dort gewesen, hatte jenen Onkel Siegfried besucht, der ihnen später die

riesige Summe Geld lieh, Geld, das ihnen den begehrten Stempel für die Ausreiseerlaubnis beschaffen sollte.

Sie erinnerte sich lediglich an das elegante schwarze Auto, mit dem der Chauffeur sie vom Bahnhof abgeholt hatte.

Sie wollte keinen Aufenthalt. Mit dem Intercity fuhr sie die eine Station bis zur nächsten Großstadt. Aber dann blieb ihr nichts anderes übrig, als in den nur aus einer Lokomotive alter Bauart und drei Wagen bestehenden schmutzigen Personenzug umzusteigen. Auf den Nebenstrecken war die Zeit stehengeblieben. Der Zug quälte sich über die Rheinbrücke, die Stadt blieb zurück. Die Glocke der Lokomotive schlug vor den unbeschrankten Bahnübergängen an, Kühe sprangen in den Weiden mit drei, vier Sätzen ein wenig weiter von den Schienen weg. Im Abstand von wenigen Kilometern hielt der Zug, oft genug an längst verlassenen Bahnhofsgebäuden, die viel zu gewichtig schienen für die zwei, drei Personen, die ein- oder ausstiegen. Die Namen der Orte klangen ihr allmählich bekannter in den Ohren, je näher sie der kleinen Stadt kamen. In Alpen war sie gelegentlich an den Samstagen zum Gottesdienst gewesen. Ihre Mutter war hier aufgewachsen. Ihre Verwandten hatten einmal dort gewohnt, Onkel, Tanten, Großeltern.

Sie griff nach ihrer Tasche. Lange bevor der Zug in die enge Schneise einfuhr, ging sie zur Tür am vorderen Ende des Wagens. Sie wollte den ersten Blick auf die Stadt nicht verpassen. Der Zug schob sich aus der Schneise hinaus. Vor ihr lagen die Türme, die Tore, die Häuser, die Mauern, und über das Gewirr ragte der gewaltige, strahlende Dom empor, viel zu weit und zu hoch für die kleine Stadt.

Sie stieg aus. Ihr Blick suchte Himmelkamp, den Bahnhofsvorsteher. Aber statt des rundlichen, freundlichen Mannes mit dem Seehundsbart trug ein langer, hagerer die rote Mütze, hob das Signal und blies in die Trillerpfeife. In einem Anflug von Übermut trat sie auf den Langen zu und redete ihn an: »Ist Herr Himmelkamp nicht mehr hier?«

Der Lange tippte mit dem Finger grüßend an den Schirm seiner Mütze, schaute die zierliche Dame unsicher an und fragte: »Himmelkamp?« Ihr schoß eine zarte Röte ins Gesicht.

»Wie dumm von mir, verzeihen Sie, er ist vielleicht längst tot. Er war, warten Sie, er war vor etwa fünfunddreißig Jahren hier Bahnhofsvorsteher.«

»Aber natürlich!« rief der Lange. »Einer meiner Vorgänger. Er ist im
Februar '45 bei dem schweren Bombenangriff noch umgekommen.«
Er nahm ihre Tasche und trug sie bis zum Ausgang. »Die Stadt ist damals
ziemlich zerstört worden. Auch der Dom. Aber wir haben alles wieder
aufgebaut«, sagte er nicht ohne Stolz. »Ein Verwandter von Ihnen, der
alte Himmelkamp?«
»Nein, ich habe ihn nur flüchtig gekannt«, antwortete sie, bedankte sich
für seine freundliche Hilfe und winkte dem einzigen Taxi zu, das vor dem
Bahnhof parkte.
»Hotel Pfaube«, sagte sie.
Es stimmt, dachte sie, ich habe ihn nur flüchtig gekannt. Und doch hat er
uns das Leben gerettet. Er hat damals genau gewußt, was gespielt wurde.
Trotzdem hat er meinem Vater die Fahrkarten verkauft. Trotzdem hat er
uns zugeflüstert: »Steigen Sie besser nicht in den letzten Wagen ein. Da
sitzen ein paar . . .« Den besten Rat aber gab er mir, als er auf meinen
Beutel zeigte und sagte: »Den drehst du besser um!«
In der Eile hatte sie damals ihren Handarbeitsbeutel gegriffen und wahllos
vollgestopft. In großen Buchstaben hatte sie in der Schule darauf gestickt:
HANNAH RANIEL, BON VOYAGE.
Guter Rat war damals teuer. Dieser hätte ihn das Leben kosten können.
Das Taxi bremste vor dem Hotel. Sie zahlte. Pfaube war das größte Hotel
der kleinen Stadt, aber für einen Hausdiener war es nicht groß genug. Sie
faßte die Tasche und trug sie in den dämmrigen Flur. Hier hatte sich nichts
verändert. Selbst die verstaubten Lorbeerbäume standen noch in ihren
grünen Kübeln. Der Wirt saß mit offenem Hemdkragen an dem runden
Stammtisch vor der Theke. Die Glocke vom Dom her schlug zehn. Es
war noch sehr früh für ein Hotel in einer kleinen Stadt. Er blickte auf.
»Guten Morgen. Kann ich ein Zimmer bekommen?« fragte sie.
Sie konnte sogar wählen, ob mit oder ohne Bad. In das Anmeldeformular
schrieb sie ihren Namen. Sie brauchte nicht zu fürchten, erkannt zu
werden. Es war der Name ihres Mannes: Barschel.
»Ich trage Ihnen die Tasche gleich nach oben«, sagte der Wirt.
In seinem Lächeln erkannte sie den alten Pfaube wieder. Dies war wohl
sein Sohn Paul.

»Lebt Ihr Vater noch?«

Überrascht blickte er sie an. »Nein. Er starb kurz nach dem Krieg. Kannten Sie ihn?«

»Ja. Ich war vor vielen Jahren schon einmal in Ihrem Haus.«

Sie nahm sich vor, vorsichtiger zu sein.

Die schweren Bauernmöbel in der Gaststube, das blau-weiße Delfter Porzellan, der schmiedeeiserne Leuchter, die römischen Vasen, das kleine Sofa . . . Zum erstenmal fühlte sie sich nicht mehr fremd.

Sie bestellte eine Tasse Kaffee, goß viel Sahne hinein und nahm zwei Löffel Zucker. Das entsprach zwar nicht ihrem Geschmack, doch es war eine späte Reverenz an ihre Kindertage. So trank man den Kaffee in Holland, und Holland lag nicht weit.

In ihrem Zimmer ruhte sie sich ein wenig aus, aber einschlafen konnte sie nicht. Trotz einer gewissen Unrast zwang sie sich, nicht vor der Essenszeit hinunterzugehen.

Inzwischen hatte ein Kellner seinen Dienst angetreten. Die Tische in der Gaststube waren fast alle besetzt. Sie mußte mit einem in der Mitte der Stube vorliebnehmen. Die Speisekarte war reichhaltig.

»Nehmen Sie Ente«, riet der Kellner. »Ente gut, Chef selbst geschossen.«

Seiner Sprache nach war er Italiener. Sie folgte seinem Rat. Tatsächlich schmeckte die Ente delikat. Sie überlegte, ob sie das Rezept der würzigen Füllung erfragen sollte, schob es aber zunächst auf. Sie verlangte zum Nachtisch Kaffee und fragte den Kellner: »Wissen Sie, ob es den Judenfriedhof noch gibt?«

»Judenfriedhof?« Er zuckte die Schultern, drehte sich halb um und sprach einen älteren Herrn am Nachbartisch an: »Wissen Sie, Herr Lehrer, ob es gibt hier irgendwo Judenfriedhof?«

Der legte seinen Löffel in den Teller, schaute sich neugierig nach der Fragestellerin um und antwortete: »Natürlich. Oben am Krankenhaus. Stimmt doch, Pohl, nicht wahr?«

Der Angesprochene wischte sich den Bierschaum von den Lippen.

»Ja«, sagte er, »stimmt. Wenn Sie vom Krankenhaus zur Hees hinauflaufen, sehen Sie ihn dort liegen, eine düstere Baumgruppe im freien Feld.«

»Danke«, sagte sie. Es war ihr unangenehm, daß der Kellner ihre Frage dem ganzen Lokal bekanntgemacht hatte. Aber was sollte es. Früher oder später würden sie doch wissen, wer sie war.

Sie machte sich auf den Weg. Die Mittagssonne hatte schon Kraft. Sie fand den Friedhof bald. Ganz in der Nähe hatte die Stadt ihre Müllkippe eingerichtet. Niemand würde sich etwas dabei gedacht haben. Das Gittertor war verschlossen. Doch zwischen dem Torpfeiler und der Hecke gab es einen Durchschlupf. Der Friedhof war gepflegt, die beiden kreisförmigen Kieswege frei von Unkraut. Nur auf wenigen Grabsteinen waren die Namen noch zu entziffern. Immer wiederholten sich die Zeichen: Schmetterlinge, eine gespreizte Hand, Davidsterne. Unter den Begrabenen gab es manchen, der ihren Namen trug. Die Raniels hatten viele hundert Jahre in der kleinen Stadt gelebt. Sie fand bald den Grabstein ihres Bruders, der als Dreizehnjähriger an Tbc gestorben war. »Er hätte Butter bekommen müssen, fette Kost«, flüsterte sie. Aber damals gingen die Geschäfte schon schlecht. Außerdem scheuten sich die Ärzte, Karl Raniel zu behandeln. Wer wollte schon etwas mit Juden zu tun haben, damals.

Ihre Bluse war durchgeschwitzt, als sie am späten Nachmittag wieder in die Stadt zurückkam. Sie ließ sich Zeit, versuchte sich zu erinnern. Doch die Stadt hatte ihr Gesicht verändert. Nur hier und da zeigte sie unter der Schminke lasierter Klinker und chromblitzender Fensterrahmen ihre altehrwürdigen Züge. Das Gotische Haus am Markt, die Kartause, das Doppeltor am Nordwall. Auch der Verlauf der Straßen erinnerte an die Stadt ihrer Kindertage. Das Haus, in dem sie geboren worden war und bis zum November 1938 gelebt hatte, stand nicht mehr. Auch die Bäckerei, das Nachbarhaus, war verschwunden. An ihre Stelle waren, dem mittelalterlich schmalbrüstigen Zuschnitt der Grundstücke folgend, zwei rotgieblige, schmucke Neubauten getreten. Über den Ostwall warf sie einen Blick in die Gärten. Den alten Apfelbaum, dessen niedrige Äste ihr so oft das Überklettern der Mauer ermöglicht hatten, hätte sie berühren können. Und dort, wo die Rosenstöcke auszuschlagen begannen, dort hatten sie sich damals verborgen, damals in jener Nacht im November. Sie erinnerte sich genau an jede Einzelheit. Der Lärm auf der Straße, das rote, sich nähernde Licht der Pechfackeln.

»Hier müssen sie irgendwo wohnen, die verdammten Juden«, hatte eine

Männerstimme geschrien. Doch die Nachbarn öffneten nicht ihre Fenster, gaben keine Auskunft. Mit fliegenden Händen hatte Mutter ihr das blaue Samtkleid und den warmen Mantel übergezogen.

»Nimm deine Tasche!« sagte sie. »Gleich werden sie unser Haus gefunden haben.«

»Leuchtet auf die Namensschilder. Daniel heißt das Pack.«

Sie weinte verkrampft, griff nach irgendeiner Tasche, stopfte ihre alte Puppe hinein und suchte das Goldstück, das Onkel Siegfried ihr geschenkt hatte. Und die Zahnbürste, die Seife, ihre Schlittschuhe . . .

»Hier!« schrie es draußen. »Hier ist es. Raniel heißen die, nicht Daniel.«

»Raniel oder Daniel, ist doch scheißegal. Aufmachen! Aufmachen!«

»Brecht die Tür auf! Holt sie endlich heraus!«

Während die ersten Stöße schwer gegen die Tür donnerten und das Glas der Scheiben unter den Steinwürfen zerklirrte, zog die Mutter ihre Tochter in den Garten. Erst als die Tür mit lautem Knall zerbarst und eisenbeschlagene Stiefel hart auf die Steinfliesen schlugen, folgte ihr Vater. »Dort, dort, schnell unter den Kohl«, sagte er. Seine Stimme klang heiser vor Angst.

Sie verbargen sich unter dem dichten Blätterdach des Grünkohls und preßten sich gegen die feuchte Erde. Die Kälte des späten Herbstes kroch ihnen in die Glieder. Mehrmals leuchteten die Männer mit ihren Fackeln den Garten ab. Das Dröhnen ihrer Tritte und der harte Schlag des Blutes in ihren Ohren flossen ineinander.

»Verdammt! Ausgeflogen!« riefen sie sich im Haus zu. Sie ließen ihre Wut an den Möbeln aus, an den Büchern. Die Oberbetten schlitzten sie auf und schüttelten die Federn zum Fenster hinaus.

Im Mondlicht tanzten die tausend weißen Flocken. Die Schultern des Mannes bebten. Endlich wurde es ruhiger. Die drei jedoch trauten sich nicht aus dem Versteck.

»Frau Raniel, Hannchen, wo steckt ihr?« rief mit leiser Stimme die Nachbarin durch die Hecke.

Sie wagten sich nicht zu rühren.

»Hannchen! Frau Raniel!« rief sie wieder und kam die Hecke entlang.

»Ja, Frau Baltes, wir sind hier«, antwortete der Vater schließlich.

»Kommen Sie ins Haus. Sie holen sich ja sonstwas bei dem Wetter.«

»Das ist viel zu gefährlich für Sie, Frau Baltes.«

»Reden Sie nicht, kommen Sie. Kommen Sie schon, ehe die Burschen wieder da sind.«

Sie krochen aus dem Kohl heraus, schlugen sich, so gut es gehen mochte, in Baltes Backstube den Schmutz von den Kleidern und wärmten sich. Herr Baltes brachte Beerenschnaps. Auch Hannah bekam ein Gläschen voll. Die Wärme und der süße Schnaps schläferten sie ein. Vor dem Morgenlicht aber faßte der Vater sie beim Arm, schüttelte sie wach und sagte:

»Komm, Hannah, wir müssen fort. Der Gerechte will uns retten.«

Was er damit meinte, sah sie, als sie aus der Tür ins Freie trat und kalter, dicker Nebel ihr ins Gesicht schlug. Ungesehen erreichten sie den Bahnhof. Der Vater ging zunächst allein ins Gebäude. Was würde Himmelkamp tun? Ein Anruf . . .

Statt dessen half er.

»Tante, suchst du was?« fragte ein Kind und riß sie aus ihren Erinnerungen.

»Nein, Kind, nein.« Sie ging weiter. Ihre Handflächen waren naß von Schweiß. Wie damals, dachte sie.

Am alten Lehrerinnenseminar bog sie zum Dom hin ein.

Sie hatte sich das herrliche Bauwerk bis zuletzt aufgespart. Das Michaelstor war wieder aufgebaut. Doch einige Kleinigkeiten störten sie: die fehlende Außentreppe, die neuen Reliefs über dem romanischen Bogen. Das Südportal zeigte noch die Wunden, die Bomben und Granaten gerissen hatten. Die schöngegliederte Halle des Doms hatte sich verwandelt. Die ehemals graugrünen Töne des Anstrichs waren den kräftigen Erd- und Metallfarben des Mittelalters gewichen. Die tiefstehende Sonne ließ das großflächige Westfenster mit seinen vielfältigen Rotfarben aufglühen.

»Herrlich«, sagte sie halblaut.

Ein lahmender Alter trat beflissen hinzu und erklärte: »Professor Wendling, gnädige Frau. Eine seiner letzten Arbeiten.«

Sie konnte den Blick nicht von dem flutenden Licht abwenden.

»Soll die Zerstörung der Stadt in den Flammen von 1945 darstellen, wissen Sie.«

»Das ist ein Bild jener Zeit«, antwortete sie. »Blut, überall Blut.«

»Ja, so kann man es auch sehen«, gestand er, wurde dann aber von einer hereinströmenden Gruppe wissensdurstiger Holländer angezogen.

Sie saßen allein in der Gaststube. Vorn, in der kleinen Nische vor der Theke, redete ein Mann in grünem Jägeranzug mit den Wirtsleuten. Aus der Bauernstube drang der Lärm von einer Runde Doppelkopfspieler. Der italienische Kellner brachte gelegentlich ein Tablett voller scharfer Getränke dorthin.

Sie aß in Ruhe und versuchte, sich darüber klarzuwerden, wie lange sie bleiben wollte. Vielleicht fünf, sechs Tage?

»Wenn Sie Lust haben, Frau Barschel, setzen Sie sich zu uns«, bot die Wirtin ihr an.

»Warum nicht«, antwortete sie und trug ihr Teeglas hinüber. Der Gast stellte sich vor. Er war ein Bauer aus der Umgebung.

»Sie sagten, Sie wären früher schon einmal bei uns gewesen, Frau Barschel?« forschte der Wirt, und zu dem anderen Gast gewandt: »Frau Barschel hat meinen Vater gekannt.«

Er wies auf ein vergilbtes Foto an der Wand hinter der Theke.

»Ja, das ist er«, sagte sie und betrachtete das Foto. Genauso hatte sie Herrn Pfaube in Erinnerung. Hier, an diesem runden Tisch, hatte ihr Vater oft und oft gesessen. Gelegentlich hatte sie ihn holen müssen, weil Bauern gekommen waren, die Vieh verkaufen wollten, oder auch Verwandte aus Düsseldorf oder aus Alpen, und nie hatte sie das Haus verlassen, ohne daß Herr Pfaube ihr ein Himbeerbonbon oder ein Zuckerstückchen geschenkt hatte.

Einmal war sie sogar in höchster Not in das Hotel geflohen, als Jungen ihr auf dem Heimweg von der Schule aufgelauert hatten, sie mit Erdklumpen bewarfen und »dreckige Judensau« schrien.

Pfaube hatte sie bei der Hand genommen, war mit ihr vor das Haus getreten und hatte die Jungen zurechtgewiesen und sie »dösige Blagen« genannt. Zum Trost gab er ihr eine ganze Tafel Schokolade.

»Der Name Barschel ist hier nicht bekannt«, bohrte der Wirt.

»Mit meinem Mädchennamen heiße ich Raniel, Hannah Raniel.«

»Raniel? Raniel?« murmelte der junge Pfaube. Der Bauer fragte: »Raniel? Etwa die Tochter von Karl Raniel, der in der Niederstraße gewohnt hat?«

»Ja, die bin ich. Bis zum 9. November 1938 haben wir dort gelebt. Ich war damals neun Jahre alt.«

»1938«, sagte der Wirt, »war ein schlimmes Jahr für Sie, nicht wahr?«

»Ja.« Sie wunderte sich, daß ihre Mitteilung keinerlei Befangenheit auslöste, und mußte sich erst ins Gedächtnis zurückrufen, daß höchstens der Bauer damals schon erwachsen gewesen war.

»Ja, ja«, sagte der. »Lange Zeit her, ist viel Wasser den Rhein runtergelaufen in all den Jahren. Seit '38 gibt es hier keine Juden mehr. Der Sander soll nach Amerika gegangen sein, und der Ostrich ist ja wohl mit seiner ganzen Familie . . .« Er stockte kurz: »Äh, ist wohl umgekommen.«

»In Auschwitz vergast«, sagte sie.

Die Doppelkopfbrüder nebenan hatten aufgehört zu spielen. Sie setzten sich mit an den runden Tisch. Es wurde ein wenig eng.

Sie erkannte ihn sofort wieder, seinen eiförmigen Kopf, das rotgeäderte Gesicht, die wasserblauen Augen. Die ehemals schütteren blonden Haare legten einen dünnen, grauweißen Schleier um seinen Nacken, sein Mund war durch ein Null-acht-fünfzehn-Gebiß ein wenig eingefallen, über seine Handrücken faltete sich runzlig und trocken die Haut.

Ihr wurde heiß. Krolle trug in jenen Jahren nur einen einzigen Anzug: die goldbraune Uniform.

Er hatte ihre Familie oft und oft drangsaliert, hatte ihre Mutter aus seinem Lebensmittelgeschäft gewiesen und ihr das Schild vor die Augen gehalten: »Wir verkaufen nicht an Juden.« Sie zwang sich dazu, ruhig zu bleiben.

»He, Itacker, ein Alt!« tönte Krolles Stimme. Sie verriet selbst in ihrem Alter noch den Wohlklang eines geschulten Tenors aus der Liedertafel.

»Bitte serr, Herr Krolle.«

Der Kellner zeichnete einen weiteren Strich auf Krolles Bierdeckel.

»Sind Sie seitdem noch nicht wieder in der Bundesrepublik gewesen?« knüpfte der Wirt das Gespräch wieder an.

»Nein. Ich habe lange gezögert, aber dann hat es mich doch gelockt, die Stätten meiner Kindheit noch einmal zu besuchen. Es soll ja heute alles ganz anders sein in Deutschland.«

»Das ist ganz sicher«, bestätigte der Bauer.

Krolle blinzelte listig.

»Stätten Ihrer Kindheit? Stammen Sie denn von hier? Ich kenne hier Jan und Allemann. Ich müßte doch auch Sie . . .«

»Du kennst sie auch, Theo. Das ist die Kleine von Raniel.«

Zum erstenmal registrierte sie eine gewisse Spannung.

»Raniel, Niederstraße?« fragte Krolle.

»Richtig.«

»Ist ja großartig!« rief er aus. »Nach so vielen Jahren! Das Hannchen!«

»Sie müßten übrigens hier auf dem Schulfoto zu sehen sein«, versuchte der Wirt abzulenken. Er nahm eine Gruppenaufnahme von der Wand. »Hier müßten Sie dabeisein.«

Sie kramte in ihrer Tasche nach der Brille und schaute auf das Bild. Sie stand in der Mitte. Vor sich trug sie den blauen Handarbeitsbeutel, den sie damals mitgeschleppt hatte. HANNAH RANIEL, BON VOYAGE. Sie konnte es deutlich lesen.

»He, Itacker, 'ne Runde Alt auf meine Rechnung!« rief Krolle. »Das Wiedersehen müssen wir feiern.«

Ihr Rücken versteifte sich.

Der Kellner verteilte die Gläser und malte acht Striche auf Krolles Bierdeckel. Sie schob ihr Glas zurück, Krolle sah es, seine Äderchen färbten sich blau. Hart fuhr er den Kellner an: »Du hast zwei Striche zuviel gemacht, Itacker! Meinst wohl, ich wär' schon blau, wie?«

»Ich habe gemacht acht, otto, Herr Krolle, acht!«

Er zeigte die Zahl mit den Fingern.

»Ich habe es genau gesehen«, rief Krolle böse. »Man sollte euch ausländisches Pack . . .«

»Vergasen«, sagte Hannah Barschel.

Es wurde still in der Runde.

Krolle faßte sich als erster.

»Hannchen, laß uns einen trinken, laß uns die ganze Zeit vergessen. Es hat sich alles geändert. Prost!«

Er hob sein Glas.

»Alles hat sich nicht geändert.« Sie stand auf. »Nach so vielen Jahren«, fügte sie leise hinzu.

»Was ist schon dabei? Nach so vielen Jahren«, brummte er.

»Gute Nacht«, würgte sie hervor. Die ausgestreckte Hand von Krolle übersah sie geflissentlich.

Als sie am nächsten Morgen ihre Tasche zum Bahnhof schleppte, lag dichter Nebel über der kleinen Stadt.

15. November

Die Macht der Liebe

Wenn mir jemand vor drei Wochen gesagt hätte, ich würde mir eine Matte mähen lassen, ich hätte ihm vermutlich einen Besuch beim Psychiater empfohlen. Meine Mähne, wie mein Vater sich manchmal in mittlerer Erbitterung, manchmal mit verletzender Ironie auszudrücken pflegt, ist der Schere eines parfümierten Friseurs zum Opfer gefallen. Ich sah mich im Spiegel, ein wenig unsicher, ein wenig wehleidig. Hinter mir stand der Friseur, blanke Lust in den Augen.
Drei Jahre lang war Locke an Locke gewachsen. Welch ein Gefühl des Triumphes, als die Haarspitzen zum erstenmal meine Schultern kitzelten! Ich hätte Samson brüderlich umarmen mögen.
Drei Jahre, das bedeutet ungefähr 36 000 Anspielungen:
Meine Haare würden jedem Pavian zur Ehre gereichen (Vater) –
In wenigstens einer Hinsicht sei ich Beethoven überlegen (Mutter) –
Ob ich nicht einspringen wolle, sie könne den Mop nicht finden (meine Schwester Claudia) –
Sie wünsche sich einen Hund, so einen wuscheligen, bei dem man, wie bei mir, hinten und vorn nicht gleich erkennen könne (unsere Kleinste) –
Vielleicht gelinge meine Übersetzung leichter, wenn ich mir die Augen freischaufele (der Lateinlehrer) –

»Wie heißt denn Ihre Enkelin?« (die Frau, die im Krankenhaus neben Oma lag) –

»Was soll nur aus Deutschland werden?« Scharfer Blick auf meinen Perser. »Bei solch einer verlotterten Jugend!« (älterer, aufrecht sitzender Herr bei einer Wahlversammlung) –

»Nein, danke!« Starres Fixieren meines Haupthaares. »Sie haben so schwer zu tragen« (Dame mit Kneifer, der ich im überfüllten Bus meinen Platz anbot).

36 000mal. Grob, ironisch, hilflos, wütend, hochmütig, herablassend, dumm, scharfzüngig, liebevoll zuredend, borniert, verständnislos, albern. Das schafft Schwarte.

Zugegeben, ab und zu ist es immer wieder gelungen, mein schwieliges Fell zu durchbohren. Vor allem meiner Mutter. Wenn sie nichts sagte. Wenn ich ihren Blick auf meinem Haar spürte. Aber das war nur innen. Nach außen hin zeigte ich einen Panzer wie der hörnerne Siegfried. In Drachenblut gebadet. Und kein Lindenblatt hatte mir zwischen den Schultern eine empfindliche Stelle gelassen. Glaubte ich jedenfalls bis vor drei Wochen.

Vater hoffte auf meinen Verstand (Durchschnittsnote 2,3), Mutter auf meine Reife (in zwei Jahren sei ich sicher darüber hinweg), die Lehrer rechneten mit dem Erziehungseinfluß der Familie, die Familie vertraute der pädagogischen Kunst der Lehrer. Die Oma erwartete Lösungen vom kurzgeschorenen Beispiel des längst verstorbenen Großvaters, dessen Lieblingsenkel ich gewesen war. Die einzige Realistin war unsere Claudia. Sie verwies auf die Bundeswehr.

Es gab jedoch nicht nur besorgte und erzürnte Umwelt. In der Klasse war meine Matte Spitze. Und gerade in der Klasse hatte ich Anerkennung nötig. Ich habe oft eine andere Meinung vertreten als Krause und Peter Basten, die den Ton in unserer Klasse angeben.

Ich war nicht dafür, bei unserem Wandertag eine Brauerei zu besichtigen, und habe eine Großdruckerei vorgeschlagen.

Ich habe auf Matratzenpartys gepfiffen und gesagt, was ich davon halte.

Ich habe widersprochen, als sie die Englisch-Miss fertigmachen wollten.

Die Zierde meines Hauptes hat mich, so glaube ich, davor bewahrt, Außenseiter zu werden.

Ich muß das so ausführlich berichten, damit die Wirkung von fünf Worten richtig gemessen werden kann. Fünf Worte. Die ersten, die Kristina vor drei Wochen zu mir sagte:

»I-ch libbe ni-ch-t langgeh Chaareh.«

16. November

Der Alvenbogen

Früher war das Rheinwasser so klar und sauber, daß die blanken Kiesel durch die Wellen schimmerten. Darin tummelten sich tausend Fische. Der köstliche rotfleischige Salm wurde so häufig gefangen, daß in alten Zeiten die Knechte und Mägde drüben in Ruhrort sich von ihren Dienstherren eigens versprechen ließen, daß sie ihn nicht häufiger als dreimal in der Woche vorgesetzt bekämen.
Das Fischweib aber, von dem ich erzählen will, handelte mit anderen Fischen, mit leckeren geräucherten Alven nämlich, kleinen, silbrigen, handlangen Fischchen, die damals am Rhein in Massen gefangen wurden. Zum Verkauf wurden sie auf Schnüre gezogen und als Schleckerei angeboten.
Bella, das Fischweib, war eine solche Alvenverkäuferin. Von ihrem Vater hatte sie ein schmales Grundstück am Hafen geerbt. Darauf stand ihre Bretterbude, vollgestopft mit Alvenringen. Die Matrosen aus dem Hafen, die Wanderburschen und natürlich auch die Einheimischen kauften bei Bella gern eine Schnur Fische.
Nun bekam Fisch-Bella eines Tages hohen Besuch. Der Direktor Fettweiß senior, der Chef der städtischen Straßenbahn, stellte sich in Bellas

Bretterbude und verlangte einen Fischring. Er gab eine halbe Mark und sagte: »Es stimmt so.«

Das kam dem Fischweib seltsam vor. Sie kannte den alten Direktor als sparsamen Mann. Sie ließ zwar das Silberstück in ihre speckige Ledertasche gleiten, aber ihr Mißtrauen war geweckt. Sie brauchte auch nicht lange zu warten, bis der Direktor sein Anliegen kurz und bündig vortrug. Es lief darauf hinaus, daß sie ihr Grundstück verkaufen solle. Die Strecke der Bahn endete nämlich damals am Hafen und sollte in jenem Jahr weitergeführt werden. Bellas Grundstück lag den Schienen im Weg. Deshalb solle sie es eben abtreten, gegen gute Bezahlung, versteht sich. Doch weiter kam der Direktor gar nicht.

»Verkaufen?« schrie Bella ihn an. »Ich soll verschleudern, was mein Vater selig mir zurückgelassen hat? Er hat sich den Rücken am Fischerkahn, an der Tütebell[*], krummgedreht. Groschen für Groschen hat er sich vom Mund abgespart und in den Sparstrumpf gesteckt. Endlich konnte er dieses Stückchen Erde vom Schmied Leiendecker erwerben. Und ich soll verkaufen! Bella verkauft nichts außer Alven. Selbst wenn der Kaiser von China käme und mir den Grund mit Goldstücken pflasterte, er bekäme den Boden nicht!« Bella spuckte Gift und Galle. Sie hatte so laut geschrien, daß die Leute neugierig stehengeblieben waren.

Als sie gerade Atem schöpfte, wollte der Direktor ihr den Vorschlag machen, daß sie doch auf der anderen Straßenseite ihre Bude auf einem anderen Grundstück aufbauen könne, doch sie schnitt ihm das Wort ab: »Schnickschnack! Schlag dir das aus dem Kopf, Fettweiß, Bella verkauft Alven, sonst nichts, verstehst du?«

Zwar kam nicht der Kaiser von China, aber immerhin der Bürgermeister Krekenbeck und versuchte Bella zu überzeugen, daß gerade ihr Grundstück für die Leute in der ganzen Stadt und insbesondere für die Straßenbahn wichtig sei.

»Das stimmt genau«, höhnte Bella. »Wo sollten die Leute sonst ihre Alven kaufen?«

Da wurde der Bürgermeister zornig und rief erbost: »Zum Donnerwetter! Schließlich ist es den Alven ganz gleich, ob du sie hier oder hundert

---

[*] Großes Senknetz, das mit einer Winde hochgezogen wird.

35

Schritte weiter weg verkaufst.« Dabei schlug er mit der Faust auf die Theke.

Da wurde Bella steif vor Entrüstung. Sie sprach plötzlich ganz leise und mit zuckersüßer Stimme. Der Bürgermeister spürte, daß es ungemütlich wurde.

»Erstens«, hob sie an, »ist es vielleicht den Alven gleich, wo sie verkauft werden, aber mir, mir ist es gar nicht gleich. Zweitens sagt hier auf meinem Grund und Boden nur einer ›Donnerwetter‹, und nur einer klopft mit der Faust auf den Tisch, und das bin ich. Wenn du auch tausendmal Bürgermeister dieser Stadt bist, hier hast du nichts zu sagen. Verstanden?«

Der Bürgermeister schnappte nach Luft. Doch schon rauschte Bellas Wortschwall weiter: »Wenn du anderes nicht von mir willst, dann schere dich von meinem Grund und Boden, und zwar schnell! Sonst schreie ich laut nach dem Wachtmeister Prilokeit, weil du hier eine ehrbare Jungfer belästigst und von der Arbeit abhältst.«

»Wir sehen uns wieder«, brüllte der Bürgermeister Krekenbeck und knallte die Tür hinter sich ins Schloß.

Es kam auch so, daß die beiden Streithähne sich bald wiedersahen. Zwar hatte Direktor Fettweiß vorher noch zweimal versucht, Bella das Grundstück abzuhandeln, doch es war ihm nicht viel besser ergangen als dem Bürgermeister selber. Da brachte Piet Klünkers, der Briefträger, eines Tages ein Schreiben für Fräulein Sibylla Antonia Petronella Kropp, Fischhändlerin. Der Umschlag trug keine Briefmarke, sondern nur den runden Stempel der Stadt. Das ehrbare Fräulein wurde höflich gebeten, sich zu einer gütlichen Aussprache mit den Herren des Rates der Stadt bereitfinden zu wollen.

Bella fand sich bereit. So kam es, daß sie an einem Septemberabend an der unteren Schmalseite eines langen Tisches im Rathaus saß. Ihre Holzschuhe hatte sie vor der Tür stehenlassen und auf Socken den Sitzungssaal betreten. Den Korb mit den Alven jedoch hatte sie nicht aus der Hand gestellt. Ihr gegenüber thronte finster Bürgermeister Krekenbeck, und zu beiden Seiten reihten sich die teils würdigen, teils reichen Herren des Rates. Die meisten starrten die streitbare Jungfer unverhohlen und neugierig an und tuschelten miteinander.

Schließlich läutete der Bürgermeister mit einer blanken Messingglocke und eröffnete die Sitzung. Höflich begrüßte er den ungewöhnlichen Gast und sagte: »Sie wissen alle, daß wir am heutigen Abend die Frage des Straßenbahnbaus und die damit in Verbindung stehende Grundstücksangelegenheit der hier anwesenden Sibylla Antonia Petronella Kropp in Ruhe und zur Zufriedenheit aller besprechen wollen.« Er schnaufte nach diesem langen Satz und bat Kanzleischreiber Trollhase zu berichten, wie es mit der Sache stehe.

Der erklärte des langen und breiten, was die ganze Stadt längst wußte, nämlich, daß Bellas Grundstück dem Schienenbau im Wege liege; daß sie es gegen ein gleichwertiges Grundstück in der Nähe austauschen solle; daß ihr keinerlei Kosten durch den Umbau ihres Geschäftes entstünden; daß sie sich bisher jedoch wider alle Einsicht weigere, zum Wohl der Stadt auf diesen Vorschlag einzugehen.

Dann legte Direktor Fettweiß senior noch einmal mit dringlichen Worten dar, wie notwendig Bellas Grundstück gebraucht werde.

»Was sagen Sie dazu, Fräulein Kropp?« fragte der Bürgermeister.

Steif saß Bella auf der Stuhlkante. Sie hob ihre Nase ein wenig und antwortete: »Ich verkaufe nicht.«

Vierzehn Stadträte redeten auf sie ein, manchmal nacheinander, meist aber gemeinsam.

»Nein, ich habe gar nichts gegen das Grundstück, das ihr mir anbietet, aber ich verkaufe mein Eigentum nicht.« Bella blieb starrköpfig.

Da erhob sich der steinreiche Reedereibesitzer G. H. Laniel. Er klopfte mit dem Knöchel auf die Tischplatte. Stille trat ein. G. H. Laniel sprach leise. Er blickte ein wenig lauernd auf Bella.

»Liebes Fräulein Kropp. Wir alle wissen zu schätzen, daß Sie so an Ihrem Erbe hängen. Trotzdem will ich Ihnen ein letztes Angebot machen. Ich will zu dem Tauschgrundstück, das die Stadt anbietet, noch tausend Taler in Gold legen, wenn Sie auf den Vorschlag eingehen.«

Nun muß man wissen, daß Bella in jenem Jahr mit tausend Talern jedes Grundstück in ihrer Stadt hätte kaufen können. Tausend Taler verdiente Bella an ihren Alven in drei Jahren nicht.

Einen Augenblick saß die Versammlung nach G. H. Laniels Worten wie versteinert vor Staunen. Ungläubig blickte auch Bella auf den begüterten Ratsherrn. Plötzlich erhob sie sich, rot im Gesicht vor Ärger und Aufregung, und rief: »Ich spucke auf Ihre tausend Taler. Ich gebe meinen Grund und Boden nicht her!« Drehte sich um und verließ den Ratssaal.

G. H. Laniel lächelte erleichtert. Dreimal mußte Bürgermeister Krekenbeck läuten, bis die Ratsherren sich schließlich beruhigt hatten.

»Dann wollen wir sie enteignen«, schlug Ratsherr Dauwenspeck vor. Viele nickten, und der Kanzleischreiber Trollhase spitzte schon die Feder. Da erhob sich der Direktor Fettweiß senior und sprach: »Sie werden sich wundern, aber ich möchte nicht, daß wir ihr das Grundstück zwangsweise nehmen. Das würde die ganze Straßenbahngesellschaft in schlechten Ruf bringen. Ich will es euch gestehen: Es gefällt mir, wie Bella um ihren ererbten Besitz kämpft. Vielleicht wird es möglich sein, die Schienen im Bogen um Bellas Grundstück herum zu legen.« Dabei blieb es.

Als dann ein paar Monate später die Bahn zum erstenmal die neue Strecke befuhr, rief der Kondukteur Plattekamp, der Schelm, an jener Haltestelle: »Zum Alvenbogen!« Das hat den Leuten so gut gefallen, daß sie noch heute den Ort so nennen, obwohl Bellas Bude längst nicht mehr steht.

17. November

Freundschaft

Es ist nicht immer leicht, Sigis Freund zu sein, Vater.«
»Hmm«, brummte Herr Ulpius hinter seiner Zeitung.
»Keiner spielt mehr mit uns. Die Jungen gehen uns aus dem Weg. Manche heben sogar Steine auf und werfen damit.«
»Wehrt euch doch.«
»Wehrt euch! Du hast gut reden. Wenn wir uns wehren, dann sind sofort die Erwachsenen da.«
»Niemand zwingt dich, Sigis Freund zu sein.«
»Sigi ist anders geworden. Er streitet oft mit mir. Neulich hat er zu mir gesagt: ›Warum kommst du eigentlich immer noch zu mir? Bleib doch weg! Mach es doch wie alle. Sag doch auch, mein Vater hätte ein Kind umgebracht.‹«
Herr Ulpius wurde aufmerksam.
»Hinter jedem Wort sucht er etwas. Wenn ich sage: ›Es ist eine Schande, daß sie euch den Mord an dem kleinen Jungen in die Schuhe schieben wollen‹, dann antwortet er: ›Du kommst aus Mitleid, wie?‹ Ich sage: ›Nein, nicht aus Mitleid.‹ Er: ›Oder schickt dich dein Vater?‹ Ich möchte ihn dann am liebsten boxen oder davonlaufen.«
»Warum tust du es nicht?«

»Man kann ihn doch nicht allein lassen, oder?«

»Also doch Mitleid?«

»Nein. Trotz allem bin ich gern bei ihm. Er hält zu mir. Auch dann steht er neben mir, wenn es für mich brenzlig wird. Das ist doch Freundschaft, Vater, nicht wahr?«

»Ja. Das ist es wohl. Freundschaft spürst du erst richtig, wenn du in der Tinte sitzt. Stellt sich einer von all denen, die du für deine Freunde hältst, in der Gefahr neben dich, ganz gleich, was geschieht, dann spürst du, er ist der einzige, der den Namen Freund wirklich verdient.«

»Hast du das schon einmal erlebt?«

»Viele haben ihr Leben lang keinen wirklichen Freund. Aber manchen wird es geschenkt. Du weißt, daß ich mit Onkel Flint befreundet bin. Wir haben vier Semester lang in Marburg zusammen studiert. Eines Tages, ich war noch ein junger Fuchs und ein paar Wochen im ersten Semester, da bat ich meinen Professor, gelegentlich allein in unserem Seminarraum arbeiten zu dürfen. Ich untersuchte damals Eulengewölle, weißt du, die kleinen graubraunen Kugeln aus Knochen und Filz, die von den Eulen hervorgewürgt und ausgestoßen werden.«

»Ja, Vater, die kenne ich. An der Großen Kirche liegen sie manchmal unter dem Turm.«

»Da habe ich übrigens auch eine ganze Reihe gesammelt.«

»Was solltest du denn daran untersuchen, an diesen ekligen Dingern?«

»Eklige Dinger? Du hast keine Ahnung. Das sind die reinsten Wunderkugeln, mein Junge. Sorgfältig zupfte ich sie auseinander und trennte die verfilzten Haare von den kleinen Knochen. Blank und weiß waren sie. Um diese Knöchelchen ging es. Ich stellte mit großer Geduld die auseinandergerissenen Skelette der Tiere wieder zusammen, die von den Eulen verschlungen worden waren. Mäuseskelette, Vogelknochen und eben alles, was ich finden konnte. Ich wollte nachweisen, wie nützlich die Eulen als Schädlingspolizei sind.«

»Hat der Professor es erlaubt?«

»Ja. Ich muß schon sagen, leider. Denn diese Arbeit hat mich beinahe um mein Studium gebracht. Eines Abends saß ich dort noch lange und zupfte und rätselte, welcher Knochen zu welchem Tierchen gehört. Flint, der an anderen Versuchen arbeitete, wollte schließlich gehen. ›Sie kommen aus diesem Bau überhaupt nicht mehr heraus‹, hat er noch zu mir gesagt. ›Die anderen meinen schon, Sie wären ein Streber.‹ – ›Ach‹, habe ich geantwortet, ›die sind neidisch, weil bisher noch keiner im ersten Semester allein arbeiten durfte.‹ Flint stellte sich vor mich hin, er war damals schon im dritten Semester, und fragte: ›Ganz komme ich ja auch nicht dahinter, warum Sie wie ein Besessener hier arbeiten‹, und er schüttelte den Kopf. Da ließ ich Lupe und Pinzette ruhen und erzählte ihm, woher ich kam. Von allen Studenten mochte ich ihn am besten leiden. ›Mein Vater ist Schweineknecht auf einem großen Gut‹, sagte ich. Ich sah, wie er erschrak. Sein Vater war Geheimrat oder irgend so etwas. ›Er muß, damit ich hier studieren kann, für ein Semester acht Schweine in unserem Stall fettfüttern. Das Futter bettelt er sich zusammen. Meinen Sie, da könnte ich mich hier mit ruhigem Gewissen auf die faule Haut legen?‹ Er schwieg eine ganze Zeit. Ich begann wieder mit meiner Arbeit. ›Kann ich irgendwie helfen?‹ fragte er. ›Ja, lassen Sie mich in Ruhe‹, antwortete ich grob. Er lachte nur und sagte: ›Sie sind mir einer‹ und ging.

Am nächsten Morgen war es geschehen. Der Professor, der als erster den Arbeitsraum betrat, fand die Scherben über den ganzen Boden verstreut. Das große Mikroskop, der Stolz des Seminars, lag auf den Fliesen, die Linsen waren zersprungen, das Metall verbogen.

›Wer ist gestern als letzter gegangen?‹ fragte er. Er war niedergeschlagen. Lange hatte es gedauert, bis das Geld für dieses neue Mikroskop bewilligt worden war.

Beklommen meldete ich mich.

›Ulpius?‹ Er sah mich an. ›Was wissen Sie über diese Zerstörung?‹

›Nichts, Herr Professor‹, stotterte ich.

›Sie haben also gestern abend nichts bemerkt?‹

›Nein. Ich bin gegen halb elf gegangen und habe hinter mir sorgfältig abgeschlossen. Der Hausmeister wird es bestätigen können. Ich gab ihm den Schlüssel.«

›Holen Sie Herrn Schmidt‹, befahl der Professor. Der Hausmeister marschierte herein.

›Ich weiß rein gar nichts, Herr Professor, rein gar nichts.‹

›Hat dieser junge Mann Ihnen gestern gegen halb elf den Schlüssel gegeben?‹

›Wie soll ich das wissen, Herr Professor? Es kommen so viele. Mag sein, mag nicht sein.‹

›Danke, Herr Schmidt.‹

›Aber ich habe Ihnen doch noch gute Nacht gesagt, Herr Schmidt‹, rief ich ihm nach und wollte ihn zurückhalten. Er sah mich über seine Brillengläser hinweg an. ›Merken Sie sich, junger Mann, bei mir sagt jeder gute Nacht. Im übrigen‹, er fixierte mich noch einmal von oben bis unten, ›ich kenne Sie rein gar nicht.‹

›Sie wissen also nichts, Herr Ulpius?‹

›Nein, Herr Professor. Außer, daß das Mikroskop noch heil war, als ich den Raum verließ.‹

›Sie haben es gebraucht?‹

›Nein. Für meine Arbeiten benötige ich nur die Lupe.‹

›Woher wissen Sie dann so genau, daß es bei Ihrem Weggehen nicht zerstört war?‹

›Ich hätte die Scherben bemerkt, Herr Professor.‹

Flint meldete sich: ›Kurz nach zehn bin ich gegangen, Herr Professor. Das Mikroskop war unbeschädigt.‹

›Danke, meine Herren. Wir machen weiter.‹

Einer der Mitstudenten lachte hämisch. Der Professor sah ihn scharf an und sagte: ›Holen Sie den Besen und fegen Sie die Scherben zusammen, Verlimann.‹ Der murrte zwar etwas von Putzfrau, aber dem Professor widersprechen, das war schon so eine Sache.

Verlimann fegte mit verdrossenem Gesicht, und der Professor trug die Reste des Mikroskopes ganz behutsam in seinen Schrank. Es war nichts mehr wert, verstehst du. Gegen Ende der Übung sagte er: ›Wir sehen uns morgen um zehn in der Vorlesung wieder, meine Herren. Was ich übrigens noch sagen wollte: Bis sich die Angelegenheit aufgeklärt hat, arbeitet hier niemand, wenn ich abwesend bin. Ich möchte in Zukunft selber abschließen.‹

Die Studenten scharrten, am meisten die, die kaum den Raum zur Arbeit benützten. Am selben Tag noch kam mir das Gerücht zu Ohren, ich sei

42

derjenige, der das Mikroskop zerschlagen habe. Man erwarte von mir, daß ich mich binnen vierundzwanzig Stunden melde.

Ich tat die Nacht kein Auge zu, das kannst du mir glauben. Am nächsten Morgen wollte ich im Hörsaal eine Erklärung abgeben. Es war der bare Unsinn, was sie glaubten. Das mußten sie doch einsehen. Aber sie sahen gar nichts ein. Sie hörten mich nicht einmal an. Als ich begann, scharrten sie mit den Füßen und schwatzten so laut, daß ich mein eigenes Wort nicht verstehen konnte. In meiner Kladde fand ich eingeschrieben: ›Du erlebst dein blaues Wunder, Streber, wenn du kneifst.‹

Ich wußte nicht, was ich tun sollte. Keiner sprach ein Wort mit mir. Wenn ein Präparat zum Anschauen herumgereicht wurde, dann ging es an mir vorüber. Ich beschwerte mich. Sie lachten nur und zwinkerten sich zu.

Nach der Vorlesung lief ich hinaus. Ich wollte keinen mehr sehen. Doch vor dem Eingang warteten sie auf mich. ›Warum hast du dich nicht gemeldet?‹ ›Da hat sein Vater ein schönes Schwein gemästet, was?‹ rief einer.

Sie rückten mir auf den Leib. Ich war damals nicht der Schwächste, weißt du. In den Semesterferien mußte ich in Feld und Stall mächtig heran. Das kam mir jetzt zustatten. Ich nahm die Fäuste hoch. Aber was will schon einer gegen mehr als zwanzig ausrichten.

Da trat Flint aus dem Haus. ›He, was geht hier vor?‹ fragte er.

›Abrechnung mit Vaters dümmstem Schwein‹, höhnte einer.

›Einen Augenblick mal, meine Herren. Ich möchte nur vorher meine Jacke ausziehen.‹

Sie lachten über Flint, denn er war ein kleiner, schmächtiger Student. Da, wo bei mir harte Muskeln vorsprangen, da gab es bei ihm nur Plumpudding. Sie glaubten wohl, er wolle auch auf mich einschlagen. Sorgfältig legte er seine Jacke zusammen, nahm seine Brille ab, steckte sie in die Brusttasche und stellte sich neben mich.

Was sollte das? Ich verstand ihn nicht.

›So, meine Herren, dann los.‹

Sie waren verblüfft. ›Lassen Sie den Blödsinn, Flint. Er war es. Er soll sich melden.‹

›Woher wissen Sie nur so genau, daß er es war? Ich weiß zwar auch nicht, daß er es nicht gewesen ist. Aber ich glaube ihm. Ich glaube ihm, verstehen Sie!‹

›Macht einen Märtyrer aus ihm‹, schrie einer. ›Mal sehen, ob er für seinen Glauben etwas einstecken kann.‹

›Sie riesengroßer Narr‹, sagte verbissen ein langer Kerl und schlug zu. Ich habe mich gewehrt wie nie zuvor in meinem Leben, Junge. Sie haben uns zusammengehauen, wie du es dir kaum vorstellen kannst. Wenn nicht der Professor gekommen wäre und sich die Burschen nicht schnell in alle Winde zerstreut hätten, ich weiß nicht, was sie noch mit uns gemacht hätten.

›Aber, meine Herren‹, sagte der Professor, ›wer wird sich denn prügeln?‹ Er sah sich nicht nach uns um.

Wir rappelten uns auf. Flint heulte ein wenig. Er staubte seine Hose ab, versuchte, die Fetzen seines Hemdes in den Hosenbund zu stopfen, und zog sein Jackett über. Mit dem Taschentuch wischte er sich die Tränen weg. Ich stand beschämt da. Ich hätte ihn umarmen mögen. Seinetwegen hatte mir die Rauferei eher Spaß gemacht. Da kam er auf mich zu. Ich wollte ihm danken, ihm die Hand schütteln. Er wies mich ab und sagte: ›Provozieren Sie bitte nicht noch einmal solch ein Theater. Ich bin nämlich kein Held.‹

›Mensch, Flint‹, sagte ich.

›Sehen Sie bitte nach, ob meine Krawatte gerade sitzt‹, fuhr er mich an. Da mußte ich lachen. Lachen, obwohl ich merkte, wie ein Veilchen an meinem Auge wuchs. Seine Krawatte saß schließlich. Er lud mich in seine Bude ein, holte eine Flasche und sagte: ›Zum Bruderschaftstrinken, das müssen Sie sich merken, braucht man einen guten Tropfen. Dies ist einer.‹ Er hielt mir die Flasche vor die Augen. ›Guntersblumer Eiserne Hand, Spätlese‹, las ich. Wir tranken. ›Wie heißt du eigentlich, Ulpius?‹

›Theodor.‹

›Angenehm, ich heiße Roderich.‹«

Ulpius schwieg. Karl fragte: »Und wie ging es mit dem Mikroskop aus?«

»Nie fand sich der, der es zerschlagen hatte. Mir blieb während der folgenden Semester in Marburg etwas an der Weste haften. Aber das war mir gleich. Ich hatte Freundschaft erlebt, weißt du.«

»Ja, Vater«, sagte Karl.

»Ist diese Geschichte eine Antwort auf deine Fragen?«

»Ja, Vater.«

18. November

Der blaue Götterstein

Es hatte Streit gegeben in der Familie Reitzak. Vater Reitzak hatte gegen den Willen der Mutter drei Mark von dem schmalen Haushaltsgeld genommen und verliehen. Drei Tage lang hatten die Eltern kein Wort miteinander gesprochen. Aber dann hatte Vater Reitzak gesagt, er wolle den Streit aus der Welt schaffen und erklären, warum er das Geld hergegeben habe.
Die Tochter Franziska atmete erleichtert auf. Leo aber spottete: »Vater backt kleine Brötchen.«
»Halte den Mund, Leo«, befahl die Mutter. »Laß Vater erzählen!«
»Es ist schon viele Jahre her«, begann Vater Reitzak. »Ich war damals Soldat und lag in der Garnison in Wesel am Rhein. An freien Tagen fuhr ich mit meinem besten Kameraden, er hieß Alois Höckler, dann und wann mit der Boxteler Bahn nach Xanten auf die andere Rheinseite. Das ist eine sehr schöne Landschaft da um Xanten herum. Wir badeten in einem alten Rheinarm und liefen dann meist ein paar hundert Meter einen Hügel hinauf. Von dort aus hat man einen weiten Blick über das flache Land, über den Strom hin und auch auf die alte Stadt. Über die Mauern und Dächer ragt hoch der Viktorsdom auf und recht zwei mächtige Türme in den Himmel. Alois war kein Soldat, wie unser

Unteroffizier sich Soldaten vorstellte. Niemals gelang es ihm, über die Kletterwand zu kommen, bei Ausmärschen machte er spätestens nach fünfzehn Kilometern schlapp. Alois wurde von unserem Unteroffizier ziemlich oft gequält und schikaniert. Aber ich mochte den Alois ganz gern. Er hatte nämlich viele Bücher gelesen und machte mir die Gegend dort richtig lebendig. Er konnte Steine zum Reden bringen. Er wußte auch, daß oben auf dem Hügel die Römer ein großes Lager gebaut hatten, so um die Zeit, als man begann, die Jahre nach Christus zu zählen. Varus ist von da aus mit vielen tausend römischen Soldaten über den Rhein gezogen. Zurückgekehrt ist kein einziger. Umgekommen sind sie alle. Neun nach Christus.«

Er hielt einen Augenblick inne, und Frau Reitzak murmelte: »Krieg und Tod, solange die Menschen zurückdenken können.«

»Na ja«, fuhr Martin Reitzak fort. »Jedenfalls konnte Alois mir erklären, warum auf dem Fürstenberg so viele Ziegelscherben auf den Äckern lagen und auch Teile von tönernen Krügen. Alois hatte da oben immer die Augen auf dem Boden. ›Ich will eine Gemme finden‹, sagte er und beschrieb mir die kleinen Steinchen, die braun oder wasserhell und manchmal auch tiefblau waren. Wie ein Fingernagel, so groß sollten sie sein und kunstvoll und vertieft hineingeschnitzt Tiere oder Göttergestalten. Später haben wir auch in der Wirtschaft an der Kirche die eine oder andere Gemme gesehen. Bauern hatten die Steine gefunden. Sie wunderten sich, wenn Alois die dargestellten Göttergestalten erkannte und aus der römischen Sagenwelt darüber Geschichten erzählte. Gelegentlich gaben sie Alois dann ein Bier aus.

In dieser Wirtschaft verkehrten auch Offiziere aus der Garnison. Sie hatten einen Stammtisch in der Ecke. Die Offiziere waren ebenso scharf auf die Steine wie Alois. Der Unterschied war nur: Sie konnten ein goldenes Zehnmarkstück für eine Gemme bezahlen. Alois hatte wahrscheinlich noch nie ein Goldstück besessen. Die Offiziere waren ziemlich wütend auf Alois, denn die Bauern sagten, sie wollten mehr als zehn Mark. Schließlich würden an den Steinen Geschichten kleben. Sie hätten es von dem Soldaten gehört, und zehn Mark für eine Gemme mit Geschichte, das sei zu wenig. Die Offiziere hatten lange mit den Bauern gefeilscht, aber die Niederrheiner können verdammt dickköpfig sein. Ihr braucht ja nur an Mama zu denken, dann wißt ihr, was ich meine.«

Martin Reitzak schmunzelte, und Frau Reitzak schluckte eine giftige Antwort hinunter.

»Die Herren Offiziere mußten schließlich zwanzig Goldmark herausrücken, wenn sie einen Stein mit Geschichte haben wollten. Von diesem Sieg an erhielten Alois und ich häufiger ein Freibier. Aber in der Kaserne und auf dem Exerzierplatz ging es dem Alois noch schlechter. Er litt sehr darunter und wurde immer schwermütiger.

An einem heißen Sommersonntag nun, es war der erste Tag nach wochenlangem Regen, gingen Alois und ich über den Fürstenberg. Die Äcker dampften. Ich muß sagen, er hatte mich mit seinem Suchfieber schon ein wenig angesteckt. Kurzum: Ich fand eine Gemme, vom Regen herausgespült und saubergewaschen, so groß wie ein Hosenknopf. Stahlblau war sie und zeigte mit zierlichem, sauberem Schnitt eine Götterfigur mit einem Tier.

›Herkules mit dem Stier!‹ rief Alois begeistert, hielt den Stein ins Licht und schrie. ›Ich suche und suche stundenlang, und dann kommst du Dämlack, und dir springt der herrliche Stein in die Hand.‹

In der Wirtschaft ging die Gemme von Hand zu Hand und wurde gebührend bewundert. Der Wirt trat damit auch an den Offizierstisch. Sogleich sprangen zwei junge Leutnants auf. Ich kannte sie vom Sehen. Jeder von ihnen warf ein Zwanzigmarkstück auf unseren Tisch. ›Wir kaufen sofort und zahlen in bar‹, sagten sie. ›Ich verkaufe nicht‹, erwiderte ich. ›Hat Er wohl nicht nötig, das Geld‹, höhnte einer. ›Läßt Er wohl lieber seine Mutter in Armut sitzen, anstatt ihr den Goldfuchs zu schicken.‹

›Ich verkaufe nicht.‹ Ich blieb hart. Schließlich zogen sie zornig wieder an ihren Tisch zurück. Ich hätte das Geld wirklich brauchen können, denn ich hatte nur zwei Mark in der Tasche.

Einige Bauern setzten sich zu uns an den Tisch. Alois erzählte von Herkules, der die Erdkugel auf seinen Schultern getragen hatte, aber er war irgendwie nicht bei der Sache, schien traurig, wohl auch, weil nicht er den Stein gefunden hatte.

Ich trank ein Bier und einen Schnaps, und dann stand wieder ein gefülltes Glas vor mir und auch vor Alois, und wieder eins, und wir tranken und nahmen an, das sei der Lohn für Alois' Geschichten.

›Wir wollen losgehen‹, sagte ich schließlich. ›Wir müssen den Zug erreichen. Um zehn Uhr ist Zapfenstreich.‹

Wir standen auf und wollten das Lokal verlassen.

›He!‹ rief der Wirt. ›Bitte zahlen, die Herren!‹

Wir blieben verdutzt stehen. Der Wirt kam mit zwei Bierdeckeln auf uns zu und sagte zu mir: ›Für dich, Musketier, macht es genau zwei Mark. Und für unseren Geschichtenerzähler eine Mark mehr. Glatt 'nen Taler.‹

›Wir dachten . . .‹, stotterte ich.

Ein Offizier trat herzu und fragte: ›Schwierigkeiten, Herr Wirt?‹

›Nein, nein‹, beeilte ich mich zu sagen, zog meine Geldbörse und gab mein letztes Zweimarkstück dahin. Alois stand da, suchte in seiner Tasche, ließ aber schließlich die Arme sinken und stotterte: ›Ich habe keinen Pfennig mehr. Ich dachte, wie sonst auch schon . . .‹

›Zechpreller also‹, befand der Offizier.

›Die Männer kommen häufiger‹, versuchte der Wirt einzulenken. ›Der Musketier Alois kann vielleicht . . .‹

›Nichts da!‹ Der Offizier reckte sich hoch auf und streckte die Brust so nach vorn, daß seine Orden sich wie Stacheln aufrichteten. ›Das geht gegen die Ehre des Regiments. Schulden dürfen nicht gemacht werden.‹ Er wandte sich an den Wirt. ›Setzen Sie den Mann fest, Herr Gastronom! Sperren Sie ihn in den Stall zu den Schweinen. Wir werden ihn später zur Kaserne eskortieren lassen. Erst saufen, und dann die Zeche schuldig bleiben, soweit kommt es noch!‹

Ich versuchte zu retten, was zu retten war, und sagte: ›Ich bürge für meinen Kameraden.‹

›Kann Er für ihn zahlen?‹ fragte der Offizier.

›Nein.‹

›Ach, und sein Steinchen will Er ja nicht verkaufen.‹ Der Offizier lächelte hinterhältig und ging an seinen Tisch zurück.

Ich setzte mich auch wieder nieder, zog die Gemme aus der Brusttasche und legte sie auf die flache Hand. Wie gewonnen, so zerronnen, dachte ich und rief zu dem Offizierstisch hinüber: ›Ich verkaufe also den Götterstein, wie die Herren Offiziere es wünschen.‹

Einer schob den Stuhl zurück und schlenderte herüber zu mir. Er schaute den Stein durch sein Monokel genau an. ›Gut‹, sagte er, ›ich gebe ein goldenes Zehnmarkstück dafür.‹

›Sie haben mir zwanzig Mark geboten. Vor drei Stunden haben Sie mir zwanzig Mark dafür geben wollen.‹

›Du sagst es: Vor drei Stunden. Aber jetzt hat sich die strategische Lage grundlegend geändert.‹ Er legte die Gemme auf den Tisch und ein Zehnmarkstück daneben. Stein und Goldstück waren ungefähr gleich groß. ›Nun, was ist?‹ fragte er ungeduldig.

Mir schoß das Blut in den Kopf. Was konnte Alois denn schon passieren? Zehn Tage geschärften Arrest würde er höchstens bekommen. Ich sprang auf, schnappte meinen Stein und schrie: ›Ich sagte es schon vor drei Stunden: Ich verkaufe nicht!‹ Ich knallte die Hacken zusammen, legte die Hand an die Mütze und rannte hinaus.

Der letzte Zug war längst abgefahren. Ich hätte ohnedies das Fahrgeld nicht bezahlen können und mußte die fünfzehn Kilometer zu Fuß bis zur Kaserne laufen. Eine Stunde nach dem Zapfenstreich kam ich an und wanderte gleich am nächsten Morgen für drei Tage in den Bau. Einen Offizier angeschrien, über den Zapfen gehauen: drei Tage.

Am dritten Tag wurde ich schon am Vormittag aus der Arrestzelle geholt. ›Ja, weißt du es denn noch nicht?‹ fragte der wachhabende Unteroffizier. ›Der Alois hat sich linksrheinisch in der Kneipe aufgehängt.‹

Ich war wie betäubt, wurde zu Alois' Beerdigung beurlaubt und stand schließlich an seiner Grube. Dicht an der Kirchhofsmauer wurde er verscharrt. Kein Pastor, kein Salut, ein Selbstmörder eben.

Ich hab' drei Hände voll Erde auf seinen Sarg geworfen, und in die letzte Handvoll habe ich den Stein gedrückt.

Auf den Fürstenberg bin ich nie mehr gegangen. Aber geschworen habe ich mir damals, daß ich nie mehr nein sagen werde, wenn einer etwas von mir leihen will.«

»Wie wär's denn mit 'nem Fünfziger, Papa«, stichelte Leo.

»Du Hundesohn«, fauchte Franziska und schlug nach ihrem Bruder.

19. November
Elisabeth

Zwölf Wünsche für Elisabeth

1. Teil

Großmutter«, sagte die kleine Elisabeth, »Großmutter, ich habe in zwölf Tagen Geburtstag.«
»Ja«, antwortete die Großmutter, »das stimmt genau.«
Die kleine Elisabeth fragte: »Darf ich mir etwas wünschen, Großmutter?«
»Das darfst du«, antwortete die Großmutter.
Elisabeth freute sich. Sie sagte: »Ich wünsche mir bis zu meinem Geburtstag für jeden Tag eine Geschichte.«
»Zwölf Tage, zwölf Geschichten«, sagte die Großmutter. »Das ist ein schöner Wunsch. Den kann ich dir erfüllen.«
»Herrlich«, sagte die kleine Elisabeth, »wann fängst du an? Wann erzählst du die erste Geschichte?«
»Jetzt gleich fange ich an«, antwortete die Großmutter. Sie hob die kleine Elisabeth auf ihren Schoß. Dann begann sie mit der ersten Wunschgeschichte.

Die erste Wunschgeschichte – Elisabeth in ihrer Heimat

»Es ist schon mehr als 750 Jahre her. Damals lebte im fernen Ungarland ein König. Er hieß Andreas und war ein wilder Mann mit einem prächtigen, kohlrabenschwarzen Bart. Der König Andreas saß lieber auf dem Pferderücken als auf dem Thron. Seine Frau hieß Gertrud. Von dieser Königin ist nicht viel Gutes zu berichten. Sie verlangte von ihrem Volk harte Arbeit und viel Geld. Sie wollte Gold und Silber und Edelsteine besitzen. Davon konnte sie nie genug bekommen.

Der König und die Königin hatten ein Mädchen. Diesem war bei der Taufe von den Eltern ein schöner Name ausgesucht worden. Es sollte Elisabeth heißen.«

»Genau wie ich«, sagte die kleine Elisabeth.

»Genau wie du«, sagte die Großmutter. »Von dieser Elisabeth will ich dir jeden Tag eine Geschichte erzählen.«

»Fein«, sagte die kleine Elisabeth. »Ich freue mich darauf. Wann fängst du an?«

»Ich bin ja schon mittendrin«, sagte die Großmutter und lachte. »Ich will dir also erzählen, wie die Königstochter Elisabeth aus Ungarn in die Stadt Eisenach kommen sollte.«

»Eines Tages«, begann die Großmutter, »kamen viele fremde Gäste in die Stadt Preßburg. Dort wohnte damals der König von Ungarn. Die Gäste kamen von weit her. Aus Eisenach waren sie hierhergekommen. Diese Stadt liegt mitten in Deutschland. Die Gäste aus Eisenach hatten schöne Geschenke mitgebracht. Der Ritter Walther von Vargila bestellte viele Grüße von seinem Herrn. Sein Herr war der Landgraf Hermann von Thüringen.

Der Ritter Walther sagte: ›Mein Herr hat drei Söhne. Der älteste heißt Heinrich. Der jüngere Sohn heißt Ludwig und der jüngste Heinrich Raspe. Der Landgraf ist ein kluger Mann. Seine Söhne sind zwar noch klein, aber schon jetzt überlegt Graf Hermann, welche Frau sein ältester Sohn später einmal heiraten soll.‹

›Wir haben eine Tochter‹, antwortete die Königin Gertrud. ›Sie ist erst vier Jahre alt, aber sie kann ganz gewiß später eine gute Frau für den Grafensohn Heinrich aus Thüringen werden.‹

›Ja‹, sagte der König Andreas. ›Wenn Elisabeth den mächtigen Landgrafen von Thüringen heiratet, dann sind wir mit ihm verwandt. Ungarn und Thüringen werden Freunde. Das ist eine gute Sache!‹

So wurde es beschlossen. Das Kind Elisabeth sollte mit dem Ritter Walther nach Thüringen reisen.

Elisabeth wurde ins Zimmer geholt. Sie war ein lebhaftes Mädchen. Ihr Haar schimmerte seidig und schwarz, und in dem bräunlichen schmalen Gesicht glänzten dunkel die Augen.

›Stell dir vor, Tochter‹, sagte die Königin, ›stell dir vor, du wirst die Landgräfin von Thüringen werden.‹

›Das ist schön‹, sagte Elisabeth, ›gibt es in Thüringen auch Pferde?‹

›Aber gewiß gibt es Pferde‹, versicherte der Ritter Walther von Vargila.

›Dann ist es gut‹, sagte Elisabeth.

›Meine Tochter ist eine vorzügliche Reiterin‹, bemerkte der König Andreas voller Stolz, aber zugleich war er sehr traurig, weil er von seinem Kind Abschied nehmen mußte.‹«

Die zweite Wunschgeschichte – Elisabeths weite Reise

»Die Gäste aus Thüringen blieben noch drei Wochen in Preßburg. Elisabeth und der Ritter Walther wurden gute Freunde. Der Ritter erzählte dem Kind viel von der Stadt Eisenach und auch von dem Landgrafen, von der Gräfin Sophie und von ihren Söhnen. Manchmal holte der Ritter Walther sein braunes Pferd aus dem Stall. Dann ließ sich Elisabeth auf ihr Schimmelpony setzen. Sie ritten über Stock und Stein. Der Ritter staunte, wie sicher die Königstochter im Sattel saß.

›Wo liegt die Stadt Eisenach?‹ wollte Elisabeth wissen.

Der Ritter Walther streckte seinen Arm aus und sagte: ›Dort, weit hinter den Bergen!‹

Eines Tages war die Stunde der Abreise gekommen. Die Königin von Ungarn hatte kostbare Schätze für ihre Tochter in Kisten und Kasten verpacken lassen. Herrliche Stoffe aus fernen Ländern waren dabei, silberne Löffel und Kerzenleuchter und Trinkbecher aus schwerem Gold, dicht besetzt mit Edelsteinen.

Die Gäste aus Thüringen bewunderten all die herrlichen Sachen. Am meisten staunten sie über Elisabeths Badewanne. Die war nämlich aus reinem Silber.

Sie blitzte so hell im Sonnenschein, daß man die Augen zusammenkneifen mußte, wenn man sie nur ansah.

Alles war schließlich zur Abreise bereit. Der König und die Königin schlossen ihr Kind noch einmal in die Arme. Elisabeth weinte, aber der gute Ritter Walther tröstete sie und sagte: ›In Eisenach, Elisabeth, in Eisenach ist es sehr schön!‹

Elisabeth winkte noch lange, bis von der Stadt Preßburg kein Haus und kein Turm mehr zu sehen war.«

Die dritte Wunschgeschichte – Elisabeth kommt in Eisenach an

»Die Reise von Preßburg nach Eisenach dauerte lange. Die Wege waren holprig. Zudem kann niemand mit schwerbeladenen Pferdewagen schnell fahren. Aber endlich war es soweit. Von einem Hügel aus sahen sie in der Ferne die Stadt Eisenach liegen.

Der Ritter Walther zeigte Elisabeth die verschiedenen spitzen Kirchtürme und nannte die Namen der Kirchen. Von weitem schon waren auch die prächtigen Häuser zu sehen, in denen der Landgraf wohnte.

Die Ankunft der Königstochter aus Ungarn war schon von schnellen Reitern gemeldet worden. Als der Zug mit Pferden und Wagen die Stadt erreichte, da bliesen die Trompeten, und Trommler schlugen ihre Trommeln. Die Häuser waren mit Fahnen und frischem Grün festlich geschmückt. Die ganze Stadt war auf den Beinen. Viele Menschen standen am Straßenrand und winkten und riefen: ›Herzlich willkommen in Eisenach!‹

Zu dem Schloß des Landgrafen führte eine hohe Treppe empor. Oben, vor der breiten Tür, standen der Graf Hermann, die Gräfin Sophie sowie die Söhne Heinrich, Ludwig und Heinrich Raspe. Ludwig trug einen Ball in den Händen. Auch viele Dienerinnen und Diener standen zum Empfang bereit. Der Ritter Walther von Vargila hob Elisabeth von ihrem weißen Pony, nahm das Mädchen bei der Hand und führte es die Stufen hinauf.

Da glitt dem Grafensohn Ludwig der Ball aus den Händen und rollte davon. Elisabeth riß sich von Ritter Walther los und rannte hinter dem Ball her.

›Laß das, Kind!‹ rief die Gräfin Sophie erschrocken. ›Das ist keine Arbeit für eine Königstochter. Das machen bei uns die Dienerinnen.‹

Aber Elisabeth hatte den Ball bereits aufgehoben. Sie sprang die Stufen hinauf und gab ihn an Ludwig zurück.

›Guda! Isentrud! Paßt besser auf das Kind auf‹, schimpfte die Gräfin Sophie. ›Schließlich seid ihr die Dienerinnen, die ich für Elisabeth ausgesucht habe.‹

Dann reichte die Gräfin dem Kind die Hand. Sie sagte: ›Wir freuen uns, daß du bei uns bist.‹ Aber sie dachte: Ich werde viel, viel Mühe haben, bis dieser Wildfang aus Ungarn eine richtige Landgräfin sein wird.«

Die vierte Wunschgeschichte – Elisabeth in Eisenach

»Bald waren die Dienerinnen Guda und Isentrud Elisabeths beste Freundinnen. Aber die Gräfin Sophie mußte die Mägde oft ermahnen. Denn gar zu gern lief Elisabeth zu den Knechten in die Ställe und zu den Frauen in die Küche. Das gefiel der Gräfin Sophie ganz und gar nicht. Das Königskind sollte sticken und Harfe spielen und singen und klug reden lernen. Dazu hatte Elisabeth aber meist wenig Lust. Sie tollte lieber mit Heinrich und Ludwig durch die Gassen von Eisenach.

Manchmal aber wurde das Kind mitten im wilden Spiel still und nachdenklich. ›Was hast du?‹ fragte Heinrich dann.

›Ich bete‹, antwortete Elisabeth ernsthaft.

Die beiden Jungen wunderten sich darüber sehr.

›Nun‹, sagte die Gräfin Sophie, ›das wird sich schon geben. Wenn wir erst in der Burg sind, dann wird sich alles ändern.‹ Der Graf ließ nämlich auf dem Berg oberhalb der Stadt die Burg neu herrichten.

Eines Tages änderte sich tatsächlich vieles. Aber so, wie die Gräfin es sich gedacht hatte, wurde es nicht. Ihr ältestes Kind Heinrich wurde krank und starb. Da war die Trauer groß. Was sollte nun mit Elisabeth werden?

Die Gräfin Sophie gab sich viel Mühe, Elisabeth gut zu erziehen. Aber Elisabeth war ein eigenartiges junges Mädchen. Einmal betrat sie in ihren schönsten Kleidern und mit der Krone im Haar am Sonntag mit Gräfin Sophie die Kirche. Plötzlich nahm sie die goldene Krone vom

Kopf und legte sie auf den Boden. Die Menschen staunten und begannen zu flüstern.

Ärgerlich fuhr die Gräfin Sophie Elisabeth an: ›Was soll der Unsinn? Willst du, daß die Leute über uns lachen?‹

›Nein‹, antwortete Elisabeth, ›aber wie kann ich hier im Hause Gottes eine Goldkrone auf dem Kopfe haben? Hat nicht Jesus eine Krone aus Dornen getragen?‹

›Was machen wir nur mit diesem Mädchen?‹ rief die Gräfin Sophie ratlos.

›Am besten, wir schicken sie mitsamt ihrem Brautschatz und ihrer silbernen Badewanne zu ihren Eltern nach Ungarn zurück.‹

Aber auch aus diesem Plan der Gräfin Sophie wurde nichts.«

20. November

Zwölf Wünsche für Elisabeth

2. Teil

Die fünfte Wunschgeschichte – Ludwig und der goldene Berg

Der Ritter Walther von Vargila ritt eines Tages mit Ludwig und Elisabeth durch die Wälder, die sich rund um Eisenach erstrecken.
›Was hältst du davon, Graf Ludwig, was hältst du von dem Plan deiner Mutter?‹
›Was für einen Plan meinst du?‹ fragte Ludwig.
›Die Gräfin will Elisabeth vielleicht nach Ungarn zurückschicken‹, sagte der Ritter.
Ludwig hielt sein Pferd an. ›Ritter Walther, siehst du den Berg, der dort vor uns liegt?‹ fragte Ludwig.
›Gewiß‹, sagte der Ritter.
›Wenn dieser große Berg aus blitzendem Gold wäre, selbst dafür würde ich Elisabeth nicht eintauschen. Es gibt nichts auf der ganzen Welt, das ich mehr liebhabe als Elisabeth.‹
Da spürte Elisabeth es auch, daß sie diesen jungen Mann über alles liebte. Sie jauchzte laut auf und ritt so schnell mit ihrem Pferd davon, daß die Männer ihr kaum zu folgen vermochten.
Die Gräfin Sophie und der Landgraf stimmten den Hochzeitsplänen zu.

Aber oft machte sich die Gräfin große Sorgen. Elisabeth war anders als die anderen jungen Mädchen in ihrem Alter. ›Sie scherzt mit Guda und Isentrud. Sie soll mit den Mägden nicht so vertraut sein. Sie zeigt ihnen nicht, daß sie die Herrin ist. Wo soll das nur enden? Sie steckt den Knechten leckere Speisen zu. Das geht doch nicht. Sie schleppt Obst und Eier und Brot zu den Bettlern vor das Tor. Hoffentlich geht das gut mit Ludwig und Elisabeth. Sie ist eine Verschwenderin.‹ Solche Gedanken überfielen Sophie oft nachts in ihrem Bett. An Schlaf war dann nicht mehr zu denken. Eines Tages war es soweit. In aller Pracht wurde die Hochzeit gefeiert. Ludwig sagte: ›Ich werde die Wartburg hoch auf dem Berg über der Stadt vergrößern und ausbauen lassen. Dann werden wir aus unserem Haus in der Stadt hoch hinauf in die Burg ziehen.‹

›Herrlich. Dann wohnen wir ein Stückchen näher bei Gott‹, rief Elisabeth und freute sich.«

Die sechste Wunschgeschichte – Elisabeth hat ein Herz für die Armen

»Graf Ludwig machte sein Versprechen wahr. Als die Burg fertig war, zogen sie hinauf. Eine schöne Kapelle war auch gebaut worden. Elisabeth betrachtete oft das Kreuz, das dort hing. In diesen Stunden in der Kapelle strömte eine große Kraft auf sie über.

Immer wieder ging sie mit Guda und Isentrud nach Eisenach hinunter. Sie brachte den Armen zu essen, pflegte Kranke, tröstete Traurige.

Am Rande der Stadt ließ sie ein Krankenhaus bauen. Jeden Tag wurden dort viele Hungrige gespeist. Das kostete eine Menge Geld.

Die Verwandten sagten oft zu Ludwig: ›Das kann kein gutes Ende nehmen. Sie verschleudert all dein Hab und Gut.‹

Ludwig aber hielt zu seiner Frau und antwortete: ›Sie lebt, wie wir leben sollten.‹

Heimlich redeten die Verwandten untereinander und sagten: ›Die Gräfin ist verrückt. Habt ihr es gestern gesehen, was sie beim Mittagessen gemacht hat? Sie hat doch wahrhaftig den saftigen Lammbraten beiseite geschoben. Der Bauer, der dieses Lamm aufgezogen hat, der leidet Hunger, hat sie gesagt. Wie kann ich von diesem Braten essen?‹

Eines Tages brach im Land eine Hungersnot aus. Elisabeth verkaufte all ihre Schätze, ja sogar die silberne Badewanne. Mit dem Geld ließ sie Brot kaufen und verteilte es an alle, die Hunger hatten.

›Das ist Verschwendung‹, sagten die Verwandten.

Ihr Mann Ludwig aber liebte Elisabeth mehr und mehr und verbot den Verwandten, böse über seine Frau zu reden. So lebten die beiden sehr glücklich miteinander und waren ein Herz und eine Seele.«

Die siebte Wunschgeschichte – Elisabeth und der kranke Mann

»Einmal mußte Ludwig für einige Tage durch sein Land reiten. Elisabeth hatte schon zwei Kinder und blieb mit ihnen in der Burg zurück. Als Ludwig sich der Burg wieder näherte, ritt Elisabeth ihm entgegen. Sie sprangen vom Pferd, fielen sich in die Arme und küßten sich.

›Hat man so etwas schon gesehen?‹ murrte Heinrich Raspe.

›Nein, das gehört sich wirklich nicht‹, empörte sich Gräfin Sophie.

Heinrich Raspe ritt dicht an die beiden heran und rief erbittert: ›Graf Ludwig, mein Bruder, geh nicht zu nahe zu deiner Frau. Sie wird dir den Tod bringen.‹

Verwundert fragte Ludwig: ›Was meinst du damit?‹

Heinrich Raspe zeigte mit dem ausgestreckten Finger auf Elisabeth und schrie: ›Sie treibt es zu toll. Einen Aussätzigen hat sie in die Burg aufgenommen. In dein eigenes Bett hat sie ihn gelegt. Sie wird uns alle mit dieser schlimmen Krankheit anstecken. Sie bringt uns den Tod!‹

›Stimmt das?‹ fragte Ludwig erschrocken.

›Komm und sieh!‹ antwortete Elisabeth.

Schnell ritten sie zur Burg. Ludwig eilte in die Schlafkammer. Da lag ein Mann in seinem Bett. Ludwig riß die Decke fort. Tatsächlich, ein Aussätziger. Ludwig war verwirrt. Er sah seine Frau Elisabeth ratlos an.

›Schau ihn an‹, sagte sie. Da betrachtete er den Kranken genau.

Wie Schuppen fiel es ihm von den Augen. Der Aussätzige, der da lag, glich aufs Haar der Gestalt, die in der Kapelle am Kreuz hing.

Erschüttert sagte Ludwig zu Elisabeth: ›Was für ein lieber Gast, Elisabeth. Einen lieberen Gast hatten wir nie zuvor.‹

›Jetzt verliert auch der Landgraf den Verstand‹, flüsterten die Verwandten besorgt. ›Wo soll das nur enden?‹«

Die achte Wunschgeschichte – Ludwig zieht in ein fremdes Land

»Einmal kehrte Ludwig von einer fröhlichen Jagd auf die Wartburg zurück. Als Elisabeth ihn in die Arme schloß, spürte sie hinter seinem Gürtel einen harten Gegenstand. ›Er hat mir ein Geschenk mitgebracht‹, dachte sie und zog das heraus, was hinter dem Gürtel verborgen war. Entsetzt fuhr Elisabeth zurück. Sie hielt ein Kreuz in ihren Händen. Dann begann sie zu weinen. Dies war ein besonderes Kreuz. Wer es annahm, der folgte dem Kaiser, der zog mit dem Kaiser in den Krieg. Der Kaiser wollte das Heilige Land von den Sarazenen erobern. Er wollte die Stadt Jerusalem besitzen, vor deren Toren Jesus einst gekreuzigt worden war. Deshalb wurde dieser Krieg Kreuzzug genannt. Auch Ludwig wollte mit dem Kaiser ziehen. Für Monate, für Jahre würde er Thüringen verlassen. Elisabeth brach in Tränen aus. Er, den sie über alle Maßen liebhatte, wollte mit seinen Knechten aufbrechen und mit dem Kaiser übers Meer fahren, wollte in den Krieg ziehen. Elisabeth ahnte das Unglück.

Als Ludwig mit seinen Männern losritt, da ließ sie ihr Pferd satteln und begleitete ihn bis zur nächsten Stadt. Und weiter bis an die Landesgrenze. Und weiter. Einen ganzen langen Tag ritt sie noch mit ihrem Mann. Dann kehrte sie zur Wartburg zurück. Ihre Augen waren rot vom Weinen. Sie legte ihre schönen bunten Kleider ab. Von diesem Tag an trug sie nur noch dunkle Kleider, wie die Frauen sie zu jener Zeit anzogen, denen der Mann gestorben war. Als ob sie im voraus gewußt hätte, daß Ludwig niemals wiederkommen würde.

Noch war ihr drittes Kind nicht geboren, da wurde die Nachricht überbracht: Der Landgraf Ludwig ist tot! Eine Fieberseuche hatte ihm in Italien den Tod gebracht.

Elisabeth rief aus: ›Ludwig ist tot! Er ist tot! Mit ihm ist mir die ganze Welt gestorben!‹ Sie war untröstlich, aß kaum und schlief wenig. Alles auf der Burg erinnerte sie an den, den sie von Herzen liebte.

Häufiger noch als zuvor ging sie mit Guda und Isentrud in die Stadt. In Körben trugen sie die Gaben für die Armen hinab.

Allmählich wurde Elisabeth ruhiger. Sie wußte ja, daß Ludwig ihr nur dorthin vorausgegangen war, wohin alle Menschen einst gehen werden. Darauf hoffte sie. Das hielt sie am Leben und tröstete sie.«

21. November

Zwölf Wünsche für Elisabeth

3. Teil

Die neunte Wunschgeschichte – Die Rosen im Korb

Als Ludwig gestorben war, wurde sein Bruder Heinrich Raspe Herr auf der Burg. Er wollte Elisabeth nicht länger erlauben, so viel Geld und Gut für die Armen auszugeben. Deshalb verbot er ihr streng, nach Eisenach hinabzugehen und Brot auszuteilen.
Als er eines Tages von der Burg fortgeritten war, rief Elisabeth ihre Freundinnen. ›Guda, Isentrud‹, sagte sie, ›packt die Körbe, wir steigen hinab zu unseren Armen!‹
›Raspe hat's verboten‹, wandte Guda ein.
›Tut, was ich euch sage‹, befahl Elisabeth.
Es sah so aus, als ob die Mägde ihr gehorchten. Sie brachten die Körbe herbei. Wie immer wurden sie mit Tüchern abgedeckt.
Als sie auf dem Weg zur Stadt waren, kam Heinrich Raspe ihnen entgegen. ›Was tragt ihr in den Körben mit euch?‹ fragte er zornig.
Elisabeth erschrak und antwortete, eigentlich ohne daß sie es wollte: ›Rosen, Herr Raspe, Rosen sind in den Körben.‹
Da lachte Raspe voll Spott, beugte sich nieder und riß das Tuch von einem Korb weg. Verblüfft starrte er in den Korb. Lauter rote Rosen lagen darin.

›Nicht mehr lange, Elisabeth, nicht mehr lange führst du mich an der Nase herum‹, schrie er und stob davon.

Elisabeth schaute ihre Mägde an. Da sagte Isentrud: ›Ich war es, Elisabeth, die die Rosen schnitt und in den Korb legte.‹

›Warum hast du das getan?‹ fragte Elisabeth.

›Ich dachte‹, sagte Isentrud leise, ›ich dachte, die Armen brauchen Brot und Rosen.‹ Sie lüftete das Tuch des anderen Korbes. Frisches Brot lag darin.

Elisabeth sah ihre Magd lange an. ›Brot und Rosen‹, sagte sie nachdenklich. ›Ich glaube, Isentrud, du hast es besser erkannt als ich, was die Armen brauchen.‹«

Die zehnte Wunschgeschichte – Elisabeth verläßt die Wartburg

»Elisabeth hatte oft Streit mit Heinrich Raspe. Sie beschloß, die Wartburg zu verlassen.

Eines Nachts brach sie mit Guda und Isentrud auf und ging heimlich nach Eisenach. Es hatte geregnet. Die Straßen waren voller Schlamm. Die Leute hatten einen schmalen Brettersteg gelegt, damit sie trockenen Fußes von Haus zu Haus gelangen konnten. Auf diesem Steg kam Elisabeth eine Frau entgegen. Ihr hatte Elisabeth oft geholfen, hatte ihr Brot geschenkt und Geld, damit sie Kleider für ihre Kinder kaufen konnte. Die Frau trat nicht zur Seite, als Elisabeth ihr begegnete. Sie stieß Elisabeth vom Steg. Elisabeth glitt aus und stürzte in den Schmutz. Die Frau lachte nur darüber und ging weiter.

In dieser Nacht gab niemand Elisabeth ein Zimmer, niemand bot ihr ein Bett an. Schließlich mußte sie mit ihren Mägden in einem alten Schweinestall unterkriechen. Aber Elisabeth ließ sich nicht entmutigen. ›Wir sind nicht die ersten‹, sagte sie, ›die von den Türen weggejagt worden sind. Ist nicht sogar der König der Könige in einem Stall zur Welt gekommen?‹

Die Mägde wunderten sich, daß Elisabeth ihre Fröhlichkeit nicht verlor, und dachten: ›Wenn die vornehme Landgräfin sich mit einem Stall zufriedengibt, dann soll es uns auch recht sein.‹ Und sie ließen sich von Elisabeths Fröhlichkeit anstecken.«

Die elfte Wunschgeschichte – Elisabeth baut ein Krankenhaus

»Auch in den folgenden Tagen und Wochen änderten die Menschen in Eisenach sich nicht. Sie schüttelten den Kopf, wenn die Rede auf Elisabeth kam. ›Sie hat alles, was sich ein Mensch nur wünschen kann. Sie war reich, Mägde dienten ihr. Sie wohnte in der schönen Wartburg. Alles das hat sie verlassen, lebt freiwillig wie eine Bettlerin. Sie muß verrückt geworden sein.‹ So sprachen die Leute in der Stadt.

Genauso dachten auch die Verwandten. Sie atmeten erleichtert auf, als sie hörten, daß Elisabeth Eisenach verlassen hatte und nach Marburg gegangen war. Ludwig hatte ihr als Hochzeitsgabe viele Häuser und Güter in dieser Stadt geschenkt.

Aber Elisabeth kam nicht als Herrin nach Marburg. Sie war in ein einfaches graues Kleid gehüllt und ließ es sich gefallen, daß man ihr außerhalb der Stadt ein Haus überließ. Dort baute sie ein Krankenhaus, das sie selbst leitete. Sie war die erste Frau, die eine solche Aufgabe übernahm. Von nah und fern wurden Kranke zu ihr gebracht. Ihre Mägde und sie selber wuschen die Wäsche und verbanden die Wunden, kochten und gaben den Kranken zu essen, putzten die Zimmer und säuberten die Betten. Vom frühen Morgen bis zum späten Abend war Elisabeth für die Kranken da. ›Ich denke mir immer, daß es Jesus selber ist, den ich pflegen darf‹, sagte sie.

›Wie kommt es, daß Elisabeth bei all der schweren Arbeit immer fröhlich sein kann?‹ fragte Isentrud eines Tages ihre Freundin Guda.

›Ich weiß es auch nicht‹, antwortete Guda. ›Aber jedesmal, wenn sie in der Kapelle oder an einem Krankenbett gebetet hat, dann meine ich, sie hat allen Kummer und alle Angst weggebetet.‹«

Die letzte Wunschgeschichte – Elisabeth, eine ganz besondere Frau

»Als Elisabeth 24 Jahre alt war, wurde sie sehr krank. An ihrem Krankenbett wachten Isentrud und ein kleiner Junge. Dieser Junge war eines Tages, über und über mit Geschwüren bedeckt, in das Krankenhaus gekommen. Er hatte weder Vater noch Mutter. Elisabeth hatte ihn gesund gepflegt. Seitdem hing er an ihr und versuchte, sooft es nur ging, in ihrer Nähe zu sein.

Das Fieber stieg höher und höher. Da wußte Isentrud, daß Elisabeth sterben mußte. Sie ging einen Augenblick hinaus, um frisches Wasser zu holen. Als sie zurückkam, sagte der Junge: ›Sie hat gesungen.‹

›Ich habe auch so etwas gehört‹, sagte Isentrud. ›Ich dachte, du wärst das gewesen.‹

Da sprach Elisabeth mit klarer Stimme: ›Habt ihr es gehört? Da hat mir ein kleiner Vogel ein fröhliches Lied gepfiffen. Ich mußte ganz einfach mitsingen.‹ Kurz darauf starb sie.

Mehr und mehr spürten die Menschen, daß da eine ganz besondere Frau mitten unter ihnen gelebt hatte. Viele kamen und legten Blumen auf ihr Grab. Auch der Kaiser und der Papst hörten immer wieder von Elisabeth von Thüringen.

Vier Jahre nach ihrem Tod wurde ihr Sarg in die neuerbaute Elisabethkirche in Marburg gebracht. Viele tausend Menschen kamen. Die Maiensonne schien warm.

Zuerst erkannte niemand den Pilger, der barfuß und in einer rauhen Mönchskutte von weit her gekommen war. Der Mann legte eine goldene Krone auf das Grab der Elisabeth und sagte: ›Als du noch lebtest, hätte ich dich gern zu meiner Kaiserin gekrönt. Weil das nicht mehr möglich ist, deshalb schenke ich dir diese Krone. Du bist gewiß eine Königin im Himmelreich.‹

Da merkten die Leute, daß der mächtige Kaiser Friedrich selber gekommen war, um Elisabeth zu ehren.«

Die Großmutter schwieg.

»Sind die Geschichten zu Ende?« fragte die kleine Elisabeth.

»Noch nicht ganz«, antwortete die Großmutter. »Der Sarg von Elisabeth ist dreihundert Jahre später entfernt worden. Niemand weiß, wohin er gekommen ist. Aber die Menschen haben die heilige Elisabeth von Thüringen nicht vergessen. Noch heute besuchen viele die schöne Elisabethkirche in Marburg. Sie beten zu Gott, daß auch ihnen ein Mensch wie Elisabeth begegnet, ja, daß sie selber der Elisabeth ein bißchen ähnlicher werden. Vielleicht nennen deshalb viele Mütter und Väter ihr Kind Betty oder Elli oder Lilli oder Lisa oder Lissy oder Lisbeth oder . . .« – hier verstummte die Großmutter.

» . . . oder Elisabeth«, sagte die kleine Elisabeth. »Wie gut, daß ich Elisabeth heiße!«

»Ja, das ist ein schöner Name«, sagte die Großmutter.

»Ich möchte auch einmal in die Stadt Marburg. Ich würde gern die Elisabethkirche sehen«, sagte die kleine Elisabeth.

»Vielleicht wünschst du dir das im nächsten Jahr von mir zum Geburtstag«, sagte die Großmutter. »Vielleicht fahren wir zusammen mit meinem kleinen Auto dorthin.«

»Wunderbar«, schwärmte die kleine Elisabeth und drückte ihre Großmutter ganz fest.

22. November

Tappert meldete sich

Ich war glücklich, meine erste Stelle nicht irgendwo in einem Dorf weitab der Zentren antreten zu müssen, sondern in der Nähe, sozusagen im Dunstkreis von Mutters Töpfen – und meine Mutter war eine leidenschaftliche Köchin –, in der Nähe also in eine Volksschule eingewiesen zu werden.
Die erste Begegnung mit meiner zukünftigen Klasse, 56 »Knaben« des 5. und 6. Jahrgangs, stand unter keinem günstigen Stern. Der ältere, ein wenig korpulente Rektor Remmis begrüßte mich freundlich und führte mich ohne lange Vorrede in das Dachgeschoß des alten Gebäudes. Dort wurde die 5/6a – a waren immer die Jungen – von Herrn Theo R. Tiek unterrichtet. Der freute sich unverhohlen, die Klasse abgeben zu können. Bevor er mich jedoch den 56 »Knaben« überließ, rief er sehr laut sechs Namen auf. Von Abromat, Karl bis Wolschewski, Uwe haben sich diese mir für immer eingeprägt. Die Jungen standen neben ihren Bänken. Theo R. Tiek empfahl mir, ohne seine Stimme zu dämpfen, und er streichelte dabei sanft und fortwährend einen Riedstock mittelschweren Kalibers, er empfahl mir also diese sechs Burschen allmorgendlich, *»allmorgendlich, sage ich Ihnen«,* zu Beginn des Unterrichts vorsorglich, *»präventiv, sage ich Ihnen«,* kräftig durchzuprügeln, weil

ich sonst kaum hoffen dürfe, die Klasse lebend verlassen zu können, *»bildlich gesprochen, Herr Kollege«.*

Die leichte Einschränkung, ich dürfe »kaum« hoffen und ein listiges Augenzwinkern von Rektor Remmis ließen mich dennoch hoffen. Und ich überlebte.

Bereits an diesem Tag fiel mir auf, daß unter den sechs potentiellen Lehrermördern, *»bildlich gesprochen, natürlich«,* vier Schüler waren, die aus Schifferfamilien stammten. In einer Stadt am Flußhafen, sollte man meinen, ist das kein Grund zur Verwunderung.

Aber »Schifferkinder«, das war im Lehrerzimmer eine häufig mit resignierendem Achselzucken begleitete Bezeichnung einer Kindergruppe. Schifferkinder lebten bis zu ihrem sechsten Lebensjahr an Bord eines Rheinschiffes. Die Schulpflicht zwang sie nicht nur in irgendein erstes Schuljahr, sondern auch in ein Schifferkinderheim. Sie galten im Lehrerkollegium als verträumt, wortkarg, kaum lernbereit, gelegentlich aufsässig.

»Wenig beschlagen«, klagte Frau Becker.

Theo R. Tiek war direkter im Ausdruck. »Dusselig, Inzucht«, war sein Kommentar.

Rektor Remmis wandte ein, daß die meisten der Schifferkinder in den Oberklassen durchaus dem Durchschnitt nahe kämen, ja, der Heinrich Tepe sei sogar eine ausgesprochen mathematische Begabung.

»Bleiben Sie nur in den oberen Klassen, junger Kollege«, seufzte Frau Becker. »Ich ackere seit sechs Wochen bereits im ersten Schuljahr. Unter den acht Schifferkindern in meiner Klasse sind zwei, die haben in dieser ganzen Zeit noch nicht ein einziges Wort gesprochen. *Nicht ein einziges Wort, sage ich Ihnen.«*

Herr Raschlo sagte: »In meiner Klasse sind diesmal neun aus dem Schifferkinderheim.« Er lächelte dabei. Ich hatte ihn noch keine einzige abfällige Bemerkung über Schifferkinder sagen hören.

Raschlo sprach überhaupt nur wenig. Ich schätzte sein Alter auf knapp sechzig Jahre. Sein leichter Akzent ließ mich fragen, woher er stammte.

»Hultschiner Ländchen«, antwortete er und schaute mich aufmerksam an. Ich nickte und sagte: »Mein Vater kam in den zwanziger Jahren aus dem Osten ins Ruhrgebiet.«

Nach wenigen Wochen wußte ich, was es über Herrn Raschlo zu wissen gab. Er war Junggeselle geblieben, bewohnte ein Zimmer im Obergeschoß eines alten Kaufhauses in der Innenstadt, kaufte sich in den großen Ferien eine Netzkarte für das gesamte Bundesgebiet und reiste in schnellen Zügen durch die Republik, verweilte nie länger als zwei Tage an einem Ort und war während der Schulzeit stets der erste auf dem Schulhof. Die meisten Kollegen lächelten nachsichtig, wenn die Rede auf Raschlo kam.

Rektor Remmis sagte nur: »Er ist eine Seele von Mensch. *Eine Seele von Mensch, sage ich Ihnen.*« Was er von ihm als Lehrer hielt, das drückte er anders aus. Herr Raschlo bekam alle zwei Jahre erneut ein erstes Schuljahr zugewiesen.

»Oben braucht man Mumm«, sagte Theo R. Tiek. »*Mumm braucht man, Herr Kollege.* Oben kann Raschlo sich nicht durchsetzen.«

»Unten auch nicht«, fügte Frau Becker bissig hinzu.

Dieses Urteil war nicht ungerecht. Ich glaube, Herr Raschlo wollte sich auch gar nicht durchsetzen. Das, muß ich zugeben, irritierte mich oft. So ließ sich Raschlo häufig von seinen Schülern, wenn sie bereits frühmorgens über den Schulhof jagten, die Schultaschen in die Hand drücken. Schwerbeladen, manchmal drei Taschen an jeder Hand, schritt er dann seine gewohnte Bahn bis zur Turnhalle am anderen Ende des Hofes und zurück zum Haupteingang.

Einmal hörte ich eine Mutter empört berichten, ihr Sohn Willi habe sich in der Klasse im Wandschrank versteckt und dort während des Unterrichts, »*während des Unterrichts, sage ich Ihnen*«, als Poltergeist gewirkt. Als Raschlo ihn endlich nach zwanzig Minuten dort ausfindig machte, habe er ganz ruhig gesagt: »Ach, Willi, da bist du ja. Und ich habe mich schon gewundert, wo du stecken magst. Geh auf deinen Platz zurück.«

»*Er läßt sich von den Kindern auf dem Kopf herumtanzen, sage ich Ihnen*«, meinte die Mutter.

»Was halten Sie von den Schifferkindern?« fragte ich Raschlo.

Er blinzelte mich durch seine scharfen Brillengläser hindurch ein wenig überrascht an. Nach seiner Meinung wurde er selten gefragt. »Nicht leicht«, antwortete er kurz angebunden.

Ich verstand ihn falsch. Er meinte gar nicht seine Schwierigkeiten mit diesen Kindern. Nach einer Weile fügte er nämlich hinzu: »Wissen Sie, so viele Wochen ohne Mutter, ohne Vater. Da mag das Heim sich noch so große Mühe geben, es ist nicht leicht für die Kinder.«

Theo R. Tiek schritt neben uns. Er hatte an diesem Tag die Hofaufsicht. »Kollegen«, sagte er, »Sie wissen es doch auch, die Söhne und Töchter der Schiffer heiraten immer wieder untereinander. Die meisten Familien sind versippt und verschwägert. Das kann doch nicht gutgehen. Erblicherseits meine ich. Das Ergebnis? Dusselig. *Dusselig, sage ich Ihnen.*«

Raschlo lächelte nur.

Ich erwiderte: »Die Pharaonen dachten anders darüber.«

»Wieso?« fragte Theo R. Tiek verblüfft.

»Sie duldeten Heiraten nur im engsten Familienkreis. Oft wurden sogar Schwester und Bruder ein Ehepaar.«

Theo R. Tiek schüttelte verwundert den Kopf. »Nur gut, daß Sie ein Einzelkind sind«, rief er schließlich und lachte laut.

Länger als ein Jahr war ich inzwischen Lehrer an dieser Schule. Wenn ich auch Theo R. Tieks Rezepturen mit Stock und Stimme längst als Hilflosigkeit eines Mannes erkannt hatte, der sich besser einen anderen Beruf gesucht hätte, so mußte ich doch eines anerkennen: Was die Schifferkinder betraf, schien er klar zu sehen.

»Ich rede oft wie gegen eine Wand«, gestand ich dem Rektor Remmis in einer Stunde ziemlicher Ratlosigkeit und voller Zweifel, ob Lehrer ein Beruf sei, dem ich ein ganzes Leben lang standhalten könne.

Remmis schaute mich lange an und sagte dann: »Sie haben inzwischen gelernt, Ihren Unterricht so zu stufen, daß die Schüler von Einsicht zu Einsicht schreiten. Jedesmal, wenn Ihre Schritte zu groß werden, wenn Sie wichtige Phasen überspringen, dann hängen Sie einen Teil der Klasse ab.«

»Richtig«, bestätigte ich, erkannte aber keinen Zusammenhang.

»Wenden Sie das bitte auch auf sich an«, sagte er leise. »Lehrer müssen es lernen, mit sich selber Geduld zu haben. Nicht auf alle Fragen finden sich schnell Antworten.«

Nur Sprüche? Ich blieb skeptisch.

Genau eine Woche nach diesem Gespräch kam Herr Raschlo in der großen Pause ins Lehrerzimmer. Das geschah sonst nur bei Konferenzen. Er war aufgeregt, hatte seine Brille abgenommen und drehte sie zwischen den Fingern.

»Ich wollte Ihnen erzählen . . .«, begann er und stockte dann.

Alle blickten ihn erstaunt an. Raschlo wollte etwas erzählen? Selbst Frau Becker verstummte.

»Na ja«, setzte Herr Raschlo noch einmal an. »Ich habe meinem zweiten Schuljahr das Märchen vom dicken, fetten Pfannkuchen erzählt.«

»Das habe ich in der vorigen Woche mit meiner Klasse sogar gespielt«, kicherte Frau Welting. »Der Klaus Spindler war ein herrlicher dicker Pfannkuchen.«

Niemand achtete auf sie.

»Weiter, Herr Raschlo«, drängte Rektor Remmis.

»Der Pfannkuchen läuft ja durchs ganze Haus.« Raschlo sprach an diesem Tag mit besonders hartem Akzent. Er war ziemlich blaß. »Ich habe die Kinder gefragt: ›Wohin lief der Pfannkuchen, Kinder, was meint ihr?‹ In der Hand hielt ich ein Stück Kreide. Jeden Ort, den die Kinder nennen würden, wollte ich an die Tafel schreiben. Plötzlich meldete sich der kleine Peter Tappert.«

»Das Schifferkind Tappert meldete sich?« fragte Frau Becker ungläubig.

»Der kleine Peter Tappert«, wiederholte Raschlo. »Ich nahm ihn selbstverständlich an die Reihe. ›Der Pfannkuchen lief in die Roef‹, sagte er. Und dann flogen die Hände aller Schifferkinder hoch. Alle wollten sprechen. ›Am Bugspriet kletterte er entlang!‹ – ›Er rannte um das Poller.‹ – ›Er kroch durch die Klüse.‹ – ›Er jagte durch das Gangbord.‹ – ›Er rutschte am Spill herunter.‹« Raschlo verstummte.

»Ja, konnten Sie denn diese komischen Wörter alle schreiben?« fragte Frau Becker.

»Nicht alle«, gab Raschlo zu.

»Ja, und?« sagte Frau Becker begriffsstutzig.

»Na ja, sie sprechen eben nicht unsere Sprache, die Schifferkinder«, schloß Herr Raschlo und verließ das Lehrerzimmer.

Eine Weile saßen wir alle stumm da.

»Ich glaube«, sagte Rektor Remmis schließlich, »ich glaube, wir selbst waren es, die zuwenig beschlagen waren.«

»Dusselig!« rief Theo R. Tiek und schlug sich gegen die Stirn.

Die Pausenklingel schrillte. Wir liefen auseinander.

Von diesem Tag an hatte das Wort »Schifferkinder« in unserem Kollegium einen anderen Klang. Ich jedenfalls lernte in den folgenden Wochen 132 neue Wörter und Begriffe von Schiffen und Häfen, die ich sorgfältig in einem Vokabelheft notierte.

Ich bin längst nicht mehr Lehrer in der Schule nahe am Hafen und habe gehört, daß das Schifferkinderheim vor einigen Jahren aufgelöst worden ist. Jetzt sollen Spätaussiedler aus Polen in dem Hause sein.

Die Zeiten ändern sich eben.

Ändern sich die Zeiten?

23. November

Die wildgewordene Straßenbahn

Es dämmerte früh an diesem Tag. Hinter den Bäumen her schoben sich dicke schwarze Wolken in den Himmel. In der Ferne rollte und grollte es zuweilen. Samson glättete mit der stumpfen Klinge seines Kittmessers die Fensterfuge und wischte mit einem blauen Lappen das Glas klar.

»Feierabend«, sagte er und packte Glasschneider, Zange, Hammer, Lappen und Kittmesser in die Werkzeugkiste. Schließlich ließ er sich auf der langen Holzbank in der alten Straßenbahn nieder, fingerte in seiner Tasche nach einem Zigarrenstummel und schob ihn zwischen die Lippen. Die drei Nachbarskinder setzten sich neben ihn. Sie beobachteten die heraufziehenden Wolken und das helle Zucken ferner Blitze. Das Feuerzeug leuchtete auf.

»Es ist nicht die erste Scheibe, die dem eisernen Heinrich eingeschlagen worden ist. Ich selbst habe sogar einmal eine Scheibe dieser Straßenbahn mit der Faust eingedrückt.«

»Sie selbst?« staunte Berthold.

»Ja, hier mit dieser Faust.« Samson ballte seine Finger zusammen und reckte sie den Kindern hinüber.

»Wie kam das, Samson? Warum hast du selbst die Scheibe zerschmettert?« fragte Friedrich.

»Ach, eine alte Geschichte ist das. Ist damals passiert, als dieser alte Wagen noch von Pferden gezogen wurde.«

»Bitte, erzählen Sie doch. Wir hören alle sehr gern Geschichten«, bettelten die Kinder.

Da ließ sich Samson nicht länger drängen und begann zu berichten:

»Es war wohl in dem heißen Sommer Anno 1905 oder 1906. Wir hielten gerade unsere Mittagspause auf dem Kottenberg. Dort endeten die Schienen. Wir rasteten bei schönem Wetter gewöhnlich im Schatten der dicken Buchen, die damals noch dort wuchsen. An diesem Tag hatten wir ein gutes Geschäft gemacht. Die Pferdebahn war pickpack voll von Menschen gewesen. Jeder hatte gern den Groschen bezahlt, um schnell an die Kiesgrube und ins kühle, erfrischende Wasser zu kommen. Dicht bei dicht lagen die Leute im Gras bis fast an die Straße hin.

Ihr wißt, daß es am Kottenberg steil und abschüssig ist. Deshalb hatte ich die Bremskurbel fest angedreht. Die Schienen führten vom Kottenberg aus genau auf das Wasserloch zu und bogen nur wenige Meter vor der Kiesgrube zur Stadt hin ab. Ich spannte die Rappen aus. Sie schwitzten. Es war auch nicht leicht für sie, den schweren Wagen den Berg hinaufzuziehen. Das Eisen nahm ich ihnen aus dem Maul, damit sie sich ein paar Halme des saftigen Grases abrupfen konnten. Plattekamp, der Schaffner, schloß die Tür des eisernen Heinrich gut zu, warf einen Blick auf die Uhr und sagte: ›Wir haben 'ne halbe Stunde Zeit, Samson. Ich lege mich aufs Ohr.‹

Ich spazierte ein Stückchen bergab, bis zum Rand des kleinen Waldes. Von dort aus reichte der Blick weit über die ganze Stadt. Gedämpft tönte das Schreien und Lachen der Badegäste in der Kuhle bis zu mir herauf.

Da ertönte von der Kuppe des Kottenberges her ein gellender Schrei, der mir durch Mark und Bein fuhr. ›Die Bahn! Herrgott, halt die Bahn!‹

Das war Plattekamps Schrei. Ich schoß hoch und rannte auf die Schienen zu, noch ehe ich den eisernen Heinrich erblicken konnte. ›Die Bremse hat sich gelöst‹, flog es mir durch den Sinn. Da sauste der eiserne Heinrich heran. So schnell hatte ich die Bahn noch niemals rollen sehen, selbst damals nicht, als einem anderen Fahrer die Pferde durchgegangen waren, da war sie nicht so schnell gefahren.

Die Leute an der Kuhle! ging es mir durch den Kopf. Ich wußte genau, wenn die Bahn am Fuß des Berges in die Kurve kam, dann würde sie bei dieser Geschwindigkeit aus den Schienen springen und mitten in die Menschen rasen. Ich stellte mich dicht neben die Schienen. Als der eiserne Heinrich noch einen Steinwurf weit weg war und wie ein wütender Stier auf mich zubrauste, rannte ich neben den Schienen her, was meine Beine nur hergeben wollten.

›Es sah aus‹, erzählte Plattekamp später, ›als ob du gegen die Bahn einen Wettlauf machen wolltest.‹

Der eiserne Heinrich war in Schwung. Seine Tonnenlast raste viel schneller, als jeder Mann rennen kann. Das Räderrollen war mir dicht auf den Fersen. Da schob sich die Bahn an mir vorbei. Ich reckte mich nach dem Holzgriff und bekam ihn zu fassen. Es war, als ob es mir die Hand aus dem Gelenk reißen wollte. Ich schrie, aber ich hielt fest und erwischte mit dem Fuß das Trittbrett. Der Fahrtwind riß mir die Mütze vom Kopf. Hart ruckte ich an der Tür. Verschlossen! Plattekamp hatte sie ja verschlossen. Mit der Faust schlug ich die Scheibe ein und zwängte mich durch das Fensterloch auf die Plattform. Meine blaue Uniform zerriß an den spitzen Scherben. Ich faßte die Bremskurbel und drehte. Noch war es bis zur Kurve einen Pfeilschuß weit. Die Bremsen preßten sich gegen die Räder. Die schleiften und quietschten. Die Bahn jedoch verminderte ihre Geschwindigkeit nicht. Sie rumpelte und donnerte genau auf die Menschen zu. Schon konnte ich ihre Gesichter erkennen. ›Ich werde dich zwingen‹, knirschte ich. Mit beiden Händen packte ich die Kurbel und zerrte daran, so hart ich es nur konnte. So! Noch ein wenig, und noch einmal! Dann trat ich die Fußbremse . . .

Noch dreißig Meter waren es bis zur Kurve. Die Geschwindigkeit verringerte sich ständig. Immer noch war sie jedoch viel zu wild für die Kurve. Jetzt! Jetzt schüttelte die Bahn ein Ruck. Der Schlag wollte mich auf die Seite schleudern. Ich aber sprang nach links, klammerte mich an den Eschengriff, warf all mein Gewicht gegen das wildgewordene Eisen. Ich spürte, wie die Räder der linken Spur sich von den Schienen hoben. Ich atmete nicht. Vor mir starrten aufgerissene Augen. Sie fällt! Sie stürzt! Nein! Ihr Gewicht schlägt zurück. Die Räder fassen wieder das Eisen der Schienen. Sie rollt aus, zittert, steht . . .

Da erst bemerkte ich Blut an meinen Händen. Langsam näherten sich die

Leute, schweigend, Angst auf den Stirnen. Ich sank auf meinen Führersitz. Die Knie zitterten. Fest mußte ich die Zähne aufeinanderbeißen. Ich fror, obwohl die Sonne über der Stadt brütete.«

Samson schwieg. Das Gewitter war inzwischen näher gekommen. Grell strahlte ein Blitz. Der Donnerschlag fuhr hinterher. Eng drückte Friedrich sich an seine Schwester. Dicke Regentropfen hämmerten gegen die Scheiben und trommelten auf das Dach.

»Wie ging es zu Ende?« fragte Berthold.

»Wir haben nie erfahren, wer die Bremskurbel gelöst hat. Wahrscheinlich ist ein Kind unbemerkt von vorn auf die Bahn geklettert, hat sich dort, wo ich die Zügel hielt, hineingebeugt und mit der Bremssperre gespielt. Auf der Plattform fanden wir später ein Kindertaschentuch. Wer aber weiß, ob es nicht schon längst vorher dort verlorengegangen ist.

Plattekamp kam fünf Minuten später außer Atem angerannt. Er konnte nicht sprechen, aber er schüttelte mir die Hand, ohne auf das Blut zu achten. Dann nahm er aus dem Verbandskasten Binden und leistete mir Erste Hilfe. Wir konnten die Kurbelbremse zunächst gar nicht lösen, so fest hatte ich sie gedreht. Plattekamp kroch unter die Bahn und wollte nachsehen, ob sich vielleicht etwas verbogen habe. Dabei berührte er mit den Fingerspitzen den Bremsblock. Ihr hättet seinen Schmerzensschrei hören sollen! Es war, als ob der Block aus dem Schmiedefeuer käme. An allen Fingerkuppen der rechten Hand bildeten sich weiße Brandblasen.

In der Stadt wunderten sich die Bürger über die Verspätung der Bahn. Wir waren nämlich sonst so pünktlich, daß in vielen Familien der Wecker danach gestellt wurde, wenn wir vorbeikamen. Am nächsten Tag stand von unserer Fahrt eine ganze Seite im Stadtboten. Lang und breit war alles aufgeschrieben und gedruckt worden. Viele Leute haben mir an diesem Tag die Hand gedrückt. Auch der Direktor Fettweiß senior schüttelte sie mir lange. Als er seine Hand jedoch zurückzog, blinkte ein goldenes Zwanzigmarkstück in der meinen.

›Samson‹, hat er gesagt, ›Samson, Sie sind ein . . .‹ Er zögerte einen Augenblick, denn es fiel ihm schwer, große Worte zu machen.

Da vollendete ich den Satz und sagte: › . . . ein Straßenbahnfahrer, Herr Direktor.‹«

24. November

Knöpfchen

Um sechs Uhr wird gefüttert«, sagte Vater. »Er hört auf den Namen Sultan.«
Der Name gefiel uns nicht. Sultan, so kann vielleicht ein großer Schlachterhund heißen. Wer aber würde schon eine Handvoll Goldhamster Sultan nennen? So einen Namen konnte nur Großmutter Meier finden. Sie nämlich hatte uns ihren Hamster vererbt. Wir überlegten hin und her. Schließlich schlug mein kleiner Bruder Philipp den Namen »Knöpfchen« vor. »Er hat so lustige Knopfaugen«, sagte er. Lotte wollte ihn »Goldstück« nennen. Ich schwärmte für »Lilli«.
»Großmutter Meier hat ihn bis zu ihrem Tod ›Sultan‹ gerufen«, mischte sich Mutter ein. »Jetzt wollt ihr ihm einen anderen Namen geben?«
Vater kam in die Küche. Wir fragten ihn: »Was sollen wir machen?«
Er gab uns einen guten Rat. »Wir setzen den Goldhamster mitten auf den Küchentisch. An der einen Seite ruft Philipp: ›Knöpfchen, komm!‹ Du, Lotte, darfst von der anderen Seite her rufen: ›Goldstück, komm her!‹ Mutter lockt ihn mit seinem alten Namen ›Sultan‹. Lena darf es mit ›Lilli‹ versuchen. Dann werden wir ja sehen, wie er heißen will.«
»Los!« schrie Philipp. »Wir fangen gleich an.«
Wir setzten uns um den Tisch. Mutter faltete die Decke zusammen.

»Meinst du, er macht was?« fragte Lotte und lachte.

»Sicher ist sicher«, antwortete Mutter.

Vater griff den Goldhamster. Er war nicht scheu. Großmutter Meier hatte ihn oft auf ihren Schoß gesetzt, als sie noch lebte. Mitten auf den Tisch setzte Vater das Tier. Es schnupperte mit seiner schwarzen Lacknase in der Luft herum.

»Lilli! Knöpfchen! Goldstück! Sultan!« schmeichelten wir. »Komm doch, komm!«

Der Goldhamster reckte das Köpfchen, zeigte uns sein weißes Lätzchen und putzte mit der winzigen Pfote seinen Schnurrbart. Behäbig drehte er sich im Kreis. Ein paar Hamsterschritte trippelte er auf Mutter zu.

Also doch Sultan, dachte ich.

Lotte machte traurige Augen. Das mochte der Hamster wohl nicht. Er drehte sich um und näherte sich Lotte. Wollte er Goldstück heißen?

»Bitte, Knöpfchen, komm zu mir«, bettelte Philipp. Sonst war er nie so höflich.

Wirklich, der Hamster lief an uns allen vorbei. Von Sultan, Lilli, Goldstück wollte er nichts wissen. Er berührte mit seiner spitzen Schnauze unseren Philipp. Der stieß einen Jubelschrei aus. Entsetzt raste Knöpfchen davon. Fast wäre er vom Tisch gestürzt, doch Vater erwischte ihn. Er trug ihn in sein Gitterhaus zurück. Uns gefiel der Name Knöpfchen schließlich auch.

Um sechs durften wir den Goldhamster füttern. Er sollte es gut bei uns haben. Wir gaben ihm eine kleine Möhre, drei Haselnüsse und eine Handvoll Maiskörner. Er knabberte hastig. Wir schauten zu. Die Möhre verschwand, die Nüsse kamen an die Reihe, und dann machte sich der Kerl mit Heißhunger über die Maiskörner her.

»Knöpfchen erstickt!« schrie Philipp.

Da sahen wir es auch. Sein Hals war dick angeschwollen. »Vater! Vater!« riefen wir. Vater kam mit langen Schritten aus dem Wohnzimmer.

»Der Goldhamster erstickt! Sieh mal, es ist ihm alles im Hals steckengeblieben.«

Vater erschrak. Doch dann lachte er laut. »Ihr seid Dummköpfe, Kinder. Habt ihr denn noch nie gehört, daß jeder Hamster Hamstertaschen hat?« Er nahm Knöpfchen heraus und strich behutsam mit dem Finger über die dicken Beulen an seinem Hals. Das Futter kam wieder zum Vorschein, die Möhre, die Nüsse und der Mais.

»Knöpfchen verscharrt die Vorräte. Paßt nur auf! Erst wenn er Hunger hat, frißt er davon.«

»Das wollen wir sehen«, riefen wir.

Knöpfchen besann sich nicht lange und stopfte bald wieder seine Taschen. Mit dem Vergraben seiner Schätze jedoch ließ er sich Zeit. Zu lange Zeit für uns. Philipp allein hockte schließlich noch vor dem Käfig. Uns anderen war es zu langweilig geworden, zuzusehen, wie Knöpfchen emsig hin und her tippelte, schnüffelte, ein Loch in die Spreu scharrte, es jedoch mit einem wachsamen Blick auf die großen Menschengesichter vor seinem Käfig dann doch nicht als Versteck benutzte.

Zu Philipp schien er Zutrauen zu haben. Jedenfalls kam der Junge später zu uns und sagte: »Er hat alles vergraben.«

»Wie hat er das gemacht?« fragte Lotte.

»Er hat die Spreu bis auf den Grund weggekratzt. Mit seinen Pfoten hat er sich dann die Backen leergestrichen.«

Lotte fuhr sich mit der Hand am Kinn vorbei und sagte: »Genau wie Vater es mit dem Finger gemacht hat?«

»Genau so.«

An diesem Tag schauten wir wohl noch tausendmal in den Käfig. Das Laufrad, das er bei Großmutter Meier oft und lange rundum gedreht hatte, stand still. Der Hamster knabberte auch nicht an den Eisenstäben. Ganz tief hatte er sich in sein kleines Holzhaus zurückgezogen und den Eingang mit Wolle zugestopft.

»Es wird ihm doch nichts passiert sein?« Lena wollte es genau wissen. Mit einen Bleistift pochte sie an das Holzhaus. Die Wolle bewegte sich ein wenig, aber Knöpfchen ließ sich nicht blicken.

»Hamster sind Nachttiere«, erklärte Mutter.

»Nachttiere?« Philipp legte seine Stirn in Falten, und seine Ohren rutschten einen Zentimeter höher. Das kann bei uns nur Philipp. Wenn er ganz aufmerksam zuhört, macht er das immer so.

»Hamster schlafen über Tag und werden in der Nacht munter.«

»Genau wie Vater?« fragte Philipp.

»Du bist ein Schlingel.« Mutter lachte und zog ihm das rechte Ohr noch einen halben Zentimeter höher.

Mutter hätte das lieber nicht erzählen sollen. Jedenfalls nicht, wenn sie wollte, daß Philipp von abends acht bis morgens sieben schlief. Damit wurde es nämlich in den folgenden Nächten nichts. Einmal hörte ich mitten in der Nacht seine Matratze laut knarren, seine nackten Füße tappten über den Boden, und die Küchentür quietschte. Ich versuchte mich wach zu halten, riß die Augen weit auf, kniff mir schließlich in den Po, bin aber dann doch wieder eingeschlafen. Deshalb weiß ich nicht, wie lange Philipp in der Küche gewesen ist. Der Lärm der Küchentür machte mich wieder wach.

»Philipp?« flüsterte ich.

»Ja?«

»Warum spukst du in der Wohnung herum?«

»Der Hamster hat nicht gefressen. Aber er will heraus!«

»Woher weißt du das?«

»Er knabbert an den Eisenstangen. Hörst du das nicht?«

Ich spitzte die Ohren. Tatsächlich hörte ich durch die geschlossene Tür hindurch ein leises Geräusch.

»Ich glaube, er will zu Großmutter Meier«, sagte Philipp und verkroch sich unter seinem Oberbett.

»Ich vermisse sie auch. Sehr«, murmelte ich und dachte an die schönen Geschichten, die sie uns immer erzählt hatte.

Knöpfchen kam nicht mehr dazu, seine Vorräte zu verzehren. Er wurde von Tag zu Tag stiller, hockte schließlich zusammengekauert in einer Ecke und rührte keinen Leckerbissen mehr an.

»Ihm fehlt Großmutter Meier«, sagte Vater. »Es dauert seine Zeit, bis er sich eingelebt hat.«

Knöpfchen gewöhnte sich nicht an uns. Sein Knabbern an den Eisenstangen wurde seltener und hörte schließlich ganz auf. Am dritten Morgen lag er kalt und steif in seinem Haus. Er war tot.

»Alte Bäume darf man nicht verpflanzen«, sagte Vater.

Wir weinten ein bißchen. Mutter versprach uns einen neuen Goldhamster zu Weihnachten. Philipp aber schluchzte: »Ich will nie mehr, nie mehr einen Goldhamster haben.«

25. November

Ein Fisch, ein Fisch ist mehr als ein Fisch

1. Das geheime Zeichen

Ja, dieser Tag erinnert mich an meine wichtigste Begegnung, die ich je in der Stadt Ephesus hatte. So wichtig ist mir das, daß ich alles aufgeschrieben habe.
Nein, nein, keine Angst, ich will nicht viel von Ephesus erzählen. Ich stamme aus einer anderen Stadt. In Kolossä bin ich aufgewachsen. Hier habe ich mein Handwerk gelernt. Von meinem Vater hab ich's gelernt. Wir er's zuvor von seinem Vater gelernt hat. Aber eines Tages hat er zu mir gesagt: »Junge, mach dich auf und wandre hinaus in die Welt! Wer sein Handwerk wirklich meistern will, der muß die Nase in den Wind stecken. Hinter den Bergen wohnen auch noch Leute, die etwas von der Tuchmacherei verstehen.« Tja, da hab' ich mein Bündel geschnürt und bin losgezogen.
Aber ich komme ein wenig vom Thema ab. Ich wollte ja von meinem wichtigsten Tag in Ephesus erzählen. Dort habe ich nämlich zwei volle Jahre bei einem berühmten Tuchmacher gearbeitet. Ich habe ihm genau auf die Finger geschaut und eine Menge von ihm gelernt. Er war ein Meister darin, Tiergestalten in Tücher zu weben.
Schließlich hat er gesagt: »Hör zu«, hat er gesagt, »von mir kannst du nichts mehr lernen. Du mußt weiterziehen. Aber ich habe eine Bitte an dich: Webe mir zum Abschied und zum Andenken an dich ein Tuch mit

einem Fisch darin. Ich gebe dir eine Woche Zeit. Ich werde, wie du weißt, gerühmt, weil ich das Kamel so einwebe, daß es wie lebendig aussieht. Mein Elefant ist – in aller Bescheidenheit will ich es sagen – ein Meisterwerk. Aber ich will es bekennen, und es geht mir nur schwer von den Lippen: Wenn du einen Fisch webst, Junge, dann könnte ich weinen vor Glück, so herrlich schimmern seine Schuppen durch das klare Wasser, so zart sind seine Flossen, so lebendig leuchtet das Auge. Ich bitte dich also, webe mir in ein schönes, fehlerfreies Tuch den Fisch ein. Zum Andenken für mich an einen Mann aus Kolossä, obwohl ich sonst, ich sage es freiheraus, von denen aus Kolossä nicht sehr viel halte.«

Ich habe nur darüber gelacht. Die in Ephesus, die halten sich nämlich für etwas ganz Besonderes. Die müßten Kolossä kennen! Dann würden sie nicht so reden.

Na ja. Ich fühlte mich ganz stark, als der Meister mich auf diese Weise lobte. Sonst war er nämlich eher geizig mit seinem Lob.

Und dann machte ich mich ans Werk. Zwei volle Tage arbeitete ich an dem Entwurf. Mühsam, sage ich euch, mühsam. Der Entwurf ist für mich immer das schwerste. Manchmal liegt mir diese Zeit wie ein Zentnerstein auf der Brust. Aber dann mit einem Male fließt es aus meinem Stift. Es ist wie bei einer Geburt, denke ich mir. Du trägst es mit dir herum, du weißt nicht genau, wie es aussehen wird, aber du spürst, daß es lebendig in dir ist. Und dann endlich drängt's ans Licht. Du fühlst dich glücklich wie ein Kamel, das nach langer Wüstenwanderung die Oase erreicht.

Also los. Ich fange an, spanne die Kettfäden, webe ein hauchzartes Tuch. Und dann die Farben! Die schönen sanften Farben des Wassers, die Gestalt des herrlichen Fisches. Ich webe und färbe und färbe und webe und bin ganz in meine Arbeit eingesponnen. Habe das Tuch fast fertig. Ein Fisch im sonnendurchfluteten Wasser. Ein Fischchen, sage ich euch, ein Fischchen! Dabei merke ich gar nicht, daß da einer hinter mir steht. Ich zucke richtig zusammen, als er zwischen Daumen und Finger den Stoff prüft. Ich sehe es an diesem Griff – so tastet keiner nach dem Tuch, der nichts von der Tuchweberei versteht. Das ist einer, der geht oft mit Stoffen um. Ein wandernder Geselle? Nein, dafür ist er zu alt. Ein Meister, der den Lebensabend im Ruhestand genießt? Nein, dafür ist er zu jung.

Was ist das nur für ein Mensch? Wieso kann er am hellichten Tag hier in der Werkstatt herumlungern? Fummelt an meinem Tuch herum und sagt kein einziges Wort.

»Is was?« frage ich ihn nicht gerade freundlich. Er schaut mich an und schweigt, deutet auf den Fisch. Dann tritt er an die Wand und malt mit einem Stück Kreide einen Fisch mit zwei Strichen. Nicht gerade kunstvoll. Kann er nicht sprechen? Braucht er die Zeichensprache? Ist er stumm?

»Ein Fisch«, sage ich. »Ein ganz einfacher Fisch.«

Er lacht. Und jetzt redet er.

»Sagt dir das Zeichen nichts, der du den Fisch webst?«

»Was soll mir das Zeichen sagen?« frage ich. »Ein Fisch ist ein Fisch. Basta.«

Er lacht wieder. Mit seiner Kreide schreibt er die Buchstaben untereinander an die Wand. Ganz groß.

F

I

S

C

H

Dann schaut er mich wieder so an, als ob er etwas von mir erwartet.

»Du hältst mich bei der Arbeit auf. Ich kann zwar lesen, aber ich habe auch aus deiner Kinderzeichnung bereits den Fisch erkannt. Du hättest das Wort gar nicht aufschreiben müssen. Und dann auch noch die Buchstaben untereinander. Statt nebeneinander, wie sich's gehört.«

Ich schnaufe verächtlich durch die Nase.

Diesmal lacht er nicht. Er tritt nahe an mich heran und sagt: »Dieser Fisch ist ein geheimes Zeichen. Hast du es in Ephesus niemals zuvor gesehen?«

Jetzt fällt's mir wieder ein. So ein Fischzeichen war hier und da neben manche Haustüren gekritzelt. Meist waren es die Türen ärmlicher Häuser. Ich werde neugierig. »Was bedeutet das Zeichen?« frage ich.

Er schaut mich an. Ziemlich lange. Dann sagt er: »Ich habe von dir gehört, daß du herrliche Tücher mit Fischbildern herstellen kannst. Und noch mehr habe ich von dir gehört.«

Ist er ein Spion? Will er mich aushorchen? Will er mir vielleicht etwas Böses? Eigentlich sieht er nicht danach aus.

Er fährt fort: »Du hast neulich den Lehrling Theophilus gefragt: Was meinst du, Junge, wenn ein Mensch stirbt, ist dann alles mit ihm? Oder, was meinst du, was dann mit dem Menschen ist?«

»Ja, das stimmt«, bestätigte ich. »Aber der Theophilus hat's auch nicht gewußt. Hat nur die Schultern gezuckt. Ich denke, auf diese Frage gibt's keine Antwort.«

»Weil du diese Frage gestellt hast, Bruder, deshalb bin ich in deine Werkstatt, deshalb bin ich zu dir gekommen.«

»Was soll das alles bedeuten?« frage ich.

Er tritt wieder an die Wand, schreibt neben die FISCH-Buchstaben neue Wörter.

Neben das F schreibt er Freund. Neben das I schreibt er Jesus. Neben das S schreibt er SUCHT, und aus dem CH wird das Wort Christus.

»Lies!« sagt er.

Ich lese: »FREUND JESUS SUCHT CHRISTEN.«

»Das ist ja wirklich ein Geheimzeichen«, sage ich.

Er lacht wieder. »Ein Zeichen mit doppeltem und dreifachem Boden«, sagt er. »Man kann auch sagen:

> FREUND
> JESUS
> SOHN GOTTES
> CHRISTUS
> HEILAND.«

Er ist eifrig geworden. Seine Augen leuchten. Er ist ein Feuerkopf. Ich merke, daß ich aufgeregt werde. Er verrät mir nichts, dir nichts ein Geheimnis.

Was ist das für ein Mensch?

Ich frage ihn: »Wer bist du?«

»Mein Name ist Paulus«, antwortet er.

»Du sprichst so große Worte aus . . .«, sage ich. »Und wer ist das, dieser JESUS?«

»JESUS ist die Antwort auf deine Frage, auf die Frage, die du an den

Lehrling Theophilus gestellt hast: Was meinst du, wenn ein Mensch stirbt, ist dann alles aus?«

»Die Antwort auf diese Frage soll JESUS sein?« frage ich und staune.

»So ist es«, sagt er und ist ganz sicher. Und er lädt mich ein. Ich soll zur Versammlung der Christen kommen. An einem der nächsten Abende soll ich kommen. Da werde ich mehr hören.

Er hält, bevor er geht, noch einmal das Tuch mit beiden Händen empor und sagt: »Ein herrliches Tuch. Und du hast es begriffen, Bruder, ein Fisch ist mehr als ein Fisch.« Er geht.

Damals bin ich zum ersten Mal dem Geheimnis der Zeichen begegnet. Ich singe laut und fröhlich:

>»Ein Fisch, ein Fisch
>ist mehr als ein Fisch.«

Später kommt mein alter Lehrmeister und sagt: »Dein Fisch ist ein Kunstwerk«, und er ist zufrieden mit meiner Arbeit.

An den folgenden Abenden wollte ich zu denen gehen, die sich Christen nennen. Diese Antwort »FREUND JESUS SUCHT CHRISTEN«, die hat mich übrigens mein Leben lang nicht mehr losgelassen. Aber ich bin in jenen Tagen in Ephesus nicht dazu gekommen, zu den Christen zu gehen. Ich mußte meine angefangenen Arbeiten erledigen und Abschied feiern, meine Sachen packen, Proviant für die Reise kaufen . . . Na ja, man weiß ja, wie das so geht. Oft habe ich damals vor mich hin gesummt:

>»Ein Fisch, ein Fisch
>ist mehr als ein Fisch.«

Schließlich sagte ich der Stadt Ephesus Lebewohl und verabschiedete mich von allen Bekannten und Freunden und auch von meinem Meister. Da hat er mir zur Erinnerung an ihn ein Tuch geschenkt, das er selbst gewebt hatte. Sonne und Mond waren darin zu sehen. Ein sehr kunstvolles Tuch war das.

Damals in Ephesus habe ich es noch nicht gemerkt, daß Sonne und Mond auch Zeichen sind. Aber auf dem Weg nach Kolossä, da habe ich mir die Himmelslichter genau angeschaut und habe darüber nachgedacht. Tatsächlich, beim Nachdenken über die großen Lichter, da ist mir kleinem Licht ein Licht aufgegangen. Aber davon will ich später berichten.

26. November

Ein Fisch, ein Fisch ist mehr als ein Fisch

2. Sonne, Mond und Sterne

Ich will erzählen, wie ich darauf gekommen bin, daß Sonne, Mond und Sterne auch geheime Zeichen sind. Ich will es gleich von vornherein eingestehen, es ist eine etwas umständliche Geschichte. Eigentlich hätte ich schon alles wissen können, als ich auf dem Weg von Ephesus nach Kolossä war.
Es geschah an meinem dritten Reisetag. Ich war ganz gut vorwärts gekommen. Als es Abend wurde, befand ich mich mitten in einer wüsten Gegend. Steinig war's, und so weit ich sehen konnte, weit und breit kein Haus.
Es wird dämmrig. Ich sammle eilig trockenes Holz. Nachts wird's kalt dort oben. Ich entfache ein kleines Feuer, nehme einen Schluck Wein, esse von meinen Vorräten. Ich bin ziemlich müde. Das Bündel lege ich als Kissen unter meinen Kopf. Und fest schlage ich mir den Mantel um den Körper. Es ist dunkel geworden. Das Feuer brennt nieder. Der Mond steht wie eine Silberscheibe am Himmel. Ich bin hundemüde, summe schläfrig vor mich hin: »Ein Fisch, ein Fisch ist mehr als ein Fisch.« Und dann kommt es mir, fast schon halb im Schlaf, wieder in den Sinn: Freund Jesus, Sohn Gottes, Christus, Heiland. Theophilus, der Lehrling aus Ephesus, fällt mir wieder ein. Hab's erst sehr spät gemerkt, daß er ein

Christ ist. In den letzten Tagen in Ephesus habe ich ihn ein wenig ausgefragt, was es auf sich hat mit dem Fischgeheimnis. Er hat mir einige sehr seltsame Geschichten erzählt. Von einem Jonas zum Beispiel. Auf den hatte Gott seine Hand gelegt. Er wollte ihn in eine große Stadt schicken. Ninive heißt die. Dort sollte er den Menschen sagen: »Ihr seid Halunken, Betrüger seid ihr alle, ihr freßt und sauft, häuft Schätze auf, und andere müssen hungern. Gottes Zorn wird euch hinwegfegen. Kehrt um! Kehrt um!« Oder so ähnlich. Das hat der Jonas nicht gewollt. Angst hat er gehabt. Ist ganz einfach davongelaufen. Übers Meer wollte er vor diesem Gott fliehen. Aber er ist bei einem Sturm von den Seeleuten über Bord geworfen worden. Hat gedacht, jetzt ist mein letztes Stündlein gekommen. Er hat erkannt, daß Gott größer ist als das Meer. Und da hat ihn ein riesiger Fisch geschnappt, hat ihn zurückgetragen bis an den Meeresstrand und hat ihn ans Ufer gespien. Da hat der Jonas es ganz sicher gewußt: Dieser Gott ist größer als das Meer, ist größer als alles. Und er ist nach Ninive gegangen. Wie sein Gott es wollte. Ja, solche Geschichten hat Theophilus erzählt. Und auch noch eine andere von diesem Jesus, Sohn Gottes, Heiland. Der soll mal mit ein paar Fladenbroten und wenigen Fischen viele tausend Menschen satt gemacht haben. Hat der Theophilus tatsächlich erzählt.

Schon bin ich in einem flachen, ersten Schlaf. Ich weiß nicht, wie lange ich schon eingenickt bin.

Da! Was war das? Mit einem Male bin ich wieder hellwach. Ein langgezogenes Heulen hallt schaurig über das öde Feld; wird von einer fernen Felsenwand zurückgeworfen. Und wieder. Und wieder. Ich kenne das. Es jagt mir eine Gänsehaut über Arme und Beine. Ich springe auf, fasse nach meinem Stab. Das Heulen kenne ich. So heulen nur Wölfe. Ich puste in die niedergebrannte Glut, lege Holz nach, entfache das Feuer. Das mögen die Wölfe nicht. Aber sie kommen doch näher und näher. Schließlich kreist mich ihr Heulen ein. Ich werfe mit Steinen nach der unsichtbaren Gefahr. Hoch flammt mein Feuer. Wird das Holz reichen?

Der Mond ist untergegangen. Stockfinster ist es. Ich sehne den Schimmer des ersten Lichtes herbei. Zwei-, dreimal kommt es mir so vor, als sähe ich gelbliche Augen aufstrahlen. Ich schleudere Steine in die Richtung.

Nimmt diese Nacht denn nie ein Ende? Ich werfe den letzten dicken Ast in die Glut. Allmählich kriecht das Feuer in sich zurück, die Flammen werden kleiner.

Da, endlich! Ein ganz zarter, mandelgrüner Lichtstreifen hinter den Hügeln. Der erste Bote des neuen Morgens. Und dann glüht der Himmel rot und strahlend, und majestätisch geht die Sonne auf. Die Schrecken der Nacht sind vorbei. Die Wölfe haben sich davongemacht.

Ich setze mich erschöpft nieder; spüre die erste Wärme auf meiner Haut. Eine Anemone, die in der Nachtkälte Blätter und Blüte zusammengezogen hatte, wendet sich der Sonne zu und entfaltet ihren brennend roten Blütenkelch. Sie lebt, weil der herrliche Sonnenstern ihr die Lebenswärme spendet. Auch ich fühle mich neu belebt, lade mir das Bündel auf die Schultern und schreite aus. Auf nach Kolossä!

Gespürt habe ich es damals schon, daß die Sonne mehr als die Sonne ist. Und habe es auch vor mich hin gesummt, mehr in Gedanken: »Die Sonne, die Sonne ist mehr als die Sonne.« Hab's auch wohl wieder vergessen.

Endlich war ich wieder in der Heimat, in Kolossä, bei Mutter und Vater. Sie waren alt geworden inzwischen. Aber sie freuten sich, daß ich aus der Fremde heimgekehrt war. Sie brauchten meine junge Kraft. Und ich zeigte, was ich bei anderen Meistern gelernt hatte.

Am nächsten Abend habe ich mir die Stadt angeschaut. Ich wollte auch meinen Jugendfreund Silvanus wiedersehen.

Es hatte sich manches verändert in der Stadt. Ich habe gestaunt. Aber ein richtiger Schreck hat mich durchzuckt, als ich vor dem Hause von Silvanus stehe. Ich denke, ich sehe nicht richtig. Doch, wahrhaftig! Da ist neben dem Türpfosten ein Fisch gezeichnet. Ein Fisch aus zwei Strichen. Genauso ein Fisch, wie Paulus ihn für mich in Ephesus gemalt hat.

Die Tür öffnet sich. Ich trete in den Schatten einer Mauer zurück. Ich erkenne Silvanus. Er ist älter geworden. Kein Wunder, ich war ja länger als fünf Jahre von Kolossä fort. Silvanus schaut nicht links und schaut nicht rechts, sondern geht mit schnellen Schritten auf die Gasse der Bäcker zu. Ich folge ihm. Steigt er einem Mädchen nach? Hatte nicht

Phädras, der die süßen Kuchen backt, hatte der nicht eine noch süßere Tochter?

Aber Silvanus geht an Phädras' Haus vorbei. Schließlich klopft er an ein Tor. Ich sehe es gleich, auch an dieses Tor ist der Fisch gezeichnet.

»Silvanus«, rufe ich, »warte auf mich!«

Er erschrickt. Auf den ersten Blick erkennt er mich nicht. Aber dann liegen wir uns in den Armen.

Das Tor wird geöffnet. Er zögert. Aber ich flüstere ihm zu: »Freund Jesus sucht Christen.«

»Du auch?« fragt er und freut sich.

Ich schüttle den Kopf. Ich sage: »Ich bin damals in Ephesus von einem gewissen Paulus eingeladen worden, zu der Versammlung der Christen zu kommen. Aber es ist nichts draus geworden. Es fehlte mir die Zeit, mein Lieber.«

»Du kennst Paulus?« fragt Silvanus. Und dann ruft er in den Hof hinein: »Hier, mein Freund, der Tuchweber, der hat unseren Vater Paulus in Ephesus getroffen.«

Ja, da stürzten sie auf mich zu, zogen mich in den Hof, hatten tausend Fragen, und ich stand ziemlich dumm da, denn vieles wußte ich nun wahrhaftig nicht von Paulus.

An diesem Abend blieb ich bei den Christen in Kolossä. Wohl zehnmal mußte ich die Geschichte vom Fisch im Tuch erzählen. Endlich trat der Vorsteher an mich heran, ein Mann in den besten Jahren, mit breiten Schultern und einem leicht angegrauten Bart.

»Du redest immer von einem Tuch«, sagte er. »Was muß man sich darunter vorstellen?«

»Na, so ein Tuch wie dieses, das ich von meinem Meister zum Abschied bekommen habe«, antworte ich, knüpfe mir das Tuch vom Hals und breite es auf dem Boden aus.

»Sehr schön«, lobt der Vorsteher. »Sonne, Mond und Sterne. Wunderbare und geheimnisvolle Zeichen.«

»Zeichen?« Ich schaue ihn verdutzt an.

»Was weißt du von der Sonne?« fragt er.

Da erzählte ich ihm die Geschichte von der Schreckensnacht mit den

Wölfen, vom Morgenrot, von der Anemone, die der Sonne ihren Blüten-kelch entgegenstreckte.

Das Gesicht des Vorstehers war während meiner Geschichte ganz fröh-lich geworden, ja, es schien mir, als ob es sogar auch ein bißchen strahlte.

»Siehst du«, sagte er. »Die Sonne, das ist ein geheimes Zeichen für Christus. Ohne unsere Sonne Christus ist kein Leben. Keine Blüte entfal-tet ihre Schönheit ohne ihre wärmende Kraft; Kälte und Tod, Starrheit und ewiges Eis ohne die Sonne. Und wie das Morgenrot den neuen Tag ankündigt, so wird irgendwann *unser* neuer Tag anbrechen. Die Sonne dieses unseres Tages, Jesus Christus, wird strahlend erscheinen, und wir werden IHN sehen.«

Ich spürte, wie erregt der Vorsteher wurde, als er mir das erzählte. Er steckte mich an mit seinen Gedanken.

Schließlich springt er auf, breitet die Arme weit aus und ruft laut: »MARANATA, MARANATA! Komm endlich, komm!«

Als er wieder ruhiger geworden ist, sagt er: »Verzeih mir, aber du mußt wissen, wir warten mit großem Verlangen darauf, daß ER kommt, kommt mit Macht und großer Herrlichkeit.«

»Und der Mond?« frage ich.

Er schaut einen Augenblick verwundert. »Ach ja, das Zeichen des Mon-des.« Er lacht und neckt mich: »Vielleicht hättest du es selbst herausfin-den können.«

»Ja, ja«, sage ich. »Ich traf in Ephesus einen, der sich mit Sonne, Mond und Sternen auskennt. Der sagte mir, das Licht der Sonne strahlt den Mond an. Und auch die Sterne werden von der Sonne bestrahlt. Und die Gestirne geben nur den Sonnenglanz wieder. Ohne die Sonne wären sie ein Nichts, ein Schatten in der Nacht, ein Stein ins Dunkel gewor-fen.«

»Eben«, sagt der Vorsteher. »Du hast alles gesagt. Der Mond, die Sterne, wie Menschen sind sie. Sie leuchten, weil Gottes Lichtstrahl sie getroffen hat. Weil sein Glanz sie aus dem Nichts heraushebt. Unsere Sonne Christus ist es, die uns das Leben bringt.«

»Ich will mehr hören von diesem Freund Jesus, Sohn Gottes, Christus, Heiland, mehr will ich hören, mehr.«

»Morgen ist auch noch ein Tag«, sagt er. »Da, dein Freund Silvanus wartet schon auf dich.«

In den folgenden Wochen bin ich oft mit Silvanus zu den Christen gegangen. Die erstaunlichsten Geschichten habe ich gehört. Und gespürt habe ich, wie gut es ist, wenn man mit Menschen zusammensitzt, mit ihnen reden darf, zuhören kann, wenn einer erzählt oder vorliest; wie wohl das tut, miteinander zu singen, auch zu beten. Ja, eigentlich ist's so in einer Gemeinde, als ob sie das Wasser wäre, in dem der Fisch fröhlich schwimmt.

Oft habe ich bei meiner Arbeit in Kolossä in diesen Wochen gesungen:

>>Ein Fisch, ein Fisch
ist mehr als ein Fisch.
Die Sonne, die Sonne
ist mehr als die Sonne.
Der Mond, der Mond
ist mehr als der Mond.«

Aber wie ich so richtig zu den Christen gekommen bin, das ist eine andere Geschichte. Und auch die Geschichte von einem anderen geheimnisvollen Zeichen. Doch davon will ich später erzählen.

27. November

Ein Fisch, ein Fisch ist mehr als ein Fisch

3. Anfang und Ende

Tja, ich will berichten, wie ich endgültig dazu gekommen bin, mich zu den Christen zu zählen. Ihr werdet's nicht für möglich halten, aber es ist ganz gewiß so geschehen: Es fing dort an, wo die Christen ihre Toten bestatten, auf dem Friedhof nämlich.
Unser Haus liegt dort in der Nähe. Und da bin ich wieder bei der Frage: Was ist mit dem Menschen, wenn er stirbt? Ist es dann aus, ein für allemal aus? Als ich so zwischen den Gräbern hergehe und über eine Antwort nachsinne, da fällt mir auf, daß auf den Grabsteinen beinahe überall zwei griechische Buchstaben eingeritzt sind: A und Ω, Alpha und Omega nämlich. Seltsam! Mit den Namen der Toten kann das doch nichts zu tun haben. Die Namen unterscheiden ja gerade die Menschen. Sie können doch nicht alle gleiche Namen getragen haben. Ich muß lachen über meinen Einfall. Aber wenn's nicht ihre Namen sind, was bedeutet es dann?
Alpha und Omega. Klar, ich kenne alle griechischen Buchstaben. Alpha, Beta, Gamma, Delta usw. Ich war ja schließlich oft genug in Ephesus in der Bibliothek. Eine riesige Bibliothek gibt es dort. Nur die in Korinth soll noch größer sein. So sagt man wenigstens. Oft, wenn ich etwas wissen

wollte, wenn mich eine Frage beschäftigt hat, dann bin ich in die Bibliothek gegangen. Hier in Kolossä gibt's ja auch eine Bibliothek. Eine kleine nur. Die Stadtväter in Kolossä sagen, es muß gespart werden. Und woran wird schon immer zuerst gespart? Klar, an der Bibliothek. Aber, um mir Alpha und Omega auf den Grabsteinen zu erklären, dafür wird unsere Bibliothek wohl reichen, denk' ich.

Also gehe ich quer über den Markt, die Sternengasse entlang bis zu dem Haus, in dem die Bücherrollen liegen, die man in Kolossä zusammengetragen hat. Gleich spricht mich ein Mädchen freundlich an und fragt, was ich wünsche:»Nun«, sage ich, »ich will wissen, was los ist mit Alpha und Omega.«

Sie ist verwirrt. »Mit Alpha und Omega?« fragt sie.

Ich nicke.

»Was soll schon los sein damit?« sagt sie. »Sind eben zwei griechische Buchstaben. Zwei von vielen.«

Als ich mich mit der Antwort nicht zufriedengebe, zuckt sie die Achseln und sagt: »Ich kann ja den Oberbibliothekar holen. Wenn du mir nicht glaubst, kann der es dir ja sagen.«

Sie geht davon und schüttelt den Kopf und denkt wahrscheinlich: »Weit genug ist's gekommen. Seit manche von dem Pöbel lesen können, werden sie immer lästiger und aufsässiger.«

Mürrisch kommt ein Riese von einem Kerl heran. Hat sie den Hausknecht geholt, der mich hinausbefördern soll? Nein, es ist der Oberbibliothekar. Wie schafft der es bloß mit seinen Bratpfannenhänden, die Buchrollen pfleglich zu behandeln und das kostbare Pergament und das empfindliche Papier nicht zu zerreißen?

»Was gibt's?« fragt er brummig.

»Wollte nur wissen, was es ist mit Alpha und Omega«, fange ich erneut an, aber bevor ich weiterreden kann, legt er schon los. »Von Alpha bis Omega«, erklärt er, »sind alle unsere Schriften aufs genaueste geordnet. Hier liegen die Rollen, die von Verfassern geschrieben sind, deren Namen mit Alpha anfängt, sind ziemlich viele, wie man sieht. Anschließend die mit Beta. Dann, hier drüben die Gamma-Verfasser und so weiter. Kommen Sie hier herüber, hier ins Licht. Hier ist das Regal mit den Omega-

Rollen. Vom ersten bis zum letzten Buchstaben, von Alpha bis Omega alles genau geordnet.«

Ihm scheint ein Verdacht zu kommen. Er blickt mich mißtrauisch an.

»Sind Sie etwa ein Inspekteur, ein Kontrolleur, der unsere Einrichtung überpüfen soll?«

»Nein, nein«, beteuere ich, aber der Gedanke, ich wolle ihn kontrollieren, scheint sich in ihm festzufressen. Er wird mit einem Male sehr freundlich zu mir.

»Wissen Sie«, sagt er, »bei uns ist wirklich alles in Ordnung. Ich achte darauf. Alles vom Anfang bis zum Ende. Völlig in Ordnung.«

»Was ist der Anfang, was das Ende?« sage ich leise, mehr für mich.

»Es ist ganz einfach«, versichert er eifrig. »Alles, was die Menschen wissen, das wird aufgeschrieben. Und dann wird Ordnung in das Ganze gebracht.« Er macht mit seinen Windmühlenarmen einen Flügelschlag rundum. »Wäre ja sonst auch ein riesiges Durcheinander, nicht wahr?« Er grient mich an. »Und unsere Ordnung hier ist: Es gibt nichts vor Alpha und nichts nach Omega. Alles, was wir wissen, steht zwischen diesen beiden Buchstaben. Alles ist aufgeschrieben und geordnet.«

»Und wo steht das, was wir nicht wissen?« frage ich.

»Bitte?« Er wird unsicher. Doch dann ruft er empört: »Das, was wir nicht wissen? Wo das geschrieben steht?« Er starrt mich an. »Wir sind eine ernsthafte Bibliothek«, knurrt er und wird plötzlich so laut, daß alle, die in der Bibliothek anwesend sind, zu uns herüberschauen; »nicht besonders groß, wissen Sie, aber durchaus ernsthaft. Keine Spinnereien. Nicht in diesen Räumen.«

»Ich meine, wegen der Gräber«, will ich erklären. Aber es ist zu spät. Er faßt mich grob am Arm und führt mich zur Tür. »Raus!« sagt er. »Für Leute, die mit mir unnütze Späße treiben wollen, ist mir meine kostbare Zeit zu schade«, und er knallt die Tür hinter mir zu.

Ich gehe zurück zu unserer Werkstatt. Zugegeben, ich mache dabei einen Schlenker über den Friedhof. Alpha und Omega. Ich starre die Buchstaben auf den Grabsteinen an. Der erste und der letzte Buchstabe in der Buchstabenreihe. Das ist mir in der Bibliothek aufgegangen. Aber viel ist's nicht, was mir dazu einfällt.

In der Werkstatt beginne ich zu weben, ganz in Gedanken. Das Weber-schiffchen fliegt nur so hin und her. Einen Fisch will ich weben und Sonne und Mond will ich weben und Alpha und Omega will ich weben, und ich webe und webe. Und dann ist das Tuch fertig. Ich schaue es an, und es fällt mir wie Schuppen von den Augen. Unversehens ist dabei ein Kreuz entstanden.

Das Kreuz! Mit einem Male ahne ich, was in Alpha und Omega steckt. Hatte es nicht der Bibliothekar schon gesagt, hatte er nicht gesagt: Anfang und Ende? Und das Alpha ist nicht geschlossen und das Omega erst recht nicht. Und das Kreuz, das sich zeigt, gibt mir den Fingerzeig. In Gottes Gedanken ist der Mensch geboren, bin ich, bist du. Und das, was wir Ende nennen, das ist offen, ist erst ein neuer Anfang.

Und jetzt wird's mir auch klar, warum Alpha und Omega auf den Grabsteinen steht. Da steht geschrieben, was wir nicht wissen. Was wir glauben, das steht da. Da ist eingemeißelt, was wir hoffen. Kein Ende wird sein. Endlich weiß ich die Antwort auf meine Frage. Wenn einer stirbt, dann ist das das Tor, ein dunkles Tor zu einem neuen Leben.

Ich habe es irgendwie schon vorher gespürt. Jetzt spüre ich's nicht irgendwie, jetzt bin ich gewiß: Der Tod ist das Tor zum Leben. Dieser Freund Jesus, Sohn Gottes, Christus, Heiland, der ist mein Alpha und mein Omega. In seinen Händen liegt mein Leben und alles, was vor der Geburt war und nach dem Tod sein wird.

Ich springe auf vor Freude, tanze durch die Werkstatt und klatsche dabei laut in die Hände.

Meine Mutter kommt und fragt besorgt:

»Junge«, fragt sie, »ist dir nicht wohl?«

»Doch, Mutter«, sage ich, »so wohl wie nie zuvor ist's mir. Ich habe das Zeichen erkannt, hab' erfahren, daß da ein Geheimnis hinter den Dingen ist. Spuren und Botschaften Gottes liegen in Fisch und Sonne und Mond verborgen.« Sie versteht nicht. Ich sage:

>>Ein Fisch, ein Fisch
ist mehr als ein Fisch.<<

Sie lacht, schüttelt den Kopf und geht zurück in den Laden.

»Er spinnt mal wieder«, sagt sie.

Aber ich spinne nicht. Ich webe. Ich webe lauter schöne Tücher. In jedes webe ich die geheimen Zeichen: Fisch, Sonne und Mond, Alpha und Omega, und sehe, wie das Kreuz daraus wächst. Und diese Tücher verteile ich und trage so die herrliche Botschaft weiter, die Botschaft vom Fisch: Freund Jesus sucht Christen. Von unserer Sonne, aus deren Kraft wir zu strahlen beginnen. Die Botschaft von der Ewigkeit, jenseits von Alpha und Omega. Und die Botschaft vom Kreuz schließlich. Und wenn ich fröhlich bin, dann singe ich:

>>Ein Fisch, ein Fisch
ist mehr als ein Fisch.<<

Wenn mich aber in düsteren Tagen die Angst packen will, dann rufe ich: >>Freund, Jesus, Sohn Gottes, Christus, Heiland!<< Dann weiß ich hier drinnen tief in meiner Brust ganz sicher, daß auch hinter schwarzen Wolken eine Sonne ist, eine ewige Sonne.

28. November

Irgendwie hat sich der Junge verändert

Kannst mir wenigstens ein einziges geben, Jüll. Hast ja so viele.«
»Nee. Ich verschenke keins. Ich behalte meine Karnickel«, antwortete Jüll kurz angebunden und fuhr fort, den Mist sorgfältig aus der linken unteren Box herauszukratzen.
»Ganz gleich, was du mir für eins gibst, Jüll. Das ist mir gleich. Ich bau' mit meinem Onkel einen Stall und hol' Gras und koch' Kartoffeln und kauf' Haferflocken, alles genau wie du.«
»Hör endlich auf, Berti. Ich geb' keins ab. Außerdem hast du keinen Platz für ein Karnickel.«
Das stimmte. Fast alle in der Siedlung hatten das Ställchen, das in den kleinen Hof hinein an die Wohnhäuser angebaut war, längst umgebaut. Niemand hielt mehr ein Schwein oder eine Ziege. Garagen, Badezimmer, Hobbyräume waren aus den Ställen geworden.
»Auf'm Balkon könnte ich doch...«
»Du spinnst, Berti. Was meinst du, was deine Tante dazu sagt? Die schmeißt dich hochkant raus aus der Bude. Mitsamt Karnickel.«
Jüll wischte mit einem feuchten Tuch den Stall aus, rupfte aus dem Strohballen einen Armvoll Streu, verteilte sie gleichmäßig und lockte halblaut: »Franz, komm, komm!«

Ein hellgraues Kaninchen hüpfte quer durch den Schuppen auf den Jungen zu. Jüll strich mit der flachen Hand über sein Fell. Wohlig stemmte sich das Tier mit den Hinterläufen hoch und drückte seinen Rücken gegen die Handfläche.

»Schluß für heute«, sagte Jüll und hob das Kaninchen in die Box.

»Aber wenn du mal eins abgibst, Jüll, krieg' ich dann eins?«

»Sicher, Berti«, antwortete Jüll und schlug dem Jungen aus dem Nachbarhaus leicht auf den Rücken. Jüll zog sich an der Tür zur Küche die Schuhe aus, schaute an sich hinunter, zupfte ein paar Strohhalme von der Hose und winkte Berti zu. Der ging durch die Außentür in den Hof. Jüll trat in die Küche.

»Mama?«

Es blieb still.

Gut, dachte er. Nun konnte er sich in Ruhe waschen und umziehen. Fast jedesmal gab es freitags bei Kräbbes Krach, wenn Jüll die Ställe saubermachte.

»Schaff doch die Viecher ab, Jüll«, sagte Mama. »Wir brauchen endlich ein vernünftiges Badezimmer.«

»Kein Mensch ißt noch gern Karnickelfleisch, Jüll. Damals, als ich noch ein Junge war, damals in der schlechten Zeit, da hatte ich an die zwanzig Stück. Aber heute? Wer hält denn heute noch Karnickel?« sagte Vater.

»Mein sechzehnjähriger Bruder Julius züchtet Kaninchen. Deshalb müssen wir uns mit einer Sitzbadewanne begnügen«, sagte Karla.

»Halt die Klappe, blödes Huhn! Für deine Töpfchen und Tuben und Fläschchen wirst du nie Platz genug haben.«

Seit zwei Jahren hackten sie alle auf seinen Kaninchen herum. Selbst als er von der letzten Bezirksausstellung für sein Muttertier Margaret die goldene Züchterplakette mitgebracht hatte, warfen sie nur einen flüchtigen Blick darauf und lächelten, wie man eben über einen Spinner lacht.

Jüll stieg die schmale Treppe hinauf in sein Zimmer. Wenn er allein war und sich nicht zusammennahm, hinkte er stark. *Schluckimpfung ist süß* . . .

Er ließ viel heißes Wasser in die kurze Badewanne laufen, zog sich aus und massierte die Muskeln an seinem dünnen linken Bein. Die Haustür fiel ins Schloß.

»Jüll?«

»Ja, Mama, ich bade mich.«

»Mach die Wanne nachher sauber.«

»Ja, Mama.«

An diesem Abend fiel sie ihm zum ersten Mal auf. Auf Gerds Fete saß
sie im Halbdunkel. Ihr langes, hellblondes Haar schimmerte wie im
Werbefernsehen.

»Wer ist das, Ludwig?« fragte er.

»Ist neu hier. Margit heißt sie oder so. Arbeitet bei meiner Schwester bei
Textil-Pluto am Band.«

Es war für ihn nicht schwer, mit Margit ins Gespräch zu kommen. Sie
war mit ihren Eltern aus dem Sauerland zugezogen. Das Werk dort hatte
zugemacht. Ihr Vater und sie und das ganze Dorf hatten im Werk
gearbeitet. Hier hatte Vater wieder eine Stelle gefunden.

»Du hast einen schönen Namen«, sagte Jüll.

»Meinst du?« fragte sie skeptisch.

»Ich habe mein bestes Kaninchen so ähnlich genannt. Margaret heißt es.«
Sie lachte amüsiert.

»Ist mein bestes Tier. Weißer Wiener, schneeweißes Fell und blaue
Augen«, erklärte er eifrig. »Hat schon dreimal Junge geworfen. 'ne
Goldmedaille hab' ich für Margaret bekommen.«

»Hör mal«, stoppte sie ihn. »Du machst mir vielleicht drollige Kompli-
mente.«

Jüll wurde verlegen. »Ich mein' doch nur, schöner Name, nicht?«

In den folgenden Wochen kamen Jülls Kaninchen ein wenig zu kurz. Er
fütterte sie zwar regelmäßig und hielt ihre Boxen sauber, rief sie auch
gelegentlich beim Namen, aber das alles geschah automatisch, schnell, fast
nebenher. Er stand nicht mehr stundenlang im Ställchen herum, beobachtete
nicht, wie die Jungen zum ersten Mal ihr weißes Wollnest verließen, und
redete kaum noch seinen Tieren zu. Er brauchte seine Zeit für Margit.

Wenn sie um fünf Feierabend hatte, wartete er bereits ungeduldig vor dem
Werkstor. Am dritten Tag hatte sie ihn eingeladen, mit ins Haus zu
kommen, und er hatte mit der Familie Abendbrot gegessen.

Gegen zehn, als er gehen wollte, wußte Margits Mutter alles über ihn. Er lernte technischer Zeichner. Er besaß die mittlere Reife, Mathe und Bio eine Eins. Er hatte mit sieben Jahren einen leichten Anfall von Kinderlähmung überwunden. Ja, das mit dem Bein würde so bleiben. Aber er spürte es nur, wenn es bald Regen gab.

Margit ging mit bis an die Haustür. Die Bogenleuchte stand genau gegenüber auf der anderen Straßenseite. Er ließ ihr Haar durch seine Finger gleiten.

»Weich wie bei Margaret?« neckte sie ihn.

»Viel, viel schöner«, antwortete er und ging.

Er bereitete mit Margit die Einstandsfete vor, schleppte seine Stereoanlage zu ihr hinüber und suchte gemeinsam mit ihr die Platten aus. Lange tüftelte er an einer Lichtorgel. Endlich funktionierte sie.

»Du hast geschickte Finger«, lobte ihn Margits Vater.

Sie schien sich darüber zu freuen und sagte: »So 'n Schuppen ist prima für 'ne Fete, woll?«

Jüll lachte über dieses Satzanhängsel. Sie ärgerte sich. Immer wieder entschlüpfte ihr dieses *woll* und verriet jedem, daß sie aus einem Sauerlandkaff in die Großstadt gekommen war.

»Ich habe meine Karnickel in dem Ställchen«, sagte er.

Sie druckste herum. »Du, Jüll«, sagte sie schließlich, »weißt du eigentlich, daß man das riechen kann?«

»Was?« fragte er verblüfft. »Was kann man riechen?«

»Na, daß du Kaninchen hast, kann man riechen.«

»Hör mal«, protestierte er. »Bei uns gibt es fließendes Wasser, kalt und heiß. Und die Seife ist auch schon seit einiger Zeit erfunden.«

»Mag alles sein. Jüll, sei mir nicht böse, aber du . . .« Sie stockte einen Augenblick und stieß dann leise hervor: »Du stinkst nach Kaninchen.«

Er wurde rot. »Bestimmt?« fragte er unsicher.

Sie nickte.

Das war am Donnerstag. Am Freitag verkaufte Jüll das Muttertier mit den Jungen an Jupp, den zweiten Vorsitzenden des Vereins. Gegen Abend baute er mit dem Onkel den Stall hinter dem Schuppen des Nachbarhauses auf und benagelte ihn mit Dachpappe. Als Berti gegen sieben von seinem

Freund zurückkam, fand er den Sechsboxenstall mit den fünf Kaninchen fertig vor.

»Das ist ja wie Weihnachten!« jubelte er und rannte auf Jüll zu. Der schleuderte den schmalen Jungen rundum und sagte: »Aber sorg mir gut für die Tiere, für deine Kaninchen, hörst du?« Und dann fügte er noch hinzu: »Und wasch dich gründlich, wenn du bei ihnen warst, sonst sagen sie noch in der Schule, du stinkst.«

»Verstehst du das?« fragte Mama Kräbbes ihren Mann. »Irgendwie ist der Junge verändert.«

Vater Kräbbes zuckte die Schultern. »Ich hab' übrigens schon mit Werner gesprochen. Der hilft ab Montag beim Umbau. Die Wanne und die Platten kann er im Großhandel besorgen.«

»Ich kann's nicht glauben«, brümmelte Mama Kräbbes. »Jahrelang haben wir alles versucht, ihm den Karnickelvogel auszureden. Und da kommt so 'n hellblonder Handfeger, sagt ein einziges Wort, und schon ist alles klar.«

»Es hat eben gefunkt bei unserem Jüll«, lachte Karla. »Macht der Liebe.«

Am Samstag war Jüll den ganzen Tag über bei Margit. Sie schmückten den kleinen Schuppen mit Luftschlangen und Kreppapier, bockten ein Fäßchen Bier auf und stellten den Grill auf dem kleinen Hof zurecht. Ludwig half auch. Gegen sieben knatterten die Mopeds. Rolf rollte mit seiner Ente heran. Fünf Mädchen hatte er in das kleine Auto geladen. Die Stereoanlage jaulte auf. Die Party lief.

Margit hatte keine Zeit für Jüll. Sie begrüßte die Gäste, reichte Gläser an, holte die Grillwürstchen aus dem Kühlschrank, tanzte mit Ludwig, hatte ihre Hand um seinen Nacken gelegt.

Gegen zehn hockte sich Jüll zu ihr auf die Gartenbank.

»Tolle Party, Jüll, was?«

»Ja«, antwortete er einsilbig.

»Was ist?« fragte sie.

»Ich hab' keine Karnickel mehr. Gestern habe ich alle weggegeben.«

»Na, prima«, sagte sie kurz. »Iß doch noch ein Würstchen!«

»Komm, Gitta«, rief Ludwig, »wir tanzen noch eins!«

Jüll sah, wie sie sich anschauten, dicht beieinandersaßen, lachten, sich eng umschlungen hielten.

»Hat sich schnell zurechtgefunden, die Gitta, was meinst du, Jüll?« sagte Rolf.

»Ja, hat sie«, antwortete Jüll und ging nach Hause.

Acht Tage war Jüll für niemand ansprechbar. Er hockte in seinem Zimmer herum, half mürrisch beim Umbau des Schuppens und stand manchmal vor dem Kaninchenstall nebenan.

»Der alte Schrank muß in den Sperrmüll«, sagte Mutter.

Jüll kramte in den Schubladen. Ein hauchdünnes Seidentuch, tiefschwarz, fiel ihm in die Hände.

»Ist noch von Oma«, sagte Karla.

Jüll befestigte es mit einer Heftzwecke an Bertis Kaninchenstall.

»Ist das Muttertier bei Jupp eingegangen?« fragte Berti.

»Nein, nein«, murmelte Jüll.

»Sie hören schon ein bißchen auf mich, Jüll«, erzählte Berti stolz und rief: »Franz, komm, komm!«

Das silbergraue Tier hüpfte an das Drahtgitter und schnupperte neugierig an Bertis Hand.

29. November

Das Jahr der Wölfe

Im Winter 1944/45, gegen Ende des schrecklichen Krieges, mußten sich viele Menschen Hals über Kopf auf die Flucht begeben. Die Bienmanns aus Liebenberg, einem kleinen Dorf in Ostpreußen, hatte auch das Nötigste auf einen Pferdewagen gepackt und zogen im langen Treck nach Westen. Der kranke Vater, die Mutter, die ein Kind erwartete, die Kinder ...
Am Spätnachmittag konnten sie die lange Reihe der Wagen erkennen. Der Treck stockte, die Wagen standen still. Es mußte einen Aufenthalt gegeben haben. Der Vater konnte die Straße vom Bock aus ein Stück weit überblicken. Dann sahen sie, wie der Zug wieder in Bewegung kam. Wagen um Wagen ruckte an.
Als sie näher kamen, hob Vater den Peitschenstiel und deutete zum Straßenrand hinüber.
»Dachte ich mir's doch«, seufzte er.
Da lag ein Wagen; drei Räder streckte er in den Himmel; keines drehte sich mehr. Bettzeug war umhergestreut, Kisten und Kasten lagen schwarz im weißen Schnee. Dazwischen hockte eine Frau wie ein dunkles Bündel, den Kopf auf den Knien, regungslos.
»Umgestürzt, Vater!« rief Konrad. »Der Wagen ist umgestürzt.«

»Sie haben ihn umgestürzt, Junge. Er war gebrochen und stand im Weg. Er mußte weg. Er hielt alles auf. Sie haben ihn umgestürzt.«

Vater zog heftig an der Pfeife. »Sie sind wie Wölfe«, murmelte er, »wie Wölfe.«

Sie hatten die Straße erreicht. Fuhrwerk an Fuhrwerk rollte vorbei. Keine Lücke. Vater wartete. Irgendwann würde er sich schon in die Kette einreihen können.

»He, Otto!« rief er plötzlich und wandte sich zur Mutter zurück: »Da ist dein Vetter Otto Regnitz.«

Der Mann winkte herüber. Vater trieb das Pferd Lotter an und lenkte das Gespann neben das des Vetters.

»Otto«, bat er, »fahr ein wenig langsamer, damit ich vor dir in die Reihe einbiegen kann. Ich komm' nicht hinein.«

Doch Otto Regnitz wollte ihn nicht verstehen und hielt sich dicht hinter dem Vorderwagen.

»Otto!« rief Mutter. »Wir kommen nicht in die Reihe. Niemand läßt uns hinein!«

Ihr Vetter winkte ärgerlich mit der Hand ab und blickte nicht mehr zur Seite. Ein Lastwagen hupte hinter ihnen und überholte sie.

»He, Bauer, mach dich nicht so breit!« schimpfte der Fahrer und drohte mit der Faust.

Da rief ein Mädchen, ein Kind fast noch: »Warte, Mann, ich fahr' langsamer. Ich lass' dich rein.«

Sie zügelte zwei magere, schmalrückige Rappen. Eine Lücke tat sich auf. Vater bog ein. Er schob die Mütze hoch und wischte sich den Schweiß von der Stirn. Ein bitteres Lächeln lag um seinen Mund.

»Ist der Vetter ein Wolf?« fragte Albert.

»Ja, Kind. Ein reißender Wolf, der nur an sich denkt«, bestätigte die Mutter so laut, daß es bis zu dem Nachbarwagen drang. Der Vetter sah sich nicht um.

Ohne Aufenthalt ging es weiter. Die Dunkelheit brach herein.

»Ich habe arge Schmerzen, Johannes«, klagte Mutter leise.

Vater entschloß sich, im nächsten Dorf Rast zu machen. Sie erreichten es gegen zehn Uhr. Links und rechts der Straßen hatten Flüchtende ihre

Wagen abgestellt. Nur durch die schmale Mitte kroch der Treck. Hinter ihnen hupten Autos, Flüche wurden in die Nacht geschrien. Plötzlich stockte der Zug. Die Dorfstraße war zugestopft mit Wagen, Autos und Pferden. Sie waren eingekeilt.

Nach Stunden wurde vorn im Treck Geschrei laut: »Es geht weiter!« Das Wagenknäuel entwirrte sich allmählich. Das Morgenlicht stand hinter den Wäldern. Mutter saß zusammengekauert auf der Kiste. Ihr Gesicht spiegelte die Schmerzen. Konrad traute sich kaum, zu ihr hinzusehen. Ihre Augen schienen größer als sonst und fast schwarz. Fest hielt sie die Lippen aufeinandergepreßt. Kein Stöhnen, keine Klage schlüpfte ihr über die Zunge.

»Fahr eine kurze Strecke langsamer, Johannes«, bat Mutter mit gepreßter Stimme. »Ich will absteigen und eine Weile nebenherlaufen.«

Vater hielt an. Mutter kletterte vom Wagen. Kaum war sie jedoch zehn Minuten am Wegrand gegangen, da fielen die Pferde in Trab.

»Vater«, ängstigte sich Konrad, »Mutter schafft es nicht so schnell.«

Vater beugte sich vom Wagen zu ihr hinab und tröstete sie. »Wenn wir auch ein Stückchen vorwegfahren, du holst uns ja wieder ein.«

Mutter nickte. Konrad blickte zu ihr zurück. Die Straße bog nach Norden zu ab.

»Ich kann Mutter nicht mehr sehen, Vater.«

Vater versuchte, die Fahrt zu bremsen.

»Was ist?« schrie es von hinten her.

Vater wies mit dem Daumen zurück und antwortete: »Meine Frau!« Doch das schien für keinen der Flüchtlinge hinter ihnen ein Grund zu sein, langsamer zu fahren. »Schließ die Lücke!« schimpften sie. »Drängt ihn doch zur Seite!« forderten einige laut.

Die Straße war schmal. Rechts trennte ein Graben sie vom Wald. Gegenüber streckte sich ein schlammiger Acker. Zur Seite fahren war unmöglich. Es blieb Vater nichts übrig, als das Pferd anzutreiben, wenn er nicht mit dem Fuhrwerk in den Graben stürzen oder im schlammigen Acker einsinken wollte.

»So weit ging es noch niemals in Trab«, jammerte Hedwig.

»Konrad muß der Mutter helfen«, entschloß sich Vater. Sorge stand ihm im Gesicht.

Konrad sprang ab. Bis an die Knöchel sank er in den Schlamm. Er lief weit zurück, bis er Mutter traf. Sie war abgehetzt und verschwitzt und legte dankbar den Arm über Konrads Schultern.

»Es fällt mir schwer heute«, keuchte sie.

Endlich stockte der Zug. Sie sahen das graue Verdeck ihres Wagens und holten ihn erschöpft ein. Mutter sank auf ihren Platz, kurzatmig und mit rotem Gesicht. Sorglich hüllte Vater sie in eine Decke. Er neigte sich zu ihr, und sie flüsterte ihm ein paar Worte zu.

»Dort gibt es etwas zu essen!« rief Hedwig.

Am Rande eines großen Feldes vor einer Feldscheune stand eine Menschenschlange. »Brot«, flüsterte das Gerücht.

»Hedwig, Albert, lauft zu und stellt euch an. Sobald ihr Brot bekommen habt, nehmt ihr die Beine in die Hand, folgt dem Zug und holt uns ein.«

»Brot haben!« weinte Franz. Aber noch hatten sie nicht einmal eine Kruste.

Die Geschwister liefen los und stellten sich an das Ende der Schlange. Das Fuhrwerk fuhr langsam vorbei.

»Gibt es wirklich Brot?« rief Konrad durch die hohle Hand hinüber.

»Ja, Brot!« schallte es zurück.

»Brot«, flüsterte Konrad leise. Es kam ihm in den Sinn, welch eine andere Bedeutung das Wort in den langen Tagen der Flucht erhalten hatte. Konrad hatte stets gleichgültig gesehen, wenn seine Mutter in jedes Brot ein Kreuz ritzte, bevor sie es anschnitt. »Darum also«, murmelte er und sprach noch einmal halblaut: »Brot.«

Es hat einen guten Klang, das Wort, dachte er.

An einer Weggabelung standen zwei Feldjäger und sperrten die Straße nach Südwesten. Achtlos fuhren sie vorüber. Weder Vater noch Mutter, noch Konrad ahnten, daß die Feldjäger wenige Dutzend Wagen hinter ihnen den Zug zu teilen begannen, je zwei Wagen nach rechts, je zwei nach links.

Hedwig und Albert hatten vier Brote bekommen, braun, knusprig, warm.

»Nichts abbröckeln, Albert«, mahnte die Schwester. »Denk an die anderen. Die warten auch auf Brot.«

Der Geruch des frischen Brotes stieg Albert so verlockend in die Nase,

daß er zuweilen ein wenig hinter der Schwester zurückblieb, ein Bröck-
chen abbrach und in den Mund steckte.

Sie kamen an die Gabelung. Gerade lenkten die Feldjäger die Gespanne
nach Südwesten.

»Halt, Albert«, rief Hedwig dem Bruder zu. Sie trat zu den Soldaten. »Wir
suchen Bienmanns Fuhrwerk aus Jedilchen.«

Der Feldjäger lachte: »Kind, woher soll ich Bienmanns Fuhrwerk kennen?«

Hedwig erschrak. »Es ist ein Einspänner mit einem braunen Hengst davor.«

»Geh aus dem Weg!« antwortete der Feldjäger ungehalten und lenkte
zwei weitere Fuhrwerke nach Westen.

Er blickte sich einen Augenblick später um und sah die Kinder ratlos am
Wegrand stehen, Tränen und Furcht in den Augen. Er fragte die Vorüber-
fahrenden: »Kennt ihr Bienmanns aus Jedilchen?« Achselzucken war die
Antwort. Da gab er den Kindern den Rat: »Lauft schnell diese westliche
Straße entlang. Findet ihr sie nicht, dann kehrt ihr hierher zurück.«

Sie rannten los. Angst trieb sie. Albert bekam Seitenstechen und mußte
sich bücken. »Lieber Gott«, betete er, »bitte laß uns die Eltern wiederfin-
den. Ich verspreche dir, ich will nie mehr vom Brot naschen.« Er glaubte
wohl, irgendwie hinge das Abbröckeln des Brotes mit der Not zusammen,
in der sie sich befanden.

»Wir laufen bis zur Straßenbiegung dort am Waldrand«, keuchte Hedwig.
»Sehen wir sie nicht, dann müssen wir zurück.«

»Fuhr der Zweispänner dort nicht hinter uns?« fragte Albert unsicher. Er
glaubte die grüne Emaillebadewanne wiederzuerkennen, die unter dem
Wagen baumelte.

»Habt ihr die Bienmanns nicht gesehen?« rief er zum Wagen hinauf.

»Wo sollen sie denn sein?« fragte die Frau, die die Pferde lenkte.

»Wir wissen nicht, ob sie an der Gabelung links oder rechts eingebogen
sind. Wir haben Brot geholt.«

»Als wir vorbeifuhren, war links die Straße ganz gesperrt«, gab die Frau
Auskunft.

»Ich glaube«, sagte Albert voll Hoffnung, »der Karren mit den Rappen
war auch hinter uns.«

Hedwig erkannte keinen der Wagen wieder. Sie liefen um die Straßenbiegung und starrten die ganze Wagenreihe entlang.

»Dort, dort sind sie«, schrie Albert außer Atem und deutete nach vorn. Weit vor ihnen, wo die Baumreihen zueinander rückten, schwankte der Wagen mit dem grauen Verdeck, ihr Wagen.

Die Freude gab ihnen neue Kraft. Bald hatten sie das Fuhrwerk eingeholt. Die Luft jagte ihnen durch die Lungen. Albert schmerzte die Brust, als ob er einen heißen Stein darin trüge. Erst nach einer Weile vermochten sie von ihrer Not zu erzählen. Vater wurde immer schweigsamer, er sagte kein Wort dazu.

Wieder kam eine Weggabelung in Sicht. Der Treck wurde von einem Gefreiten auf den rechten Weg gelenkt. Auf dem Wegweiser der gesperrten Straße stand: Schlawe über Stemmnitz. Mutter redete leise auf Vater ein. Da scherte er aus und sprach mit dem Feldgrauen.

»Aber ich bitte Sie«, hörte Konrad, »meiner Frau geht es schlecht. Sie kann nicht mehr fahren. Wir müssen sehen, daß wir ein Haus finden. Wir können das Kind nicht auf der Straße zur Welt kommen lassen.«

Er habe seine Befehle, versuchte der Gefreite sich zu rechtfertigen. Da stieg Mutter vom Wagen und setzte sich auf einen Wegstein. Endlich gab der Soldat nach. Allein fuhren Bienmanns jetzt. Sie hatten den Treck verlassen. Vater kutschierte vorsichtig. Eine Stunde später erreichten sie das Dorf Stemmnitz.

»Bürgermeisterei« stand an einem der ersten Häuser. Vater kletterte vom Bock.

Da trat ein dicklicher Bauer aus der Toreinfahrt des Gehöftes. »Guten Tag«, grüßte er.

Bienmanns waren überrascht. Zum erstenmal seit ihrer Flucht begegnete ihnen ein Fremder freundlich.

»Sind Sie heute die einzigen?« fragte der Bauer.

»Jawohl. Alle anderen fahren weiter nordwärts.« Vater trat zu ihm und erklärte ihm, warum sie allein die Erlaubnis erhalten hatten, auf diesem Weg zu fahren.

»Ich werde Ihnen einen Quartierschein geben«, sagte der Bürgermeister. Nach kurzer Zeit bogen sie durch die dunkle Toreinfahrt eines pommerschen Gehöftes in den Innenhof des Bauernhofes ein, den der Bürgermeister ihnen angewiesen hatte. Die Nachricht ihrer Ankunft war schneller gewesen. Eine blonde Frau kam ihnen entgegen.

»Kommen Sie erst in die Stube«, sagte sie, als sie merkte, daß Vater Lotter abschirren wollte. »Ihr Pferd wird von Ludwig, unserem alten Knecht, versorgt.«

Die Stube blinkte hell und sauber. Die Frau wärmte Milch für sie und schnitt von einem riesigen, runden Brot große Scheiben. Butter gab es dazu und Erdbeermarmelade. Zwei Mädchen waren auch in die Stube getreten. Eine nahm Hedwig den kleinen Bruder vom Arm und fütterte ihn.

»Für Sie ist das Bett schon bezogen«, sagte die Bäuerin zur Mutter.

»Ein Bett!« Mutter atmete auf. »Aber bitte, wenn sie ein wenig warmes Wasser hätten zum Waschen«, bat sie und traute sich nicht, die Augen zu heben. Im Treck hatten sie es hingenommen, daß sie dreckig waren und verlaust. Alle waren so. Aber hier unter den reinlichen Menschen schämten sie sich.

Die Bäuerin gab nicht nur ein wenig Wasser, sondern ließ den Zuber dreimal vollgießen. Nach zwölf Tagen konnten sich Eltern und Kinder endlich wieder waschen. Die Köpfe rieb die Bäuerin den Kindern mit einem weißen Pulver ein. Doch das merkten Franz und Albert schon nicht mehr. Sie waren bereits fest eingeschlafen, als sie in das breite Bett gelegt wurden.

30. November

Die Legende von den drei Feldherren

Lang, lang ist's her. Zu jener Zeit herrschte der große Kaiser Konstantin.
Einst brachen in einem Land seines Weltreiches Unruhen aus. Deshalb ließ der Kaiser drei erfahrene Feldherren rufen, den Ursus, den Nepot und den Leo. »Ich werde euch ein starkes Heer anvertrauen«, sagte er zu ihnen. »Fahrt hinüber in das aufständische Phrygien und sorgt dafür, daß die Leute dort wieder in Frieden leben können.«
Die Feldherren und ihre Soldaten wurden auf Schiffe gebracht. Der Wind blies günstig. Sie stachen in See. Aber das Wetter änderte sich bald. Stürme kamen auf. Die Schiffe wurden weit vom Kurs abgetrieben und mußten schließlich in einem kleinen Hafen in der Nähe von Myra in Kleinasien Unterschlupf suchen.
Die Soldaten waren sehr unfreundlich zu den Bewohnern des kleinen Städtchens. Schon gab es Streit, weil sie die Menschen bedrängten, Geld und Wein von ihnen verlangten und in den Straßen lärmten, Mädchen und Frauen belästigten und Männer verprügelten. Wahrscheinlich hätte es ein böses Ende genommen.
Doch da eilte der Bischof von Myra herbei. Er redete mit den Feldherren und sagte: »Ihr wollt doch den Frieden bringen. Statt dessen aber sucht

eure Soldaten den Streit. Sie verlangen von den Bewohnern Nahrungsmittel, wollen sie aber nicht bezahlen. In den Gasthäusern ängstigen sich
bereits die Wirte, wenn eure Leute eintreten. Die Mädchen und Frauen
fliehen in die Häuser, wenn sie die Soldaten nur sehen.«

So sprach er zu den Feldherren. Sie hörten auf ihn und befahlen ihren
Leuten streng, sich gut zu benehmen.

Als die Soldaten freundlicher wurden, da verloren die Bewohner ihre
Angst und waren nett zu ihnen. So kamen sie viel besser miteinander aus.

Der Bischof aber lud die drei Feldherren zu sich nach Myra ein. Sie
nahmen die Einladung gern an, bestiegen Pferde und ritten zusammen mit
dem Bischof nach Myra.

Weit vor der Stadt kam ihnen ein Bote entgegengeeilt. »Denk nur«, rief er
dem Bischof entgegen, »kaum warst du aus der Stadt fort, hat der Bürgermeister drei Männer zum Tode verurteilt. Jeder Mann in Myra weiß, daß
sie unschuldig sind. Er aber hat sie Pferdediebe und Räuber genannt. Der
reiche Kaufmann Tharsius hat dem Bürgermeister für dieses Schandurteil
viel Geld versprochen. Er ist es, der diese drei Männer aus dem Wege
schaffen will, weil sie in Myra ein Geschäft aufmachen wollen.«

Der Bischof hetzte sein Pferd so schnell, daß die drei Feldherren kaum
folgen konnten. In vollem Galopp sprengten die Reiter auf den Marktplatz.
Da war das Henkersgerüst schon aufgebaut. Die unglücklichen Männer
standen gebunden und warteten auf ihren Tod.

Der Bischof aber trat vor den Bürgermeister hin und sagte: »Was haben
diese Männer getan?«

»Sie haben dem Kaufmann Tharsius ein Pferd gestohlen«, behauptete der
Bürgermeister. Ganz dicht trat der Bischof an den Bürgermeister heran
und fragte so leise, daß nur er es hören konnte: »Wie sah das Tier aus?«

»Es war braun.«

»Nur braun?«

»Braun, ja, nein, es hatte auch noch eine weiße Blesse zwischen den
Augen.«

Dann fragte der Bischof den Kaufmann laut: »Sage mir, stimmt es, daß
das Pferd weiß war und nur einen braunen Fleck zwischen den Augen
hatte?«

Der Kaufmann beeilte sich, laut »ja« zu rufen. »Ja, so sah es aus.«
»Aber, Herr Tharsius!« rief der Bürgermeister erschrocken. »Es war doch
ganz braun!«
»Ich meine, es war ein weißes Pferd.«
Da lachten alle, die dort standen. Der Bischof Nikolaus aber ging zu den
Gefangenen und zerschnitt ihre Fesseln.
Beschämt standen der Bürgermeister und der Kaufmann und senkten ihre
Köpfe. Schließlich trat der Bürgermeister vor, bekannte seine Schuld und
sagte, daß er nicht länger mehr Bürgermeister sein könne. Da baten die
drei Feldherren für ihn um Verzeihung.
Der Kaufmann aber mußte die Stadt verlassen. Er rüstete ein Schiff aus
und segelte unter Verwünschungen fort. Er wollte nach Konstantinopel.
Dort erzählte er viele Lügen über die drei Feldherren.
Ein paar Tage später drehte sich in Myra der Wind. Die Schiffe des
Kaisers konnten endlich auslaufen. Es gelang den Feldherren, Phrygien
ohne Kampf und Blutvergießen zu beruhigen. Bald konnten sie in die
Hauptstadt Konstantinopel zurücksegeln. Sie erwarteten Lob und Ehre
vom Kaiser, weil sie, ohne einen Soldaten zu verlieren, Phrygien den
Frieden gebracht hatten.
Die bösen Gerüchte aber, die der Kaufmann aus Myra über sie ausgestreut
hatte, waren an des Kaisers Ohren gedrungen. Er hatte sich einflüstern
lassen, daß Ursus, Nepot und Leo mit seinen Feinden gemeinsame Sache
gemacht hätten. Statt sie zu loben, ließ er sie ins Gefängnis werfen. Sie
wurden des Verrates beschuldigt. Ohne Verhör sollten sie zum Tode
verurteilt werden. In der letzten Nacht im Kerker fiel den Feldherren der
Bischof von Myra ein; sie beschlossen, sich in ihrer Not an ihn zu wenden.
»Ist der nicht mutig gegen das Unrecht angegangen?« sagte Ursus. »Hat
er nicht die drei Männer in Myra gerettet, obwohl ihr Galgen schon
aufgebaut war?«
»Wir wollen ihn anrufen, daß er bei Gott für uns bittet!« schlug Leo vor.
Das taten sie.
Der Kaiser aber hatte in jener Nacht einen seltsamen Traum. Es trat ein
Bischof vor ihn hin, die Mitra auf dem Haupt, den Stab in der Hand. Der
sagte zu ihm: »Ich bin Nikolaus von Myra. Du hast deinen Feldherren

Ursus, Nepot und Leo großes Unrecht getan. Sie sind unschuldig. Vergieße nicht das Blut dieser Männer.«

Kaum graute der Morgen, da ließ der Kaiser die Feldherren aus dem Kerker herbeiholen.

»Kennt ihr einen gewissen Nikolaus?« fragte er sie.

Da berichteten sie ihm, was sie über den Bischof wußten. Der Kaiser erkannte, daß er beinahe ein schreckliches, falsches Urteil vollstreckt hätte. Er bat die Feldherren um Verzeihung und lobte den Bischof von Myra. Gott aber pries er für diese Wundertat.

Die Feldherren entließ er mit reichen Geschenken. Er bat sie, noch einmal nach Myra zu segeln und auch dem Bischof Nikolaus Dankesgaben zu überbringen.

Als der böse Kaufmann davon hörte, verließ er heimlich die Kaiserstadt.

Der heilige Nikolaus gilt seit jener Zeit auch als starker Helfer in Gefangenschaft, in Leid und Todesgefahr.

1. Dezember

Die Geschichte von den drei Schülern

Die letzten Herbsttage schienen alles wiedergutmachen zu wollen, was der Sommer versäumt hatte. Auf Wochen mit düsterem Wolkenhimmel, Sturm und Regenschauern und wüsten Gewittern folgten ein paar heitere Tage. Das Laub, schon farbig übersprenkelt, zögerte, von den Bäumen zu fallen, hing unbewegt an den Ästen und badete sich im warmen Licht der Sonne. Kerzengerade stieg der Rauch aus den Schornsteinen des kleinen Städtchens in die Luft und verlor sich in milchig-blauer Höhe.
Die Bewohner des Städtchens genossen jedoch das schöne Herbstwetter nicht, ja viele bemerkten es nicht einmal. Sie hatten aufregende Tage hinter sich. Es gab viel zu bereden und zu vermuten. Die Polizei aus der Großstadt war gekommen, hatte tausend Fragen gestellt, mußte aber schließlich wieder wegfahren, ohne helfen zu können. Drei junge Männer, Schüler aus den oberen Klassen, gerade 18 Jahre alt, hatten sich heimlich davongemacht. Eines Abends waren sie nicht mehr nach Hause zurückgekehrt. Die Eltern der drei waren wie starr vor Schreck. Sie hatten ihre Tage mit Arbeit und Geschäften zugebracht und manchmal auch die Nächte.
Zuerst hatten sie das Verschwinden gar nicht bemerkt; denn es war die Tageskasse zu zählen, die Schaufensterdekoration zu richten, die Laden-

tür zu verriegeln, das Geld zur Sparkasse zu bringen. Schließlich waren sie froh, sich vor den Fernseher hocken zu können.

»Wo Peter heute nur wieder bleibt?« sagte Frau Mohnfeld zwischen zwei Filmen.

»Jochen sollte doch den Rasen noch mähen«, maulte Herr Sebald.

»Wolfgang scheint eine neue Freundin zu haben«, bemerkte Wolfgangs Schwester Rita, aber die Eltern hörten nicht hin.

Unruhig wurden sie erst, als sich am nächsten Morgen herausstellte, daß die Betten der Jungen unberührt und ihr Platz am Frühstückstisch leer geblieben war.

»Es wird immer schlimmer mit dem Burschen«, sagte Frau Mohnfeld. »Du solltest mal ein Wörtchen mit ihm reden, Mann.«

»Der Jochen ist ein richtiger Herumtreiber geworden«, stellte Herr Sebald fest.

»Das ist ja nicht das erste Mal«, meinte Rita, »daß mein Bruder eine Nacht wegbleibt.«

Als die Jungen aber am Abend immer noch nicht zurückgekehrt waren, befand sich bald das ganze Städtchen in heller Aufregung. Es wurde telefoniert, nachgeforscht, gejammert. Aber schließlich blieb kein Zweifel. Die drei waren mit Wolfgangs Auto weggefahren. Sie hatten keine Kleider mitgenommen, ihre Sparkassenbücher nicht angerührt, nur die Gitarre fehlte in Peters Zimmer.

»Wir haben geschuftet, das Geschäft aufgebaut, nichts als Arbeit gekannt, alles für die Kinder getan . . . Und das ist der Dank!« sagte Herr Sebald.

»Peter hatte doch alles, was er wollte. Er bewohnte ein eigenes Zimmer, besaß eine teuere Stereoanlage, bekam reichlich Taschengeld«, sagte Frau Mohnfeld. »Ihm hat doch nichts gefehlt?«

»Da habe ich dem Herrn Sohn vor drei Wochen zum 18. Geburtstag den neuen Wagen geschenkt. Das ist die Quittung dafür«, sagte Ritas Vater.

Mit einem Mal merkten die Eltern, daß das Geschäft, die Kasse, das Haus gar nicht so wichtig waren. Sie suchten nach ihren Söhnen, viele Tage lang. Aber es fand sich keine Spur von ihnen.

Ein paar Wochen später, als das bunte Laub schon längst verweht war und der erste Schnee fiel, gab es im Städtchen neue Gesprächsthemen, und nur noch gelegentlich kam die Rede auf die drei verschwundenen Burschen.

Die jungen Männer waren an jenem Herbsttag tatsächlich mit Wolfgangs Auto fortgefahren.

»In dem Nest ist nichts los«, hatte Peter gesagt. »Wir fahren heute in die Stadt.«

Sie hatten dort den Tag verbummelt, waren abends in einer Pinte hängengeblieben und erst nach Mitternacht aufgebrochen. Wolfgang wollte einen weiten Umweg fahren, denn sie hatten Lust, mit dem schnellen Wagen über die nachtdunklen Landstraßen zu jagen.

Aber dann stotterte der Motor. In einer ziemlich abgelegenen Gegend rollte der Wagen aus und blieb stehen. Sie versuchten, ihn wieder in Gang zu setzen, aber selbst Peter, der sich ziemlich gut auf Autos verstand, konnte den Fehler nicht finden.

Sie hielten Umschau nach einem Haus. Nicht weit von der Straße, in einem parkähnlichen Gelände, lag eine große Villa. Sie schritten durch den düsteren Park auf das erleuchtete Gebäude zu.

»Dort ist noch jemand auf. Wir können wenigstens telefonieren«, sagte Wolfgang. »Vielleicht holt Rita uns ab.«

Sie schellten. Die Tür wurde geöffnet. Ein junger Mann empfing sie freundlich und bat sie einzutreten. Er trug ein langes, hellgelbes Gewand, hatte seine Haare kurz geschoren und sich einen grünen Strich auf die Stirn gemalt. Erst dachten die drei an eine verfrühte Faschingsparty, aber dann fiel ihnen ein, daß sie ähnlich gekleidete und bemalte Menschen gelegentlich in der großen Stadt gesehen hatten. Sie gingen stets in kleinen Gruppen, leierten Sprüche vor sich hin und bettelten die Passanten an.

In ihrem eigenen Haus, so stellte sich bald heraus, waren die gelben, uniformierten Gestalten alles andere als Bettler. Die drei wurden zu einem herzhaften, einfachen Mahl eingeladen, an dem etwa dreißig meist junge Männer und Mädchen teilnahmen, alle in gelben, sackartigen Kleidern. Auch die Mädchen hatten die Haare kurz geschoren und trugen den Grünfleck auf der Stirn. Sie waren kaum von den jungen Männern zu unterscheiden. Überhaupt sahen sich alle sehr ähnlich. Der »schwarze Meister«, wie ein etwas älterer, hagerer Mann voll Hochachtung genannt wurde, verwickelte die drei Burschen in ein ruhiges, ernsthaftes Gespräch. Sie kamen auf Themen, die von den jungen Männern schon lange nicht mehr berührt worden waren. Sie redeten über Tod und Leben und Gott und die Welt.

Schließlich gestattete der »schwarze Meister« ihnen, an den »Stunden der Tiefe« teilzunehmen. Sie folgten ihm neugierig in einen dunklen Raum, in dem sich die Mädchen und Männer niedergehockt hatten, ihre Oberkörper sanft hin- und herwiegten und Sprüche mit eintöniger, hoher Stimme murmelten. Dutzende Räucherkerzen spendeten einen süßlich riechenden Duft, der sich wohlig und schwer auf die Lungen legte. Die drei Burschen vergaßen die Stunden, die Zeit, fanden sich bald mitwiegend und mitmurmelnd in dem »Saal der Sprüche« und fühlten sich geborgen und aufgenommen. Am nächsten Tag ermunterte sie der »schwarze Meister«, ein paar Tage zu bleiben und das »Haus der Ruhe« und das Leben »der Auserwählten« näher kennenzulernen. Sie stimmten alle drei zu, schon gefangen von den fremden Eindrücken. Aus den Tagen wurden Wochen und aus den Wochen Monate.

Sicher, schließlich war Wolfgangs Wagen von der Polizei entdeckt worden. Man hatte, Monate später, Peter in der Großstadt gesehen, kahlgeschoren, im gelben Gewand, bettelnd. Die Eltern wußten endlich, wo ihre Jungen waren. Frau Mohnfeld gelang es, mit Peter zu sprechen. Jochen kam sogar für einen Tag in die kleine Stadt zu seinen Eltern. Aber die Söhne waren Fremde geworden, beinahe wie weit entfernt in einem dichten Nebel. Nichts konnte sie aus ihrem Bann lösen, weder die Tränen der Mütter noch der Zorn und die Hilflosigkeit der Väter. Von Wolfgang kam eines Tages eine Ansichtskarte aus dem Fernen Osten. Ein Gruß, die Versicherung, daß er das wahre Leben gefunden habe. In Wirklichkeit bestand dieses Leben aus ein paar Stunden Schlaf in der Nacht, aus langen Betteltagen und stundenlangem Gemurmel immer derselben Sprüche: »Harre harr! Die Wahrheit kommt aus der Tiefe.« Niemals war einer der »Auserwählten« allein. Immer befanden sie sich in Gruppen und unter den Augen eines »schwarzen Meisters«.

»Sie kommen nicht zum Nachdenken«, sagte Frau Mohnfeld zu Herrn Sebald.

»Ähnlich wie wir«, antwortete dieser.

»Wie meinen Sie das?« fragte Frau Mohnfeld.

»Wir haben uns in unsere Arbeit, in unser Geschäft eingegraben. Unsere Gedanken kreisen nur darum, wie wir den Umsatz steigern und die Einnahmen sichern können. Das Geschäft frißt unsere Zeit auf. Und uns selbst auch.«

»Ich habe, seit Peter weg ist, schon manchmal etwas Ähnliches gedacht«, gestand Frau Mohnfeld.

»Aber wie soll man das ändern?« seufzte Herr Sebald. »Wer springt schon von einem fahrenden Zug?«

»Ich würde springen können«, sagte Frau Mohnfeld leise. »Denn unser Zug fährt ins Dunkle, glaube ich.«

Drei lange Jahre nachdem die jungen Männer fortgegangen waren, kam ein gewisser Herr Myra eines Abends in jene einsame Gegend, in der die Villa im Park stand. Er nahm in jedem Jahr Anfang Dezember eine Woche Urlaub und wanderte dann allein durch die Welt. Das machte er schon seit vielen Jahren, und sein Bart war ihm darüber grau geworden. Er betrat an diesem Abend den Park. Obwohl er ein erfahrener Wandersmann war, war ihm ein Mißgeschick zugestoßen. Er hatte sich verlaufen. Eigentlich wollte er nur nach dem Weg zur nächsten Ortschaft fragen und um einen frischen Trunk bitten. Doch es kam ganz anders.

Peter öffnete ihm die Tür. Etwas verwirrt von dem Anblick des Mannes im gelben Gewand, stellte sich Herr Myra vor. Und ehe er sich versah, saß er mitten unter den Männern und Frauen. Der »schwarze Meister« war an Fieber erkrankt und zum ersten Male seit vielen Jahren nicht anwesend. Auch fiel das Mahl etwas üppiger aus, denn am Morgen war Wolfgang von weiter Reise zurückgekommen. Vielleicht war es diese Heimkehr gewesen, die die drei Jungen an vergangene Tage erinnerte, an die kleine Stadt im späten Herbst, an die Straßen, die Häuser, an die Menschen.

»Heute ist der 5. Dezember«, sagte Wolfgang. »Da kam zu uns früher, als wir noch Kinder waren, in jedem Jahr der Nikolaus.«

Sie gerieten ins Erzählen. Schließlich fragte Peter den Fremden: »Haben Sie schon einmal den Nikolaus gespielt?«

Der nickte.

Da baten sie ihn, doch an diesem Abend der Nikolaus zu sein. Schließlich willigte er ein. Sie brachten ihm ein rotes Gewand. Einer schnitt geschickt aus Goldpapier einen spitzen Hut. Eine Latte wurde mit buntem Band umwickelt. Das gab einen prächtigen Hirtenstab ab.

»Ich brauche ein Kreuz, das ich mir auf das Herz hängen will«, sagte Herr Myra. Doch sosehr die jungen Leute auch suchten, im ganzen Haus war kein Kreuz zu finden. Schließlich brach Wolfgang im Park zwei Ästchen ab, band sie über Kreuz zusammen und reichte sie dem Mann.

In der Eingangshalle kleidete sich Herr Myra um. Dann betrat er den Raum. Er sprach mit jedem einzelnen der Mädchen und der jungen Männer lange und liebevoll. Sie redeten von Tod und Leben und Gott und der Welt. Es ging bis in die tiefe Nacht. Das war ein Fragen und Antworten, wie noch niemals zuvor in diesem Haus. Es war, als ob viele der jungen Leute aus einem langen Schlaf erwachten. Schließlich aber erhob sich Herr Myra und wollte die Gewänder ablegen.

In diesem Augenblick öffnete sich die Tür. Der »schwarze Meister« stand im Türrahmen, fiebrigrot sein Gesicht. Er stützte sich gegen die Türpfosten. Sein Blick war wild und zornig.

»Hinaus!« rief er Herrn Myra mit schriller Fieberstimme zu. Die jungen Leute duckten sich, und einige gingen durch eine Seitentür in den »Saal der Sprüche«.

Laut antwortete Herr Myra ihm: »Ich gehe hinaus. Aber wenn jemand von euch mit mir gehen und dieses düstere Haus verlassen will, dann soll er das jetzt tun.«

Wolfgang war der erste, der das gelbe Obergewand abstreifte und mit dem Daumenballen den grasgrünen Fleck von der Stirn wegwischte. Peter und Jochen folgten.

»Hinweg mit euch! Ihr wart nicht auserwählt«, schrie der »schwarze Meister«. Die anderen waren alle im »Saal der Sprüche« verschwunden, und der monotone Singsang drang durch die Tür. Die vier kehrten dem Haus den Rücken. Sie traten in den Park. Im Osten zeigte sich der erste Lichtschimmer des 6. Dezember.

Es war dies der einzige Tag, an dem ein Mann aus dem Haus im düsteren Park herauskam und drei junge Männer mit sich brachte.

2. Dezember

Nur ein schmaler Spalt

Unser Schlafzimmer lag zu ebener Erde. Das eine große Fenster des Raumes zeigte zur Straße hin. Hoch stieg an der anderen Straßenseite gleich im Anschluß an die Fahrbahn eine schwarze Ziegelmauer auf. Sie verbarg einen weitläufigen Park. Lediglich die Kronen einiger mächtiger Bäume reckten sich höher als diese finstere Mauer. Der eine breite Bürgersteig, der unter unserem Fenster vorbeiführte, wurde kaum von Fußgängern benutzt. Für sie bedeutete ein Pfad durch den Park eine erhebliche Abkürzung ihres Weges. Zumal nachts war das für uns angenehm; Schritte hallten nämlich auf dem mit quadratischen Platten belegten Boden schon von weit her. Anders war es mit Fahrrädern. Abends von halb zehn bis halb elf und morgens ab halb sechs riß der Strom nicht ab. Dann war Schichtwechsel in der August-Thyssen-Hütte. Unablässig huschten in dieser Zeit die Lichtstrahlen der stark abgedunkelten Lampen durch das Zimmer und malten Streifen und Schatten an die Wände. Gewiß, die Fenster waren durch Rolläden gesichert, doch Mutter liebte es nicht, im stockdüsteren Raum zu schlafen, und ließ die Läden nur so weit herunter, daß durch schmale Ritzen die Nachtlichter einzudringen vermochten.

Ich lag als Kind oft stundenlang wach, zumal wenn uns die Sirenen mit ihrem schauerlichen Heulton mehrmals im Laufe der Nacht in den Keller getrieben hatten. Vaters Schritt hörte ich in solchen Stunden schon von fern. Die Maschine, die er umsorgen mußte, befahl, daß er nachts gegen halb drei nach Hause kommen durfte. Zweiundfünfzigmal klappte sein Eisenabsatz, sobald er um die Ecke gebogen war. Dann brach das Geräusch mit einem helleren Ton ab. Er hatte auf die Eisenluke vor unserer Haustür getreten. Der Schlüssel klimperte und drehte sich im Schloß. Meist schlief ich dann wieder ein und bemerkte nur selten, daß er nach einer Weile leise zu uns ins Zimmer tappte und sich ins Bett legte.

Eines Morgens gegen fünf wurde die Regel der vertrauten Geräusche jedoch jäh durch ein aufdringliches, geheimnisvolles Schlurfen und Klopfen durchbrochen. Erschreckt fuhr ich im Bett auf. Es klang leise auf und schwoll allmählich an. Als es unmittelbar unter unserem Fenster war, vermeinte ich, tausend harte Schritte zu vernehmen. Schließlich versickerte das Stapfen und Tapsen wieder, die ersten Fahrräder rollten langsam vorbei, von alten Männern müde vorwärts getreten. Ich schlief nicht mehr ein und wartete auf das Hämmern des Weckers. Mutter machte mir das Schulbrot.

»Hast du die Schritte vorhin gehört, Mutter?«

»Schritte? Welche Schritte?«

»Es klang, als ob viele Menschen unter unserem Fenster herschlurften.«

»Soldaten waren es sicher, Junge. Sie wollen drüben an der Emscher ja wieder eine Flakbatterie aufbauen.«

Ich wußte, daß es keine Soldaten gewesen waren. Abends gegen sieben kehrte der Zug zurück. Da sah es die ganze Straße. Gefangene Russen waren es. Einige liefen barfuß, obwohl die Oktobernächte schon frühen Frost gebracht hatten. Die meisten Gefangenen jedoch latschten schwerfällig in Holzpantinen, die sie sich wohl selber roh aus Brettstücken zusammengebastelt hatten. Sie liefen über den Bürgersteig, und ihre Arme streiften unsere Fensterbank. Die vier Wachsoldaten hatten die Gewehre geschultert, und die aufgepflanzten Bajonette ragten spitz über ihre Köpfe hinweg. Zwei marschierten seitwärts auf der Straße voraus, die anderen hielten sich ebenfalls auf der Straße ein wenig hinter den Russen.

Ich stand mit dem Rücken gegen die Parkmauer gelehnt und starrte neugierig auf den Zug. Es war mir ungefähr so zumute wie damals, als Tante Amelie mich mit in unseren Tierpark genommen hatte und ich staunend vor den engen, übelriechenden Raubtierkäfigen gestanden hatte. Stumpf trotteten die Gestalten dahin. Fast alle hielten den Kopf gesenkt. Nur einer, der im vorletzten Glied außen ging, schaute auf und sah mich an. Wasserhelle Augen in einem alten, zerfurchten Gesicht.

Vater wußte mehr zu berichten. »Sie müssen an der Schlackenhalde arbeiten«, sagte er.

»Die armen Menschen«, seufzte die Mutter.

Doch Vater zuckte nur die Achseln.

Bald hatten wir uns an die Schritte gewöhnt. Und auch daran, daß der Trupp des Abends oft auf rohen Brettern Tote mit ins Lager zurückschleppte, mit alten Säcken abgedeckt und so den Blicken verborgen.

Der Gefangene, der mir vom ersten Sehen her im Gedächtnis geblieben war, ging stets auf seinem Platz im Zug, im zweitletzten Glied links außen.

Eines Nachmittags schellte Großvater und brachte uns den letzten Grünkohl aus seinem Gärtchen. Er schien sehr niedergeschlagen. Zusammengesunken saß er neben dem Herd auf dem kleinen Schemel.

»Sie sterben dahin, sie sterben alle dahin«, murmelte er.

»Die Russen?« fragte die Mutter.

Sie fragte das, obwohl sie, wie alle, genau wußte, wie es im Lager stand. Doch niemand sonst sprach darüber.

»Ja, die Russen. Junge Burschen sind es zum größeren Teil. Ab und zu singen sie, wenn ich abends vom Garten aus nach Hause gehe. Das ist am schlimmsten. Sobald ein Sonnenstrahl ein wenig Wärme bringt, stehen sie gegen die Wände der Baracken gelehnt, wie leblos, und wenden ihre gelblichen Gesichter der Sonne zu, ausgemergelt, zerschunden.«

»Russen«, antwortete Vater. Und das klang, als ob er »Ungeziefer« gesagt hätte.

»Menschen«, erwiderte Großvater, »Menschen.«

Mutter hantierte mit den Töpfen.

»Wißt ihr eigentlich, daß sie selbst bei den Fliegerangriffen nicht aus ihren Baracken heraus dürfen?«

»Welche Angst müssen sie ausstehen«, sagte Mutter.

Vater stand auf und ging hinaus.

»Es quält ihn auch«, versuchte Mutter zu erklären.

»Ich werfe ihnen ab und zu einen Kanten Brot über den Stacheldraht. Wenn du mal ein Endchen übrig hast?«

»Ich will daran denken«, versprach Mutter. »Aber ist das nicht sehr gefährlich?«

»Ich gebe acht, weißt du. Unser Garten liegt ja nicht weit vom Lager weg, und ich kann den günstigen Augenblick wohl abpassen.«

»Sei vorsichtig, Vater«, mahnte die Mutter ängstlich. »Man weiß ja, was mit denen geschieht, die erwischt werden.«

Ich konnte mir das nicht ausmalen. Selbst die wilden Bären im Tierpark durfte ich damals füttern.

Sicher, uns war gesagt worden, was mit den deutschen Gefangenen in Rußland geschah. Tausendfach klangen uns die Worte »sowjetische Untermenschen« und »bolschewistische Bestien« im Ohr. Aber nur durch eine dünne Glasscheibe und auf Ritzen gestellte Rolladen von solchen Wesen getrennt, verloren diese Schilderungen und diese Bezeichnungen jede Bedeutung.

Längst hatte ich die klappernden Schritte des Elendszuges in die Skala der gewohnten Geräusche eingeordnet. Selten nur noch weckten sie mich in der frühen Stunde. Doch an dem Morgen nach Großvaters Besuch schreckte ich auf. Im ersten Tagesschimmer sah ich Mutters Schatten am Fenster, vielmals zerschnitten von den Stäben der Rolläden. Sie hatte den Gurt ein wenig gestrafft und das uns von der Straße trennende Gitter so hochgezogen, daß sich unten ein handbreiter Schlitz bildete.

Die Schritte der Gefangenen schlurften heran, müde und schlapp schon jetzt, bevor die schwere Arbeit begonnen hatte. Schattengestalten, verschwommen, unwirklich, wischten dahin. Fast schon war der Zug vorüber, da schob Mutter die Hand durch den Spalt und reichte irgend etwas hindurch, zuckte zurück, und die Rolläden schlossen sich wieder. Behutsam schlüpfte Mutter unter ihre Decke.

Am nächsten Morgen lag ich bereits früh auf der Lauer, um das seltsame Geschehen vollends zu ergründen. Kaum kündeten die Holzpantinen das

Nahen des Trupps an, erhob sich Mutter fast lautlos, griff nach einem Päckchen auf ihrem Nachttisch, hantierte an den Rolläden, die Hand fuhr hinaus und zurück. Am fünften Morgen stand ich neben ihr. Sie schien zu zaudern. Doch dann legte sie den Finger über den Mund und zeigte mir das Päckchen. Brot. Vier Scheiben Brot. Die erdbraunen Schatten schleppten sich dahin, der zweitletzte griff nach dem Päckchen, und in weniger als zwei Minuten lagen wir wieder in unseren Betten.

Jeden Abend wartete ich nun drüben an der Mauer auf die Gefangenen. Der Alte zwinkerte mir gelegentlich zu. Manchmal glaubte ich zu erkennen, daß ein Lächeln über sein Gesicht huschte. Als das Frühjahr kam, schien es mir, als werde er von Tag zu Tag ein wenig kleiner. Sein Gang wurde beschwerlicher, müder. Ich erinnere mich genau an den ersten klaren Tag in jenem März. Rot hing der Sonnenball noch in den Bäumen, als die Russen von der Eisenhütte in ihr Lager zurückgeführt wurden. Der Alte schwankte. Mehr ermunternd als brutal stieß ihn der Wachsoldat mit dem Holz des Gewehrkolbens leicht in die Seite.

»Mach schon, Michail«, knurrte er.

Größer und dunkler erschienen mir heute die Augen des Gefangenen. Er hob schlapp die Hand zu einem knappen Gruß. Dann sank sein Kopf tief vornüber, und er trottete schneller, damit er den Anschluß nicht verliere.

»Michail heißt er«, flüstere ich Mutter zu.

»Sprich nicht darüber«, befahl sie mir. »Mit niemandem! Hörst du!« Ich spürte, wie Angst auf mich übersprang.

Das Frühlicht war so gewachsen, daß ich Mutter am nächsten Morgen zuzischelte: »Man kann jetzt sehen, was du tust.«

»Ja«, hauchte sie.

Die Gesichter, stumpf und ohne Hoffnung, klein unter den schmutzigbraunen Mützen, schoben sich an den Ritzen vorbei. Mutter reichte das Päckchen hinaus. Doch dauerte es ein wenig länger, bis sie schließlich ihren Arm behutsam durch den Spalt zurückzog. In der Schale ihrer Hand ruhte ein kleiner Vogel, sorgsam aus Holzspänen zusammengesetzt, kunstvoll geformt, den Hals gebogen, gespreizt, papierdünn die Federn, angstvoll den Kopf geduckt und rund und aufgerissen die Augen. Mutter wagte nicht, ihre Hand zu bewegen. Ich schaute ihr ins Gesicht. Das

Morgenlicht zeichnete ihr helle Streifen über Mund und Nase. Ihre dicken Brillengläser glitzerten.

Als Vater den Vogel nach dem Mittagessen bewunderte, fand er ein Wort in kyrillischen Buchstaben klein eingeritzt. »Das heißt Mutter«, übersetzte er. Dann stellte er das zarte, wundersame Gebilde auf das Deckbrett der alten Küchenuhr.

Am Abend, als ich Michail mit einem Blick für das Geschenk danken wollte, war sein Platz im zweitletzten Glied leer. Sie trugen ihn ins Lager zurück. Auf einem ungehobelten Brett lag er, mit schmutzigen Säcken zugedeckt.

Während der Nacht zitterte die Luft vom tiefen Gebrumm der viermotorigen Bombenflugzeuge. Sie zogen in Pulks zu dreißig oder vierzig über unsere Stadt hinweg einem anderen Ziel zu. Ein Nachzügler, allein, verflogen oder angeschossen, entledigte sich seiner zu schwer gewordenen Eisenlast. Die Bomben zerrissen die Rasenfläche und wühlten den schwarzen Boden des Parks auf. Der Luftdruck stürzte die Parkmauer und zerzauste unsere Rolläden. Die Trümmer versperrten den Russen den Weg.

Später, als der Schutt fortgeräumt worden war und der Gefangenentrupp wieder vorüberzog, schleppte sich der Trupp fernab unseres Fensters über die Straße, und die Wachsoldaten marschierten über den Bürgersteig.

Unser Fenster war mit festen Brettern dicht vernagelt.

Der totale Krieg hatte den schmalen Spalt geschlossen.

3. Dezember

Die Legende vom Mädchen im Turm

Es ist lang, lang her. Damals soll in Nikomedia, im fernen Morgenland, ein reicher Kaufmann gelebt haben. Sein Name war Dioskurus. Er lebte allein mit seiner schönen Tochter Barbara in einem prächtigen Haus. In eifersüchtiger Liebe war er seiner Tochter über alles zugetan. Niemand durfte mit Barbara reden, den er nicht selbst zugelassen hatte. Er bestimmte die Schriften, die sie lesen durfte, er stellte für sie die Mahlzeiten zusammen, er kaufte ihre Kleider.
Eines Tages mußte der Kaufmann eine längere Geschäftsreise antreten. Wie immer, wenn er fortmußte, führte er Barbara in einen festen Turm. Nur sie und er besaßen einen Schlüssel für die Eisentür. Barbaras Wohnstube lag über den Dächern der Stadt, war bequem eingerichtet und hatte zwei Fenster.
»Barbara«, sagte er, »ich bleibe diesmal ein wenig länger fort. In diesem Turm bist du sicher. Laß dir die Zeit nicht lang werden. Ich bringe etwas von meiner Reise mit, an dem du dein ganzes Leben lang Freude haben wirst.«
»Was kann das sein, Vater?« fragte Barbara.
Aber Dioskurus lachte nur.
Wie immer es gewesen sein mag, jedenfalls drang durch die Mauern die Frohe Botschaft zu Barbara, die Frohe Botschaft von der Geburt und dem

Leben des Christus, von seinen Reden und seinen Wundertaten, von seinem Leiden und Sterben, von Auferstehung und Himmelfahrt.

Sie ließ sich taufen. Immer wollte sie das Geheimnis der drei göttlichen Personen vor Augen haben: Vater, Sohn und Heiliger Geist. »Vater, Sohn und Heiliger Geist haben Licht in mein Leben gebracht«, sagte sie. »Deshalb will ich in meine Turmstube ein drittes Fenster brechen lassen. Die drei Fenster lassen Licht in mein Zimmer strömen. Die Dreizahl soll mich an den dreifaltigen Gott erinnern.«

Nach langer, beschwerlicher Reise kehrte Dioskurus heim. Sein erster Weg führte ihn zu seinem Kind im hohen Turm. Vater und Tochter begrüßten einander herzlich.

Da fiel der Blick des Vaters auf das dritte Fenster. Er traute seinen Augen nicht. Drei Fenster in dieser Kammer? Hatte die Turmstube nicht zwei Fenster gehabt, solange er denken konnte?

»Wie kommt das dritte Fenster hierher?« fragte er streng. Da erzählte Barbara von Jesus, vom Vater Gott und vom Heiligen Geist.

Dioskurus' Gesicht verfinsterte sich. Hatte er nicht im fernen Rom davon gehört, daß der Kaiser alle diese Christen grausam umbringen ließ? Ja, daß sie sogar im Zirkus den Löwen zum Fraß vorgeworfen wurden?

Als ihm Barbara schließlich berichtete, daß auch sie Christin geworden sei, packte ihn die blinde Wut. Er schüttelte sie an den Schultern. Was noch niemals geschehen war, jetzt riß ihn sein Zorn hin. Er schrie sie an: »Hör auf mit dem dummen Gerede! Hast du vergessen, daß ich dir etwas mitbringen wollte? Du wirst den Mann heiraten, den ich für dich ausgesucht habe. Dann vergehen dir die albernen Flausen!« Er knallte die Tür hinter sich ins Schloß.

Sie wird sich meinen Wünschen beugen, dachte er. Wie bisher immer wird sie das tun, was ich will.

Seine Hoffnung war jedoch vergebens. Barbara konnte weder ihren Glauben aufgeben, noch wollte sie heiraten. Schließlich steckte sie der Vater in den untersten Keller des Turmes. Dort war es ganz finster. Ein Bündel Stroh in der Ecke diente als kalte Lagerstatt.

Viele Wochen hielt der Vater sie so eingekerkert bei Wasser und Brot. Allmählich begannen die Leute zu reden. Da forderte er von ihr: »Laß ab von deinem Christus. Dann soll alles wieder so sein, wie es früher gewesen ist. Ich kaufe dir schöne Kleider und lasse für dich gute Speisen bereiten. Du wirst einen reichen jungen Mann heiraten. Du wirst ein Leben in Freuden führen.« Doch sie weigerte sich.

»Dann muß ich dich dem Richter übergeben. Du weißt doch, was dann mit dir geschieht?« Entschlossen und finster führte er aus, was er sich vorgenommen hatte. So brachte er sein eigenes Kind ins Stadtgefängnis. Der Kerker wechselte. Die Zellen blieben sich ähnlich: halbdunkel, dumpf, feucht und kalt.

Der Richter versuchte es mit schönen und harten Worten, mit Schmeicheleien und Drohungen. Schließlich übergab er sie den Folterknechten. Doch Barbara ertrug mit Gottes Kraft und Hilfe alle Angst und Qual. Auf ihrem Weg in die Zelle verfing sich ein Zweiglein eines wilden Kirschbaumes in ihrem rauhen Gewand. Die Knechte rissen sie fort. Der Zweig brach ab. Sie stellte das winterdürre Reis in das trübe Licht des kleinen Fensters. Eine zerbrochene Tonschale fand sich in der Zelle. Täglich goß sie ein wenig von dem Wasser hinein, das der Wächter ihr zum Trank reichte. Da trieben Knospen hervor. Eines Tages sprangen sie auf. Zarte weiße Blüten sprossen mitten im Winter.

»Ich dachte, du seist ein toter Zweig«, sprach Barbara das Zweiglein an. »Aber aus dem toten Holz ist neues Leben gesprungen.«

Lange schaute Barbara den Blütenzweig an. »Ich glaube, so wird es auch mit mir sein. Wenn sie mich töten, dann wird mein Tod das Tor zu einem neuen Leben.«

An diesem Tag noch wurde sie vor den Henker geschleppt. Es heißt, der grausame Vater habe ihm das Schwert aus der Hand genommen und selber sein eigenes Kind umgebracht.

Die Kunde von der Treue des Mädchens Barbara sprach sich in aller Welt herum. Besonders die Bergleute dachten oft an sie, wenn sie im finsteren Schacht tief unter der Erde arbeiteten. Geraten sie in Gefahr, dann rufen die Bergleute: »Heilige Barbara, bitte für uns!«

Die Kinder aber brechen am Barbaratag, am 4. Dezember, winterharte Zweige von den Bäumen und stecken sie in Vasen oder Krüge. Und wer sein Zweiglein mit lauwarmem Wasser täglich gießt, der kann eine große

126

Freude erleben. Zur Weihnachtszeit nämlich springen aus den Zweigen Blüten hervor. Kaum ein anderes Zeichen weist so deutlich auf Christus hin, der tot war und zu neuem Leben auferstanden ist.

4. Dezember
Barbara

Der Barbarazweig

Es war damals, als der Bergbau an der Ruhr noch in den Kinderschuhen steckte. Wie viele andere Männer auch hatte Anton Poggensiepel beschlossen, einen Stollen tief in den Berg zu treiben. Sein jüngerer Bruder Andres und dessen drei Söhne halfen ihm dabei. Im Laufe der Jahre waren sie auf manches reiche Kohlenflöz gestoßen und hatten es zu einem gewissen Wohlstand gebracht. Nun hatten die Söhne schon Kinder. Anton Poggensiepel hatte in seinen besten Jahren einen Zweizentnerstein dreimal hoch über den Kopf stemmen können. Aber dann kam das Rheuma und zog ihm die Knochen krumm. Immer seltener wagte er sich in den feuchten Schacht. Wenn es jedoch eine brüchige Stelle zu verbauen gab, dann holten ihn die jungen Poggensiepels und fragten um Rat. Denn wie kaum ein zweiter verstand Anton die geheime Sprache des Berges, das Ächzen der hölzernen Stempel, das Knirschen im Gestein, das Ticken der Wassertropfen.
Eines Abends saß er nahe beim Herd und paffte seine Pfeife. Die Anna, eine Enkelin von Andres, hockte sich neben ihn und bat: »Erzähle mir was, Onkel Anton. Erzähle von früher.«
»Die Geschichte von dem bösen Zwerg Galubreit, der den Bergleuten die Lampen ausbläst, damit sie sich verirren?«

»Nein. Die Lügengeschichte hast du schon so oft erzählt. Wahre Geschichten will ich hören, Onkel. Vergiß nicht, daß ich schon zwölf bin. Ich will keinen Kinderkram mehr hören.«

»Gut«, sagte Anton, »dann will ich dir von der Zeit erzählen, als unsere Schutzpatronin, die heilige Barbara, noch gelegentlich in unseren Pütt kam.«

»Das glaube ich nie! Nie! Nie! Barbara hat im Morgenland gelebt und war nie an der Ruhr. Das hat uns der Pfarrer gesagt. Und ob es überhaupt eine Barbara gegeben hat, das ist auch nicht ganz sicher. Das hat uns der Lehrer gesagt. Erzähl mir wahre Geschichten.«

Jetzt bockte Anton. »Von der heiligen Barbara wissen wir Bergleute mehr als alle Pfarrer und Lehrer zusammen«, sagte er. Eine Weile schwieg er. Aber dann fuhr er versöhnlicher fort: »Siehst du, Anna, was dort auf dem Tisch in der Vase steht?«

»Ja«, antwortete sie, »ein dürrer Zweig. Du hast ihn doch gestern selbst vom Kirschbaum geschnitten.«

»Du hast recht, und ich sage dir, der Winterzweig wird noch vor Weihnachten Blüten tragen.«

»Schon wieder eine Lügengeschichte«, lachte Anna. »Wenn der trockene Zweig da Blüten schlägt, Onkel Anton, dann kannst du mir deine Geschichten von Barbara erzählen. Und ich verspreche dir: Dann will ich sie glauben.«

»Die Anna wird ein richtiges kleines Biest«, sagte Anton.

Zehn Tage später kam Andres mit den Söhnen aus dem Berg. »Du mußt kommen«, sagte er. »Wir haben ein neues Flöz aufgeschlossen. Mächtig, sag' ich dir. Man kann aufrecht daneben stehen.«

»Und warum soll ich runter?« fragte Anton.

»Ich weiß es nicht, ich hab' ein ziemlich komisches Gefühl.«

»Heut ist es zu spät«, sagte Anton. »Aber morgen. Morgen ist Sonntag. Ich seh's mir mal an.«

»Ist gut«, antwortete Andres.

Nach der Frühmesse hängte Anton seinen Sonntagsanzug in den Schrank und zog die Alltagskleider an. Er hob den kleinen Kirschzweig aus dem Wasser und sah, daß er ein paar Knospen getrieben hatte. »Dich stecke ich ins Knopfloch«, murmelte er. »Schließlich ist Sonntag heut.« Wie

stets, bevor er losging, prüfte er die Lampe und füllte Öl nach. Dann stieg
er in den Schacht. Bald hatte er den neuen Querschlag erreicht. »Dunner-
kiel«, sagte er zu sich selbst, »das ist ja ein mächtiges Flöz. Da juckt es
einem in den Händen.« Er schaute sich um. »Tüchtige Kumpel sind die
Jungen geworden«, sagte er. »Haben alles gut verbaut.« Er stieß mit dem
Fuß gegen einen Meißel. »Nur Ordnung können sie nicht halten.« Er hob
den Meißel auf. Eine halbgefüllte Ölkanne stellte er zur Seite und knurrte:
»Ordnung ist das halbe Leben. Man soll es nicht glauben, die Kanne
lassen sie hier herumstehen, und sogar seine Blechtasse hat einer liegen-
lassen.« Schon wollte er sie aufheben, da sah er, daß die Tasse wohl
absichtlich an diesen Platz gestellt worden war. Sie war randvoll mit
Wasser, und in regelmäßigen Abständen tropfte es von dem hängenden
Gestein genau hinein. Außer diesem regelmäßigen »Klick, Klick« war
jedoch kein Laut zu hören. Anton klopfte mit dem Meißel gegen einen
Stempel. Das Holz sang den richtigen Ton. »Was mag meinem Bruder
wohl komisch vorgekommen sein?« sagte er und schüttelte den Kopf.
Aber dann gab ihm der Berg die Antwort. Ein Knistern lief durch das
Gestein, Donnergrollen schließlich, wütendes Gekreisch. Anton hatte
sich dicht neben dem Stempel zu Boden geduckt. Ein Luftzug blies die
Lampe aus. Staub wirbelte auf und stieg ihm in die Nase. Wie taub waren
Antons Ohren. Mit einem Male hörte er jedoch das Wasser wieder in die
Blechtasse tropfen.
Noch bevor er seine Lampe angezündet hatte, wußte Anton es: Der Berg
war gebrochen. Kaum zehn Meter auf den Stollen zu versperrte ihm ein
wüstes Durcheinander von Steinen und Stempeln den Weg. Angst
überfiel ihn, und er begann wie rasend mit dem Meißel einige Stein-
brocken loszuheben und zur Seite zu rollen. Anderes Gestein rutschte
nach. Keuchend und schweißnaß hielt er ein. Er faßte wieder klare
Gedanken. »Mit diesem Werkzeug ist es zwecklos«, sagte er sich. »Das
einzige, was ich jetzt tun kann, das ist warten und klopfen und klopfen
und warten.«
Er begann mit dem Meißel das vereinbarte Zeichen auf den Stein zu
schlagen. Dreimal der helle Klang von Eisen auf Stein. Eine Atempause.
Dann wieder »pick, pick, pick«. Pause. Signale. Pause. Signale. Er griff

nach dem Becher und trank einen Schluck von dem Wasser. Es schmeckte bitter. Er nestelte an seiner Jacke und senkte den Kirschzweig in das Wasser. »Wir werden es wahrscheinlich nie erfahren, ob sie Blüten schlägt, die Anna und ich«, dachte er. Dann klopfte er wieder das Zeichen. Er stellte die Lampe dicht neben den Zweig. »Manchmal hat auch die Unordnung ihre guten Seiten«, gab er zu, griff nach der Ölkanne und füllte die Lampe wieder. »Das Licht jedenfalls wird vorläufig nicht verlöschen.« Stunde um Stunde klopfte er, sang alle Lieder, die er kannte, sang sie leise vor sich hin, betete die Texte, die er auswendig wußte, dachte an die Zeit, in der er noch einen Zweizentnerstein stemmen konnte, und an die Anna. Und gelegentlich auch an die heilige Barbara. »Nur nicht einschlafen«, befahl er sich selbst. »Nur nicht einschlafen.«

Er klopfte und lauschte und klopfte. Ab und zu nickte er doch ein. Wie lange, er wußte es nicht. Meist weckte ihn ein bohrender Schmerz in Schultern und Schenkeln. »Das Rheuma«, stöhnte er dann. Er wußte, daß er schon sehr lange in der Falle saß. Er sah es, als er wieder einmal einen kleinen Schluck von dem Bitterwasser trank. An dem Zweig waren die Knospen geschwollen, und es zeigte sich ein Hauch von Grün. Ein irrer Gedanke schoß ihm durch den Kopf: »Wenn der Zweig aufblüht, dann komme ich hier raus. Wenn nicht . . .«

Stunden vergingen, Tage. Sein Klopfen war kraftlos geworden. Der Meißel brannte ihm bei jedem Schlag in den Handflächen. Schließlich gab er nur noch selten das Zeichen.

Sie fanden ihn am siebten Tag und schleppten ihn durch den Berg ans Licht. Tage und Nächte hatten sie geschuftet und ängstlich den immer schwächer werdenden Zeichen gelauscht. Endlich war der niedrige Rettungsstollen bis an das Flöz vorgetrieben worden.

Da lag Anton auf dem Rücken, zu Tode ermattet. In seiner Faust hielt er einen kleinen Zweig umklammert, einen Zweig, an dem die erste Blüte sich weiß entfaltet hatte.

»Wurde auch Zeit«, stieß Anton mit heiserer Stimme hervor, als er die Retter erkannte.

Später, als er in seinem Bett lag und es vor heftigem Gliederreißen kaum aushalten konnte, da schlich sich die Anna in seine Kammer. »Mußt mir bald wieder erzählen, Onkel Anton«, sagte sie. »Lauter wahre Geschichten von früher.«

»Als die heilige Barbara noch in den Berg kam?« fragte er.

»Ja«, antwortete sie. »Lauter wahre Geschichten.«

5. Dezember

Die Geschichte von der ausländischen Arbeiterin

Erst hundert Jahre ist es her. Damals wuchsen innerhalb weniger Jahre die kleinen Dörfer an Rhein und Ruhr zu Riesenstädten. Die Menschen kamen von weit her, um in den Bergwerken und Eisenhütten Arbeit und Brot zu finden. Viele von ihnen waren in fernen Ländern zu Hause, vor allem in Italien und Polen. Sie verstanden die deutsche Sprache nur schlecht und hatten es sehr schwer, sich im fremden Land einzuleben. Waren die Männer stark, jung und gesund, fanden sie bald eine Stelle. Obwohl sie jedoch jeden Tag zwölf, manchmal sogar sechzehn Stunden hart arbeiteten, reichte der Lohn kaum zu einem anständigen Leben. Die Wohnungen waren knapp und teuer. Wenn ein Arzt geholt werden mußte, kostete das viel Geld. Wurde gar der Vater krank, dann verlor er seine Arbeit, und die Not klopfte bald an die Tür. Für alle Arbeiter, ob Deutsche, ob Ausländer, war das damals eine harte Zeit.
Die Familie Petrivalli, vor drei Jahren aus Bari in Süditalien gekommen, traf es besonders hart. An einem stürmischen Novembermorgen hatte sich Nanni Petrivalli die Schirmmütze tief ins Gesicht gezogen, die Ledertasche mit dem Butterbrot und dem Mittagessen im Blechtopf fest unter den Arm geklemmt und war auf dem Weg zur Eisenhütte. Seine Kinder, drei Mädchen, die älteste gerade zehn, schliefen noch. Anna Petrivalli

setzte eben den Wasserkessel auf das Feuer und bereitete das Frühstück, da trug man ihren Mann, blutüberströmt und ohne Besinnung, nach Hause. Der Sturm hatte einen Dachziegel losgerissen, der den Nanni Petrivalli an der Schläfe getroffen hatte. Vierzehn Tage mußte er im Krankenhaus liegen. Zwar heilte die Wunde schnell, aber Nanni blieb sonderlich, sprach nur in halben, fast unverständlichen Sätzen und schien, wie die Leute sagten, den Verstand verloren zu haben. Die Krankenhauskosten fraßen all das auf, was die Petrivallis in den Jahren zuvor in den Sparstrumpf gesteckt hatten. Es war wenig genug gewesen.

Zwar bekam Anna Petrivalli verschiedene Stellen als Waschfrau, doch reichten die paar Mark dafür vorn und hinten nicht.

»Wenn ich doch wenigstens so viel Geld zusammenkratzen könnte, daß es für die Fahrt nach Hause reichte!« sagte sie zu ihrer Nachbarin, die auf der anderen Seite der schmalen Straße aus dem Fenster schaute.

»Meine Kinder brauchten dann nicht wie Wilde aufzuwachsen, und Nanni könnte in der Sonne auf den Treppenstufen vor dem Hause sitzen oder vielleicht dem Kuhhirten in den Bergen zur Hand gehen. Auf Tiere hat er sich nämlich immer gut verstanden.«

»Wo bist du denn zu Hause, Anna?« fragte die Nachbarin.

»In Bari«, sagte Anna Petrivalli. Und sie schwärmte von der schönen Stadt am weiten Mittelmeer, von dem klaren, blauen Himmel und von den Menschen, die ihre Muttersprache redeten.

»Bari«, sagte sie, »Bari ist berühmt.«

»Davon habe ich noch nie etwas gehört. Den Namen der Stadt kenne ich überhaupt nicht«, lachte die Nachbarin spöttisch. »Wird wohl nicht weit her sein mit der Berühmtheit von dem Nest.«

»Hast du noch nie von Sankt Nikolaus gehört?« rief Anna entrüstet.

»Wieso? Sicher habe ich von Nikolaus gehört. Jedes Jahr feiern wir den Nikolausabend. Die Kinder freuen sich schon darauf.«

»Sankt Nikolaus ist in Bari begraben. Er ist der Schutzpatron der Stadt«, wußte Anna, und ihr kam die herrliche Grabkapelle in den Sinn und all das Gold und der weiße Marmor. Die Erinnerung machte sie traurig.

»So soll er dir doch helfen, dein heiliger Nikolaus«, lachte die Nachbarin und schloß ihr Fenster.

An diesem Tag hatte Anna Petrivalli ihren Waschtag bei Baumeyers. Dorthin ging sie recht gern. Zwar gab es für den langen Arbeitstag wie anderwärts auch nur drei Mark, aber Frau Baumeyer schenkte ihr dann und wann Kleider, die ihren Kindern zu klein geworden waren. Ab und zu ließ sie auch durch die Köchin für die Petrivallimädchen etwas zu essen mitgeben. Den Baumeyers tat das nicht weh, denn ihnen gehörte die große Brauerei am Ort. Anna Petrivalli aber konnte jede Hilfe gut gebrauchen.

An diesem Nachmittag nun rieb Anna die Wäsche und sang mit ihrer tiefen Altstimme. Immer, wenn das Heimweh über sie kam, begann sie zu singen, traurige italienische Lieder, halblaut in die Dämpfe und Dünste hineingesummt, manchmal aber auch laut und klagend gegen die nassen Wände geschrien. Klaus Baumeyer, ein kleiner, blasser Junge von etwa zehn Jahren, schlich sich dann jedesmal zum Gärtnerhaus bis an die Hoftreppe, deren Luken am Waschtag weit geöffnet waren, damit die Schwaden heißen Dampfes aus dem Waschkeller abziehen konnten. Der Junge stand unbeweglich und lauschte hingerissen den Klängen, bis Anna der Atem zum Singen ausging oder aber seine Mutter ihn ins Haus zog.

»Bist ein guter Junge«, sagte Anna, wenn die nebelgeschwängerte Luft durch einen Windstoß für einen Augenblick aus dem Keller hinausgeweht wurde und sie den Kleinen an der Treppe stehen sah.

Auch an diesem Tag erblickte Frau Baumeyer den Jungen an der Kellertreppe und wollte ihn ins Haus zurückholen. Zwar hatte er sich den Mantel angezogen, den blauen Wollschal zweimal um den Hals geschlungen und seine Zipfelmütze weit über die Ohren gezogen, aber die ersten Dezembertage waren naß und kalt, und Frau Baumeyer fürchtete, daß ihr Herzblatt sich an dem zugigen Kellereingang einen Schnupfen holen könnte.

Sie lief durch den Garten auf den Keller des Gärtnerhauses zu, als plötzlich der ruppige Wind einen Schwall von Schneeregen vom Himmel fegte. Mit ihrem Kind Klaus suchte sie Unterschlupf in dem Waschkeller. Anna Petrivalli hatte nichts gehört und nichts gesehen. Die Wäsche kochte im großen Waschkessel, das Wasser brodelte und zischte, und der Blechdeckel klapperte. Aber all diese Geräusche übertönte Anna und sang laut ihr Lied gegen die Wände, und stets endeten die kurzen Strophen mit dem Schrei: »Sant Nicola! Sant Nicola!«

Das klang in dem niedrigen Keller so gewalttätig, daß Klaus es mit der Angst bekam und sich an seine Mutter klammerte.

»Guten Tag, Frau Petrivalli«, sagte Frau Baumeyer. Der Gesang brach ab. Anna war zusammengefahren. Sie wollte sich entschuldigen.

»Sie brauchen sich nicht zu entschuldigen«, beruhigte sie Frau Baumeyer.

»Was war denn das für ein trauriges Lied, das Sie eben gesungen haben?«

Anna Petrivalli, die Waschfrau, und Viola Baumeyer, die Gattin des Brauereibesitzers, kamen zum ersten Male in ein längeres Gespräch. Anna erzählte von ihrem Nanni und seinem Unglück, von ihren Sorgen, von Bari und dem Sankt Nikolaus, den sie um Hilfe angerufen habe; denn sie wisse nicht aus noch ein.

Frau Baumeyer sagte kaum ein Wort. Sie war erschüttert von dem Schicksal der Frau, die nun schon über ein Jahr lang jede Woche einmal bei ihr die Wäsche wusch und von der sie bislang nichts gewußt hatte, außer daß sie ein paar kleine Kinder hatte und eine ungewöhnlich tiefe Altstimme besaß. Der Schneeschauer war längst vorübergezogen, als Frau Baumeyer die Waschfrau verließ, ihr Herzblatt an die Hand nahm und sich verabschiedete.

»Anna, ich weiß nicht, ob Ihnen der Nikolaus helfen wird. Aber ich werde mir überlegen, was wir selber für Sie tun können.«

Anna ging an dem Abend wie auf Wolken nach Hause. Sie hatte die üblichen drei Mark in der Tasche und den Topf mit heißer Suppe, den die Köchin ihr gegeben hatte, sorgsam in eine Decke gehüllt. Aber nicht wegen der Suppe für ihre Kinder war Anna fröhlich. Vielmehr hatte der letzte Satz von Frau Baumeyer übertriebene Hoffnungen in ihr geweckt.

»Ich werde überlegen, ich werde überlegen«, summte Anna vor sich hin. Kein Mensch hätte ihren leichten Schritten einen zehnstündigen Waschtag angemerkt.

Aber die Tage vergingen, und sie hörte nichts, was aus den Überlegungen geworden war.

Vielleicht hätte Frau Baumeyer bei all ihren vorweihnachtlichen Verpflichtungen die Waschfrau vergessen, denn schließlich war Anna nicht der einzige Mensch im Elend. Aber ihr Herzblatt, der kleine Klaus, hörte nicht auf, nach all dem zu fragen, was er im Waschkeller gehört hatte.

So kam der 5. Dezember heran. Die Baumeyers hatten an diesem Tag, solange sie denken konnten, stets ihre Verwandten eingeladen. Die Küppers kamen, die die großen Mühlenwerke besaßen, und auch die Daniels, denen zwölf mächtige Rheinschiffe gehörten. Selbst die Großeltern scheuten nicht die weite Fahrt, um den Nikolausabend mit ihren Kindern und Enkeln verbringen zu können. Höhepunkt des Festes war der Besuch des heiligen Nikolaus, der, in prächtige Bischofsgewänder gehüllt, Geschenke aus einem Sack zog und sich von jedem Kind einen Spruch aufsagen ließ. Wie in den letzten Jahren auch spielte Onkel Küppers den heiligen Mann, weil er die schönste Baßstimme besaß. Alles lief seinen gewohnten Gang, bis der Name von Klaus aus dem großen Buch vorgelesen wurde.

Statt seinen Spruch vorzutragen, stellte Klaus – und das war noch niemals zuvor bei Baumeyers vorgekommen – dem heiligen Nikolaus eine Frage.

»Kennst du die Petrivallis?« Der Junge hatte eine vor Erregung heisere Stimme.

Dem Heiligen flog ein etwas ratloser Ausdruck ins Gesicht, doch der mächtige, weißgelockte Bart deckte die größte Verlegenheit zu. »Die Petrivallis?« fragte er unsicher.

»Ja. Die kommen doch aus Bari, wo dein Grab ist. Du mußt sie doch kennen.«

Frau Baumeyer wollte dem bedrängten Heiligen zu Hilfe eilen und sagte: »Der heilige Nikolaus, Herzblatt, kommt in alle Familien, in denen Kinder sind.«

Aber damit gab sich Klaus keineswegs zufrieden. Der heilige Nikolaus hatte sich inzwischen gefaßt und blätterte in seinem Buch.

»Ja, Junge, selbstverständlich kenne ich die Petrivallis aus meiner Stadt Bari. Aber ich finde ihre Namen nicht so schnell in meinem dicken Buch. Vielleicht kannst du mir berichten, was ich von ihnen wissen sollte. Haben dich die Petrivallikinder beschimpft oder geschlagen?«

»Nein, nein!« widersprach der Junge heftig. Und dann erzählte er das nach, was er in der Waschküche gehört hatte, ja, manchmal verwendete er sogar Annas etwas kuriöses Deutsch.

Es war längst totenstill unter den Zuhörern in dem festlich geschmückten Raum geworden, als der Junge endlich verstummte.

»Ich will dir auch eine Geschichte erzählen«, antwortete ihm der heilige
Nikolaus. »Als ich noch der Bischof in Myra war, da lebten in einer Hütte
am Stadtrand drei Mädchen arm und allein. Ich erfuhr davon, sammelte
bei meinen Bekannten Geld und ging eines Nachts vor das kleine Haus.
Die Mädchen hatten ihre Strümpfe gewaschen und zum Trocknen auf
eine kurze Leine ins Fenster gehängt. Ich steckte in jeden Strumpf
Goldstücke. Das Geld haben die Mädchen gut genützt. Sie haben in der
Stadt einen kleinen Handel begonnen. Davon konnten sie leben. So
kommt es, daß auch heute noch die Kinder am Nikolausabend ihre
Strümpfe aufhängen oder ihren Schuh vor die Tür stellen, weil sie hoffen,
daß der Nikolaus ihnen etwas hineinsteckt.«
»Aber wie willst du den Petrivallis helfen?« fragte der Junge.
»Ich?« antwortete der Nikolaus. »Heißt du denn nicht auch Nikolaus?
Und habe ich euch nicht oft genug vorgemacht, wie man helfen kann?«
Kaum hatte der heilige Nikolaus die Familie Baumeyer verlassen, da
holte der Junge aus seinem Zimmer die weiße Porzellansparbüchse und
zertrümmerte sie vor den Augen der Verwandten mit einem einzigen
Hammerschlag.
Großvater und Großmutter, Tante Küppers und Onkel Daniel, selbst Herr
Baumeyer und seine Frau legten von ihrem Geld dazu, und es blinkte
manches Goldstück auf dem Tisch. Inzwischen kam Onkel Küppers
wieder in das Zimmer zurück. Er saß still und nachdenklich im Kreise der
Verwandten.
Als die Kinder ins Bett geschickt worden waren und Herr Baumeyer Wein
eines guten Jahrgangs aus dem Keller holen ließ, neckte der Großvater
seinen Schwiegersohn und sagte: »Da hat dich der kleine Klaus wohl
mächtig ins Schwitzen gebracht, wie?«
Unerwartet heftig antwortete Herr Küppers: »Der Klaus hat uns allen
einen Spiegel vorgehalten. Er hat den Petrivallis geholfen. Die Familie
wird nach Bari zurückfahren können, und es wird von dem Geld vermutlich so viel übrigbleiben, daß Frau Petrivalli in ihrer Heimat einen guten
Start hat. Aber es gibt viele Petrivallis. Viel zu viele. Und wir alle müßten
uns fragen, ob das so bleiben darf.«
Es gab bis in die Nacht hinein lange, hitzige Gespräche über ein Thema,

das bei Baumeyers bisher stets totgeschwiegen worden war, Gespräche über Hunger und Not, Armut und Gerechtigkeit.

Es wird erzählt, daß in dieser Nacht ein kleiner Erdstoß die Stadt Bari erzittern ließ. Es bebte die Erde gerade so viel, daß die Leute sagten: »Sant Nicola hat sich in seinem Grab gerührt.« – Vor Freude, versteht sich.

6. Dezember
Nikolaus

Die Legende von Nikolaus und Jonas mit der Taube

Schon viele Monate brannte die Sonne Tag für Tag auf die Erde. Das Gras färbte sich braun und raschelte dürr im Wind. Auf den Feldern verdorrte das Korn. Selbst an den großen Bäumen begann das Laub zu welken. Keine Wolke zeigte sich am Himmel. Es wollte und wollte nicht regnen. Die Wasserstellen waren längst ausgetrocknet. Nur die tiefsten Brunnen spendeten noch Wasser. Die Frauen schöpften daraus. In Krügen trugen sie das kostbare Wasser auf ihren Köpfen heim. Die Tiere fanden nicht ein grünes Kraut. Auch die Menschen litten Hunger. Über das ganze Land verbreitete sich eine Hungersnot.
In der Stadt Myra waren die Vorratskammern längst leer. Selbst für viel Geld gab es keinen Bissen mehr zu kaufen. Die Kinder weinten und schrien nach Brot. Doch die Mütter konnten ihnen nicht einmal eine harte Kruste geben. Die Ratten liefen bereits am hellen Tag durch die Straßen und suchten in den Gossen nach Nahrung. Sie fanden nichts.
Da näherten sich eines Tages drei Schiffe dem Hafen am Meer. Sie kamen aus der fernen Stadt Alexandria. Schwer beladen waren sie und lagen tief im Wasser. Sie wollten Korn in die Kaiserstadt Konstantinopel bringen.

Nikolaus war zu dieser Zeit Bischof in der Stadt Myra. An dem Tag, als die Schiffe auf den Hafen zusteuerten, machte er sich auf den Weg. Er wollte einen Kranken besuchen.

Unterwegs bemerkte er einen Jungen, der die Straße zum Hafen hinablief. Trotz aller Eile barg er behutsam eine blaue Taube an seiner Brust.

»Wer bist du?« fragte der Bischof den Jungen und schritt neben ihm her.

»Ich bin Jonas mit der Taube.«

»Deine Taube ist ein schöner Vogel«, sagte der Bischof.

»Sie ist müde und matt«, klagte der Junge. »Vorgestern gab ich ihr das letzte Maiskorn, das ich hatte. Seit gestern rührt sie keinen Flügel mehr.«

»Und wohin willst du so eilig?« fragte der Bischof.

Da antwortete der Junge: »Ich will zum Hafen, Herr Bischof. Da sollen drei Schiffe festgemacht haben.«

»Drei Schiffe?« Der Bischof staunte. »Was wollen denn Schiffe in unserem Hafen? Bei uns gibt es nichts mehr, was sie einladen könnten.«

»Die Schiffe sind voll beladen«, sagte der Junge. »Kornschiffe sind es. Sie kommen aus Alexandria und wollen nach Konstantinopel weitersegeln.«

Da nahm Nikolaus den Jungen bei der Hand und ging mit ihm zum Hafen. Schiffe, mit Korn hoch beladen, das konnte die Rettung für die Menschen in Myra bedeuten. Aus Korn kann man Mehl mahlen. Aus Mehl wird Brot. Brot stillt den Hunger. Korn bedeutete das Ende der Hungersnot. Niemand mußte mehr am Hunger sterben. Brot, das war Hoffnung in Todesnot.

Auf dem freien Platz vor dem Hafen drängten sich viele Menschen. Sie waren herbeigeeilt, weil sie die Kornschiffe sehen wollten. Jeder hoffte, daß er Korn kaufen könnte.

»Ich werde Korn für meine Taube bekommen«, sagte der Junge. Weil sein Magen vor Hunger knurrte, fügte er hinzu: »Und auch für mich möchte ich Korn haben.«

Doch es war kein Jubel zu hören. Niemand stieß einen Freudenschrei aus. Stumm standen die Menschen und starrten auf die Schiffe. An der Bordwand der Lastschiffe hatten sich die Matrosen versammelt. Sie trugen Lanzen in den Händen. Drohend richteten sie die Spitzen ihrer Waffen gegen die Menge. Jonas mit der Taube hielt die Hand des Bischofs ganz fest. Er hatte Angst vor den finsteren Gesichtern der Matrosen.

Nikolaus drängte sich bis zur Hafenmauer vor. »Wo ist der oberste Kapitän dieser Schiffe?« rief er. »Ich möchte mit ihm sprechen.«

»Ich bin der oberste Kapitän«, antwortete ein großer, schwarzbärtiger Mann.

»Kann ich zu dir auf das Schiff kommen?« fragte der Bischof.

»Komm auf das Schiff, aber komm allein!« sagte der Kapitän.

Zwei Matrosen schoben ein schmales Brett vom Schiff bis auf die Ufermauer. Nikolaus ließ die Hand des Jungen los und schritt über den schwankenden Steg. Die Planke wippte.

Dem Bischof wurde ein wenig schwindelig. Da lief Jonas mit der Taube ihm leichtfüßig nach, ergriff wieder seine Hand und führte den Mann sicher hinüber. Beide gelangten heil an Bord des Schiffes.

»Was willst du von mir?« fragte der Kapitän.

»Du siehst, Kapitän, die Leute in Myra leiden großen Hunger. Nirgendwo in der ganzen Gegend kann man Brot kaufen. Deine Schiffe sind bis an den Rand mit Korn gefüllt. Verkaufe den Leuten einen Teil deiner Ladung.«

»Das darf ich nicht«, antwortete der Kapitän. »In Alexandria ist die Ladung genau gewogen worden. Kein Korn zuviel, kein Korn zuwenig. Du weißt selber, was mit einem Kapitän geschieht, der seine Ladung nicht bis auf das letzte Pfund in Konstantinopel abliefert. Der Kaiser läßt ihm den Kopf abschlagen.«

»Aber die Leute müssen sterben, wenn du ihnen nicht hilfst«, sagte der Bischof.

Einen Augenblick lang dachte der Kapitän nach. Dann aber schüttelte er den Kopf und sagte: »Mein Hals ist mir näher als euer Hunger. Wenn ich zwei Köpfe besäße, dann würde ich einen wohl wagen, um euch aus der Not zu helfen.«

»Hat nicht der Heiland mit fünf Broten die große Volksmenge satt gemacht? Sind nicht damals zwölf Körbe voll Brot übriggeblieben?« fragte der Bischof. »Hilf uns, und kein Körnchen wird an deiner Ladung fehlen.«

»Ich kenne die Jesusgeschichte sehr gut«, sagte der Kapitän. »Wenn das stimmt, daß mir kein einziges Korn fehlen wird, dann will ich dir helfen.«

Der Kapitän zog ein Stück Kreide aus der Tasche. Er kletterte an der Strickleiter bis zum Wasser hinunter. Genau dort, wo das Wasser die Schiffsplanken berührte, machte er einen Kreidestrich an die Bordwand.

Neugierig beugte sich Jonas mit der Taube über die Reling und schaute ihm zu.

»Wir werden es sehen«, sagte der Kapitän listig. »Ihr könnt von dem Korn nehmen, soviel ihr wollt. Doch ihr tragt es nicht weg, sondern schüttet es auf das Pflaster des freien Hafenplatzes. Wenn die Ladung leichter wird, hebt sich mein Schiff ein wenig aus dem Wasser. Der Kreidestrich steigt dann höher hinauf. Wenn das geschieht, müßt ihr das ganze Korn wieder einladen. Ihr gebt euch dann zufrieden.«

Nikolaus nickte.

»Stimmt aber dein Wort«, fuhr der Kapitän fort, »dann steigt das Schiff kein Stückchen, und der Kreidestrich wird genau in der Höhe des Wasserspiegels bleiben. Die Ladung wird, wie du gesagt hast, nicht leichter. In diesem Falle könnt ihr das Korn behalten, das ausgeladen wurde.«

Die Matrosen lachten. Sie kannten ja das Ergebnis schon im voraus.

»Warum lachst du?« fragte Jonas mit der Taube den alten Matrosen, der neben ihm stand.

»Hat je ein Mensch erlebt, daß ein Schiff sich nicht aus dem Wasser hebt, wenn es ausgeladen wird?« antwortete der Matrose.

»Bischof Nikolaus lügt nicht, wart es nur ab«, sagte Jonas mit der Taube. Da streichelte der alte Matrose mit seinen rauhen Händen ganz zart das Kopfgefieder der Taube, bückte sich, griff eine Handvoll von den Körnern und steckte sie dem Jungen in die Tasche. »Da«, sagte er, »damit du nicht ganz vergebens geglaubt hast.«

Einige Männer aus Myra durften über die Planke gehen und das Schiff betreten. Sie luden das Korn in Säcke, hoben die Last auf ihre Schultern und schleppten sie an Land. Dort schütteten sie die goldenen Körner auf das glatte Steinpflaster. Allmählich wuchs der Körnerhaufen zu einem kleinen Hügel.

»Schluß jetzt!« rief der Kapitän. »Wir wollen sehen.«

Alle Männer aus Myra mußten das Schiff verlassen. Der Kapitän beugte sich über die Bordwand und schaute nach dem Kreidestrich.

Er traute seinen Augen nicht und kletterte die Leiter hinunter. Der Kreidestrich und der Wasserspiegel standen immer noch auf gleicher Höhe. Ungläubig starrte er auf die schwarzen Planken. Doch es gab keinen Zweifel, das Schiff war nicht leichter geworden.

Vielleicht ist es noch nicht genug, dachte er und befahl: »Weiter! Nehmt mehr von dem Korn!«

»Siehst du?« sagte Jonas mit der Taube zu dem alten Matrosen. Dann hockte er sich auf die Planken des Schiffes nieder. Er hatte für sich selbst noch keinen Bissen von dem Korn genommen. Seine Taube aber pickte Korn um Korn aus seiner hohlen Hand.

Viele Säcke leerten die Männer aus. Der Berg von Korn wurde schließlich so hoch, daß kein Mensch darüber hinwegschauen konnte. Der Kapitän aber wandte kein Auge von dem Kreidestrich. Doch dieser stieg nicht einen Fingerbreit aus dem Wasser. Das Schiff wurde nicht leichter.

Auch die Matrosen sahen es jetzt: Im Schiffsbauch wurde das Korn nicht weniger, soviel die Männer auch aus dem Laderaum herausschleppten.

»Genug, ihr Männer!« sagte schließlich der Bischof. »Das Korn reicht aus. Wir haben genug zu essen bis zur nächsten Ernte. Und für die neue Saat wird das Korn auch reichen. Die Hungersnot hat ein Ende.«

Da fielen alle, die dabeigewesen waren, auf die Knie nieder. Sie lobten und dankten Gott. Die einen dachten dabei an das Wunder, das sie mit eigenen Augen gesehen hatten, und die anderen dachten an die Hungersnot, aus der sie so wunderbar errettet worden waren.

Die Matrosen aber legten ihre Lanzen nieder und verließen die Schiffe. Die Menschen von Myra reichten ihnen die Hände. Sie waren glücklich und jubelten Bischof Nikolaus zu. Der bestimmte Männer, die von dem Korn an die Leute austeilten. Jonas mit der Taube ritt hoch auf den Schultern des alten Matrosen vom Schiff hinab auf den Platz am Hafen.

»Er hat es von Anfang an geglaubt«, rief der alte Matrose laut über den Platz. Später segelten die drei Schiffe wieder davon, der fernen Stadt Konstantinopel zu. Die Taube aber regte ihre Flügel, hob sich hoch in die Luft und begleitete die Schiffe ein Stück auf das Meer hinaus. Dann erst kehrte sie zu dem Jungen zurück.

Wer diese Legende kennt, der weiß, warum die Armen und Hungernden den heiligen Nikolaus besonders verehren. Auch heute noch singen die Kinder:

>»Nikolaus, komm in unser Haus,
>pack die große Tasche aus.«

7. Dezember

Die Legende vom steinharten Herzen

Ein junger Mann richtete all sein Sinnen und all sein Streben darauf, reich zu werden. Vom frühen Morgen bis in die Nacht hinein ging er diesem Ziel nach, lernte und arbeitete und hatte keine Zeit für fröhliche Spiele, für Lieder und richtige Freunde. Auch das Reden mit Gott und das Leben in der Gemeinde sah er als nutzlos vergeudete Zeit an, wenn er dabei nicht ein Geschäft im Auge hatte. Dennoch kam er auf seinem Weg längst nicht so schnell voran, wie er es sich erträumt hatte.

Eines Tages kam er mit dem Kunden Hinkefuß ins Gespräch, von dem die Leute in der ganzen Gegend sagten, er sei ein Satan und habe schon vielen Menschen Böses getan, ja nicht wenige habe er völlig zugrunde gerichtet. Er traf ihn am Heckenweg vor der Stadt. Dieser Kunde Hinkefuß fragte den jungen Mann, ob er nicht schnell und ohne große Mühe Geld scheffeln und reich werden wolle.

Genau das wollte der junge Mann sehr gern.

»Du mußt mir allerdings dein Herz ganz und gar übergeben«, sagte Hinkefuß.

»Wer kann denn ohne Herz leben?« fragte der junge Mann zurück.

»Ich gebe dir ein neues Herz, ein Herz von Stein!«

»Ein Herz von Stein?« Dem jungen Mann wurde es unheimlich.

»Wer schnell und ohne große Mühe reich werden will, der kommt ohne ein solches Herz nicht ans goldene Ziel«, sagte der, den sie »Satan« nannten, und es sprach aus seinen Worten eine große Erfahrung.

Da willigte der junge Mann ein. Er spürte, wie es sich in seiner Brust verhärtete.

Tatsächlich gelang ihm vieles, was er früher nicht vermocht hatte. Aus dem jungen Mann wurde allmählich ein gerissener Kaufmann. Ihn rührten jetzt nicht mehr die Tränen und Sorgen der Menschen, denen er Geld geliehen hatte und die es ihm nicht pünktlich zurückzahlen konnten. Erbarmungslos ließ er ihr Hab und Gut verkaufen, um mit Zins und Wucherzins zu seinem Geld zu kommen. Eiskalt ließ er jene von seiner Türe wegtreiben, die ihn um Brot baten oder etwas verkaufen wollten. Ohne Gewissensbisse betrog er, wo immer das möglich war, trieb die Preise in die Höhe und zahlte Hungerlöhne. Die Arbeiter, die er beschäftigte, waren für ihn nur Maschinen, von denen er Gewinn erwartete. Daß sie Menschen blieben, Wünsche und Träume hatten, für ihre Familien sorgen mußten, das alles scherte ihn nicht. Wurde einer von ihnen alt oder krank, schickte er ihn unbarmherzig fort.

Als der Kaufmann heiratete, war er schon unermeßlich reich. Dennoch sah er darauf, daß er eine reiche Frau bekam.

Die Jahre vergingen. Der Rücken des Kaufmanns beugte sich allmählich, seine Augen wurden schwächer, er verlor einen Zahn nach dem anderen. Gelegentlich ertappte er sich dabei, wie er hinter seinem prächtigen Schreibtisch saß und ins Nachdenken kam. Dann konnte es sogar geschehen, daß er überhörte, wenn sein erster Verwalter zu ihm hereintrat.

»Er wird allmählich alt«, spotteten seine Sekretärinnen hinter der vorgehaltenen Hand. Ich bin ein einsamer Mann, dachte der Kaufmann in solchen Stunden. Niemand will etwas mit mir zu tun haben. Ich habe keine Freunde.

Das Herz von Stein lag ihm an solchen Tagen kalt und schwer in der Brust. Er erkannte, daß für alles Geld in der Welt richtige Freundschaft nicht zu kaufen ist und Liebe erst recht keinen Preis hat, ja daß nicht einmal herzliche Zuneigung durch Gold aufgewogen werden kann.

Wenn ihn solche Gedanken überfielen, verließ er gelegentlich sein Büro und spazierte vor der Stadt durch Wiese und Feld, ohne an Gewinn und Geschäft zu denken, und das war seit seinen Kindertagen nicht mehr vorgekommen. Aber das zarte Sommergrün erfreute ihn nicht, und die weite Landschaft und das Singen der Vögel waren ihm kein Trost.

Auf einem solchen Wege begegnete ihm eines Tages am Heckenweg vor den Mauern, ungefähr an der Stelle, an der der Hinkefuß ihm das Herz von Stein gegeben hatte, der Bischof der Stadt: Nikolaus.

»Na«, sprach Nikolaus den reichen Mann an, »haben die Geschäfte Ihnen Zeit gelassen für einen Spaziergang?«

Der Reiche blieb stehen. Er kannte den Bischof, den er gelegentlich gesehen hatte, und sagte: »Ich bin den Geschäften davongelaufen.«

Sie gingen ein Stück miteinander. Da erzählte der Reiche dem Bischof von seinen Sorgen und schloß mit den Worten: »Geld und Gold haben mich einsam gemacht. Das Glück, dem ich nachjagte, habe ich in meinen Schatzkammern nicht gefunden. Ich wüßte mir keinen Freund, und sogar meine Kinder lieben das Geld mehr als mich, und ich nehme an, sie können meinen Tod kaum erwarten, weil sie bald alles erben wollen, was ich besitze.«

»Eine schwere Krankheit läßt sich nicht heilen ohne bittere Medizin«, sagte der Bischof.

»Ich würde jede Medizin schlucken, und wenn sie mir helfen könnte, dann sollte mir selbst die bittere Galle so süß wie Honig schmecken. Was, meint Ihr, Bischof Nikolaus, könnte mir helfen?«

»Auch ein Herz von Stein kann schmelzen«, antwortete der Bischof. »Jeder dankbare Händedruck eines Armen, dem Sie mit Ihrem Geld aus der Not helfen, jedes warme Gefühl, das einen Hungernden erfüllt, wenn Sie ihm reich zu essen gegeben haben, jede heiße Freude eines Kindes, das Sie beschenken, das feurige Fieber eines Kranken, das entweicht, weil durch Ihr Geld ein kundiger Arzt und gute Arzneien bezahlt werden können, das alles ist Glut, die ein Herz von Stein schmelzen kann. Kurz, geben Sie das, was Sie zusammengescharrt haben, besonnen und mit vollen Händen den Armen. Das ist die Medizin, die Ihnen helfen kann.«

Der reiche Alte begann, diese Medizin zu schlucken. Erst schien sich sein Herz im Leib umzudrehen, wenn er dahingab, was er so lange zusammengerafft hatte. Doch allmählich fiel es ihm immer leichter, die Armut aufzuspüren und ihr abzuhelfen.

Ihn, dem bislang Neid, Mißgunst, Verwünschungen und Wut entgegengeschlagen waren, begann man nach einiger Zeit den »guten Mann von Myra« zu nennen. Schließlich hatte er den ganzen großen Reichtum verteilt und konnte niemand mehr mit Geld helfen. Niedergeschlagen wartete er darauf, daß man ihn wie einen ausgenommenen alten Narren beiseite schieben und verächtlich anschauen werde.

Aber das war keineswegs der Fall. Er blieb der »gute Mann von Myra«, und in jedem Haus, auch in der ärmsten Hütte, nahm man ihn freundlich auf, und jeder teilte mit ihm, was er besaß. Da spürte er ganz deutlich, daß sein Herz von Stein geschmolzen war.

Als er später gestorben war, trug der Bischof selber das Kreuz. Eine große Schar von Kindern, Armen und Bedrängten folgte dem Sarg bis ans Grab. Im Heckenweg vor der Stadt aber stand der Hinkefuß, knirschte mit den Zähnen und schüttelte wütend die Fäuste.

8. Dezember

Interview mit einer Holzfigur

Ich wußte so wenig von ihr. Deshalb sprach ich sie einfach an. Nur so. Wer hätte schon denken können, daß sie tatsächlich antworten würde! Zumal sie schon fast 500 Jahre in einer Nische im Xantener Dom steht. Gleich bei der Anrede hatte ich erhebliche Schwierigkeiten. Sagt man zu Holzfiguren »Sie« oder »Du«?
»Hallo, Sie!« entschied ich mich. Aber kein freundliches Nicken. Kein Zeichen der Aufmunterung. Sie hockte da, still, lächelnd, eine Birne in ihrer Hand. Ich schätzte sie auf 50. Ein gutes Gesicht. Mütterlich, gesammelt. »Hallo, Sie! Wie kommen Sie denn in den Dom?« fragte ich. Unwillkürlich trat ich näher an die Figur heran und sprach ganz leise: »Sagten Sie etwas?«
»Ich hab's meiner Tochter zu verdanken.«
Ganz deutlich verstand ich sie. Sie sprach mit einem leichten Akzent. Offenbar war sie keine Deutsche.
»Ihrer Tochter?«
»Tja. Die kennen Sie ganz gut. Ist hier im Dom an die 200mal abgebildet. Fenster, Standbilder, Gemälde, Altäre.«
Ich wußte sofort, wer sie war. Es war die Mutter von Maria.
»Heißen Sie etwa . . .«

»Richtig. Anna heiße ich.«

Ich schwieg einen Augenblick ratlos. Was weiß man schon von Anna?
Sie half mir verständnisvoll über die Verlegenheit hinweg.

»Fragen Sie nur«, ermunterte sie mich.

»Ich weiß gar nicht, wo ich anfangen soll«, gestand ich. »Vielleicht wie
das damals war, als Sie Ihr Kind erwarteten.«

»Da war alles gut. Endlich. Nach 20 Ehejahren. Endlich erwartete ich ein
Kind. Wissen Sie, das war früher in Israel anders als heute bei Ihnen.
Wenn da eine Frau kein Kind bekam, dann war das schlimm für die ganze
Familie.«

»Wieso?«

»Nun, die Menschen glaubten, daß Gott seine Hand von solchen Familien
weggezogen hatte. Die Nachbarinnen tuschelten, lachten hämisch. Gelegentlich wurde man auch scheinheilig angesprochen: Immer noch nichts,
Anna?«

»Das ist ungefähr so, als wenn heute eine Familie viele Kinder hat.«

»Wie meinen Sie das?« fragte Anna erstaunt.

»Na ja, dann tuscheln auch die Nachbarn, lachen hämisch, wenn eine Frau
zum vierten oder fünften Mal schwanger ist, geben gute Ratschläge,
fragen: Ist es schon wieder soweit?«

»Wie sich die Zeiten ändern«, seufzte Anna. »Und dumm finde ich das
auch«, fügte sie ein wenig angriffslustig hinzu.

»Und wie war das bei Ihnen?« fragte ich.

»Bevor mein Kind Maria geboren war, gab es schlimme Tage für uns.
Einmal kam Joachim, mein Mann, vom Tempel zurück, ziemlich nieder-
geschlagen. Der Hohepriester hatte seine Opfergabe zurückgewiesen.
Weil er keine Kinder hatte. Und dabei hatte ich mir als Mädchen alles so
herrlich ausgedacht. Wir waren nämlich aus der Familie des Königs
David.«

»Was hat das denn zu bedeuten?«

»Na, hören Sie mal!« antwortete Anna ein bißchen entrüstet über mein
Unwissen. »Aus dem Hause Davids sollte doch der Messias geboren
werden, der Erlöser, der Heiland der Welt. So steht es in den Heiligen
Schriften.«

»Und da dachten Sie, vielleicht . . .«

»Genau. Aber nach 20 Jahren vergeblichen Wartens, was bleibt einem da
anderes übrig, als ein Wunder von Gott herabzuflehen. Und gebetet habe
ich um ein Kind, das kann ich Ihnen sagen. Jeden Tag, immer wieder.«

»Nach 20 Jahren dann? Wirklich, wie ein Wunder.«

»Wenn Sie erst die näheren Umstände hören! Joachim war auf einer Reise
und mußte durch die öde Wüste ziehen. Genau in dieser Zeit spürte ich
zum ersten Male: Da ist ein Kind in dir! Du erwartest ein Kind! Es war,
als ob es ganz hell würde in unserem Zimmer, ein so heller Schein, daß
ich fast geblendet war. Deutlich hörte ich die Worte: ›Ein Mädchen wirst
du bekommen, Anna, und alle Welt wird es verehren.‹ Es war wie eine
Stimme vom Himmel, ein Bote vielleicht, ein Engel.«

»Meinen Sie?«

»Ja. Ich machte mich auf, wollte meinem Mann mit der guten Nachricht
entgegengehen. Vor der Stadtmauer traf ich ihn, an der ›Goldenen Pforte‹,
durch die einst der Messias kommen wird. Denken Sie, er wußte schon
alles. Das Licht, die Stimme, die Worte, der Engel, alles genauso wie bei
mir zu Hause.«

»Das war sicher eine große Freude für Sie.«

»Eine Freude ist es noch heute. Diesen Tag feiern Sie ja in der Kirche
jedes Jahr am 8. Dezember.«

»So?« fragte ich unsicher.

»Na ja«, antwortete sie und lachte. »Hochfest der ohne Erbsünde emp-
fangenen Jungfrau und Gottesmutter Maria. Ein bißchen umständlich der
Name, nicht wahr?«

»Allerdings«, gab ich zu. »Aber gemeint ist doch . . .«

»Sicher«, antwortete sie, »gemeint ist, daß ich ein Kind erwartete, das
später, als es erwachsen war, den Messias auf die Welt bringen sollte. Ein
Kind, das nicht die Erbschuld Adams und der Väter mit sich tragen mußte,
Maria eben. Denn der Messias sollte von einer Mutter geboren werden,
die ein Mensch ohne den Einfluß des Bösen war, ganz jeder Schuldver-
strickung entrissen.«

»Ziemlich schwierig«, gestand ich.

»Mehr was für Theologen«, gab sie zu und zuckte ein wenig die Schultern.

»Und dann?«

»Es kam genau so, wie die Stimme es vorausgesagt hatte. Maria wuchs heran, verlobte sich schließlich mit Josef, dem Zimmermann, und dann die Geburt ihres Sohnes Jesus in Bethlehem im Stall. Na ja, das kennen Sie ja sicher.«

»Ja, die Geschichte ist mir bekannt.«

»Sonst noch was?«

»Eine Frage vielleicht noch. Die Birne?«

»Was für eine Birne?«

»Na, die Birne, die Sie da in der Hand tragen!«

Sie lachte. »Das hat sich der Bilderschnitzer gut ausgedacht, finde ich. Davon hatte ich immer geträumt: so viele Kinder, wie ein Birnbaum Früchte trägt.«

Ich mußte auch lachen. »Schade, daß man so wenig von Ihnen weiß«, sagte ich.

»Sie werden staunen, wie viele Besuche ich bekomme! Es kommen Mädchen, die wie ich Anna heißen, und manchmal auch Frauen, die spüren, wie wichtig Kinder in einer Familie sind, wie unendlich wichtig.«

Es schlenderte eine Gruppe Schaulustiger durch den Dom. Ich wollte sie noch tausend Dinge fragen. Aber sie verstummte. Die Leute schauten schon komisch. Da ging ich lieber. Im Weggehen hörte ich, wie der Domführer kurz auf »Mutter Anna« hinwies.

9. Dezember

Die Legende vom armen Kaufmann und vom alten Teppich

Herr und Frau Mühlen waren alt und grau geworden. Im Jahre zuvor noch hatte Herr Mühlen in seinem kleinen Laden gestanden und hatte Heringe und Salz und Mehl verkauft. Aber die Geschäfte gingen immer schlechter. Als der Laden dann geschlossen wurde, blieb ein Berg von Schulden zurück. Die Mühlens hatten fast alles verkaufen müssen, was sie besaßen, um die Schulden bezahlen zu können. Nun hockten sie in einer Zweizimmerwohnung und wußten kaum, wie sie das Essen und die Miete für die nächste Zeit aufbringen sollten.
»Bald ist Nikolaustag«, sagte Herr Mühlen. Auch seine Frau erinnerte sich: »Weißt du noch? Solange wir uns kennen, haben wir jedes Jahr am Nikolausabend die ganze Familie zusammengerufen, echte Bienenwachskerzen zur Ehre des Heiligen angezündet, die alten Lieder gesungen und die Kinder beschert.«
»Ja, ja«, spann Herr Mühlen den Faden weiter, »alle unsere sieben Enkel waren noch im letzten Jahr bei uns. Es war ein herrliches Fest.«
Sie weckten alte Geschichten wieder auf und erinnerten sich an die schöne Zeit der Nikolausfeste in den vergangenen Jahren, und für einen Abend war ihre Traurigkeit vertrieben.

»In diesem Jahr gibt es keine Kerzen, keinen Wein, keine Nikolausfeier und auch keine Geschenke für die Kinder«, sagte Frau Mühlen. »Zum ersten Mal seit über vierzig Jahren werden wir das Nikolausfest nicht feiern können.«

»Wir sollten vielleicht irgend etwas verkaufen«, schlug der Mann vor.

»Verkaufen? Wir besitzen doch fast nichts mehr. Die Möbel, die wir haben, stammen vom Müllplatz. Sogar die alte Uhr von meinem Vater haben wir hergegeben. Was willst du also verkaufen?«

»Den Teppich«, sagte er zaghaft.

Tatsächlich besaßen die Mühlens noch einen ziemlich großen orientalischen Teppich. Den hatte ihnen ein Onkel zu ihrer Hochzeit geschenkt.

»Wer wird denn für diesen alten Teppich noch etwas geben?« fragte die Frau. Sie hing sehr an dem alten Stück und hatte es während der ganzen Zeit ihrer langen Ehe sorgsam gepflegt. Aber dann fiel ihr ein, wie sehr sie beide das Nikolausfest vermissen würden, wie die Enkelkinder danach fragten, und dann dachte sie auch, daß der Heilige sich wundern könnte, wenn dieser Tag so sang- und klanglos vorüberginge.

»Von mir aus, versuch es«, willigte Frau Mühlen schließlich ein.

Am nächsten Morgen rollte ihr Mann den Teppich auf und trug ihn zum Trödelmarkt. Die Last wog nicht leicht, und Herr Mühlen war ziemlich außer Atem geraten, als er die Rolle schließlich auf den Boden gleiten ließ. Kaum hatte er den Teppich ausgerollt, da trat ein alter Mann mit einem langen, weißen Bart und klugen, hellen Augen zu ihm und sagte: »Wollen Sie den Teppich verkaufen?«

»Ja, das will ich«, antwortete Herr Mühlen.

Der Alte prüfte das Material zwischen den Fingern und sagte: »Das ist ein schönes, altes Stück. So etwas sollten Sie eigentlich nicht weggeben.«

»Wir brauchen das Geld. Unsere Enkel kommen am Nikolausabend zu uns. Dann wollen wir mit ihnen feiern, haben aber kein Geld.«

»So, so«, murmelte der Alte. Schließlich blickte er Herrn Mühlen an und meinte: »Was würden Sie sagen, wenn Ihnen jemand für diesen Teppich zehntausend Mark anbieten würde?«

»Das müßte ein Verrückter sein«, lachte Herr Mühlen. »Wir besitzen ihn schon über vierzig Jahre. Wer, außer einem Verrückten, gäbe für einen alten Teppich so viel Geld?«

»Ich«, antwortete der Alte. Ehe sich Herr Mühlen von seinem Staunen erholt hatte, fuhr er fort: »Ich betrüge nicht, und dies ist wirklich ein kostbarer alter Teppich aus Persien. So etwas wird heute selten angeboten. Ich verstehe mich auf Teppiche.«

So kam es zum Handel. Herr Mühlen mußte gleich mit in das Bankhaus am Flohmarkt. Der alte Mann holte dort zehn Tausendmarkscheine und gab sie Herrn Mühlen. Der hatte schon lange keinen braunen Riesenschein mehr in der Hand gehabt und stand verwirrt in der Schalterhalle. Der alte Mann schüttelte ihm die Hand und lud sich die Teppichrolle auf die Schulter. Das geschah so leicht, als wöge der Teppich kaum etwas oder als sei der alte Mann geübt darin, des öfteren eine schwere Last, etwa einen Sack, auf dem Rücken zu schleppen.

Herr Mühlen kaufte in den Läden rund um den Trödelmarkt gleich ein, was für das Nikolausfest gebraucht wurde: rotbackige Äpfel und dicke Apfelsinen, Nüsse und Plätzchen, Schokoladennikoläuse und einen guten Wein. Für die Enkel vergaß er die Geschenke nicht, und zur Feier des Nikolaustages erstand er eine ganz dicke, echte Bienenwachskerze. Spät kam er zu Hause an, beladen mit Päckchen, Tragetaschen und Tüten.

Frau Mühlen hatte lange auf ihren Mann gewartet und war im Laufe der Stunden sehr ärgerlich geworden. Kurz nachdem Herr Mühlen mit der Teppichrolle auf den Trödelmarkt gegangen war und sie gerade dachte, jetzt könnte er den Teppich ausgerollt haben, hatte es geschellt. Sie öffnete. Die Treppe herauf kam ein alter Mann mit einem langen, weißen Bart. Er schleppte einen aufgerollten Teppich, ihren Teppich, in die Wohnung, blickte sie mit hellen Augen an und sagte: »Ich wollte Ihnen nur den Teppich herauftragen und wünsche Ihnen ein schönes Nikolausfest.«

Ehe sie ihn noch weiter befragen konnte, stapfte er schon wieder die Treppe hinunter. Was sollte Frau Mühlen anders denken, als daß ihr Mann sich den Verkauf doch noch einmal überlegt hatte. – Vielleicht ist er ins Wirtshaus gegangen und will seinen Kummer ertränken, dachte sie bei sich. Sie nahm sich vor, ihn nicht besonders freundlich zu empfangen.

Und dann kam er, fröhlich und bepackt, und er staunte nicht schlecht, als er den Teppich wieder ausgerollt im Zimmer liegen sah. Vielleicht hat sich der alte Mann die Sache noch mal überlegt und will den Verkauf rückgängig machen, dachte er und war ein wenig ängstlich, weil einer der Tausendmarkscheine schon beträchtlich angeknabbert war. Aber einige Tage vergingen, und die Mühlens sahen und hörten nichts mehr von dem Alten.

So luden sie für den Nikolausabend ihre Kinder und Enkel wie eh und je zum fröhlichen Fest ein. Sie zündeten die dicke Nikolauskerze an und bescherten die Kinder.

Später erzählten die beiden alten Leute eifrig die seltsame Geschichte vom Teppich. Die Söhne und Töchter schämten sich ein wenig; denn sie hatten gar nicht gewußt, daß es bei ihren Eltern mit dem Geld so schlecht bestellt gewesen war.

Der kleine Enkel Ludwig, gerade vier Jahre alt, erkundigte sich genau nach dem alten Mann. »Er hatte wirklich einen langen, weißen Bart?« fragte er.

»Ja, der Bart war silbrigweiß und lang.«

»Und seine Augen blickten hell und freundlich?«

»Ja, er schaute uns freundlich an«, bestätigten beide Großeltern.

»Und ganz leicht trug er den schweren Teppich? Er war es gewohnt, eine schwere Last zu schleppen?«

»Ja, du Quälgeist, alles war so, wie ich es vorhin schon erzählt habe«, gab der Großvater lachend Auskunft.

»Ich weiß, wer der alte Mann war«, sagte der kleine Ludwig bestimmt. »Ich kenne ihn.«

»So?« fragte die Großmutter. »Du kennst ihn? Da sind wir aber alle sehr gespannt.«

»Es war«, verkündete der kleine Ludwig selbstsicher, »es war der heilige Nikolaus selber.«

Zuerst lachten alle laut. Je länger sie jedoch über die Worte nachdachten, desto merkwürdiger kam ihnen die Antwort des kleinen Jungen vor, und sie spürten in ihrem Herzen, daß wohl ein Körnchen Wahrheit darin verborgen lag.

10. Dezember

Begegnung in der Nacht

Die Fahrt ist beschwerlich. Die Scheinwerfer bohren ihre Strahlen in die Nachtschwärze. Der klapprige Renault stößt in die Schlaglöcher, springt über holpriges Kopfsteinpflaster, zerbricht das dünne Eis auf den Pfützen, und hoch spritzt das Wasser auf. Drei Stunden sitzt die schmale kleine Frau bereits hinter dem Steuer ihres abenteuerlich aussehenden Fahrzeugs. Wenn alles glatt verlaufen wäre, müßte sie schon bald am Ziel sein. Aber was läuft in diesen Zeiten schon glatt? Kaum hat sie Paris hinter sich gelassen, da kreuzt eine Kolonne Soldaten ihren Weg. Junge Burschen sind es zumeist. Ihre Uniformen zeigen noch die Kniffe langer Lagerung in den Magazinen.
Ein Offizier auf einer zierlichen Fuchsstute hat den Mantelkragen hochgeschlagen. Der Lichtpunkt seiner Zigarette glimmt immer wieder auf.
Die Fahrerin wartet eine Weile. Kreise tanzen ihr vor den Augen. Sie hat sich etwas zuviel zugemutet in den letzten Wochen. Doch sie nimmt diese Schwächeanfälle nicht ernst. Sie setzt ihren harten Willen gegen die Zartheit ihres Körpers. Aus ihrer Studentenzeit sind ihr die Symptome wohlbekannt. Damals, in ihrer Stube über den Dächern von Paris, hatte sie sich nicht die Zeit für vernünftige Mahlzeiten gegönnt. Über ihren Büchern war sie zusammengebrochen. Erst ein Machtwort ihres Schwa-

gers, eines Arztes, hatte sie dazu bewegen können, sich von ihrer Schwester wieder gesund pflegen zu lassen. Aber jetzt rührte ihre Schwäche nicht vom mangelnden Essen her. Die Arbeitslast, die sie sich aufgebürdet hat, ist ungeheuer.

Immer noch ist die Straße versperrt. Sie steigt schließlich aus und wendet sich an den Reiter: »Verzeihen Sie, Monsieur General, ich habe es sehr eilig.«

Monsieur General schaut über sie hinweg.

»Militär hat immer und stets Vorrang«, sagt er scharf.

Sie fingert nach ihrer Brieftasche, entfaltet eine Bescheinigung und reicht sie ihm hinauf. Er wirft einen flüchtigen Blick darauf, will sie schon gelangweilt zurückgeben, da stutzt er, hält den Briefbogen dicht vor die Augen, sieht auf die schmächtige Frau hernieder, springt mit einem Satz vom Pferd und sagt:

»Verzeihen Sie, Madame. Sie werden gleich freie Fahrt haben. Das konnte ich, Sie werden es verstehen, nicht ahnen.«

»Natürlich nicht, Monsieur General, wie sollten Sie auch!«

Sie steckt die Bescheinigung wieder in die Brieftasche zurück. Der Offizier reitet mitten in die Kolonne hinein. Der Zug stockt. Eine Lücke tut sich auf. Das schwerfällige Fahrzeug schiebt sich über die Straße. Die Fahrerin winkt zurück. Der Offizier legt respektvoll die Hand an die Mütze.

Die Straße wird schlechter, je weiter sie sich von Paris entfernt. Geschickt vermeidet sie die tiefen Schlaglöcher. Es schadet nichts, daß sie in der Mitte oder gar links fährt. Es ist einsam hier in der Nacht. Sie überläßt das Steuern ihren Händen, ihrem Gefühl. Ihre Gedanken schweifen bis in die Tage ihrer Kindheit zurück. Warschau. Ihr Elternhaus, ihre Schwestern Bronia und Hella. Die Schule. Die goldene Medaille. Ob die Lehrerin noch lebt, die so stolz war auf ihre tüchtige Schülerin? Wie mag es den Verwandten, den Bekannten gehen? Krieg. Überall ist Krieg. Im Westen, im Osten. Immer wieder weilen ihre Gedanken in Polen. Richtige Französin ist sie in all den Jahren nicht geworden. Sicher, mit eiserner Energie hat sie sich ein nahezu akzentfreies Französisch angewöhnt. Gewiß, Pierre, ihr Mann, war Franzose. Ihre Töchter werden Französinnen sein. Sie selbst schließlich, sie setzt sich ein für dieses Land mit all ihrer Kraft.

Und niemand schätzt wohl richtig ab, welche Kraft in diesem zarten Körper steckt. Sie hatte gut darüber nachgedacht, wie sie am wirkungsvollsten helfen konnte. Sie hatte eine Lücke entdeckt, eine Lücke, die wohl niemand besser füllen konnte als gerade sie. Es gibt kaum ein Feldlazarett, kaum ein Provinzkrankenhaus, dem ein Röntgengerät zur Verfügung steht. Andererseits gibt es wohl nie Zeiten, in denen ein Röntgengerät dringender gebraucht wird als in den Tagen des Krieges. Nichts zeigt das Röntgengerät so gut an wie Eisen im Fleisch, Splitter in der Lunge, Kugeln im Leib. Kurz entschlossen hatte sie einen Plan verwirklicht, der Abhilfe brachte. Sie trieb Autos auf, bettelte bei den vornehmen Damen der Pariser Gesellschaft um Kraftwagen, installierte darauf primitive Röntgeneinrichtungen, trieb mit dem Automotor einen Dynamo für den notwendigen Strom. Bereits zwanzig dieser fliegenden Röntgenstationen brachten wertvolle Hilfe dicht hinter den Fronten. Darüber hinaus hatte sie in vielen Krankenhäusern für feste Einrichtungen gesorgt. Doch sie ließ es nicht bei der Organisation bewenden. Oft genug machte sie sich mit ihrem Vehikel selbst auf die Fahrt. So auch in dieser Nacht. Sie will so schnell wie möglich nach Belgien. In einem Telegramm hat ein verzweifelter Arzt dringend um Beistand gebeten.

Plötzlich schreckt sie aus ihren Gedanken auf. Der Wagen ist ein wenig zur Seite gesackt, rasselt hart über die Straße. Reifenpanne. Sie kennt das, stoppt, greift zur Reparaturtasche, richtet die Karbidlampe her, steigt aus, stößt den Wagenheber unter den Rahmen. Mit dem Vierkantschlüssel öffnet sie die Hintertür des ungeschlachten kastenförmigen Aufbaus. Das rote Kreuz ist in der Dunkelheit kaum zu erkennen. Sie holt einen Ersatzreifen heraus. Gleich vier hat sie immer bei sich. Pannen sind an der Tagesordnung.

Mit energischen Bewegungen kurbelt sie den Wagen hoch, löst die Schrauben, wechselt das Rad. Fest zieht sie die Muttern wieder an. Ihre rauhen Hände zeigen, daß sie Arbeit gewöhnt ist.

»Guten Abend, Madame!«

Sie fährt herum. Über all ihrer Arbeit hat sie den Mann nicht gehört, der herangekommen ist. Ein Soldat. Sein Arm liegt in einer Binde. Eingekrustetes Blut vertreibt jede Illusion von Hygiene.

»Oder soll ich lieber sagen ›Guten Morgen, Madame‹? Wer weiß schon das richtige Wort um diese Zeit.«

»Was gibt's?« fragt sie.

»Ich gehe Ihnen ein wenig zur Hand«, bietet er sich an. Ohne auf ihre Zustimmung zu warten, trägt er den platten Reifen in den Wagen, kurbelt geschickt mit der unverletzten Hand den Wagenheber herunter. Sie läßt es geschehen. Im weißen Licht der Karbidlampe sieht sie sein junges Gesicht. Eine scharfe Falte um den Mund läßt ahnen, daß ihn der verwundete Arm schmerzt, mehr schmerzt, als er zugeben will.

»Was ist los mit Ihnen?« fragt sie schließlich.

»Nichts Besonderes«, antwortet er leichthin.

Aber sie läßt nicht locker. »Was ist mit Ihrem Arm?«

»Ein Splitter von einem Schrapnell ist eingedrungen, Madame. Vor vier Stunden etwa. Aber ich spüre nicht viel. Der Arzt hat mir vor einer halben Stunde eine Spritze gegeben. Die hat den Schmerz fortgetrieben.«

»Und er hat Sie laufenlassen?«

»Ich bin auf eigene Faust weitergelaufen, Madame. Unser Wagen hatte auch eine Panne. Der Motor war defekt. Der Arzt sagte, es sei wichtig, daß ich, so schnell es eben geht, in ein vernünftiges Krankenhaus komme.«

»Sie sind auf dem richtigen Pfad«, sagte die Frau. »Steigen Sie ein! Ich habe auch den Wunsch, möglichst bald diesen Wagen vor einem richtigen Krankenhaus zu parken.«

»Danke, Madame!«

Sie sitzen nebeneinander. Sie hält jetzt ihre Gedanken beisammen und fährt konzentriert und so schnell es geht.

»Ist es sehr schlimm?« fragt sie.

»Eine winzige Wunde nur. Ein kleiner Splitter. Aber er hat mir wohl ein paar Sehnen zerfetzt. Ich kann keinen Finger mehr rühren.«

Sie hört, wie er ein Stöhnen zu unterdrücken versucht. Er findet in der Tasche eine Zigarette; auch Streichhölzer. Aber mit einer Hand ist er unbeholfen. Sie hält kurz an, reißt das Streichholz an und bedient ihn.

»Danke, Madame!« Zwei-, dreimal zieht er hastig.

»Aber Sie, Madame, was machen Sie hier auf den Straßen hinter der Front? Das ist doch keine Zeit und kein Ort für eine Dame.«

Sie spürt, daß sie ihm hilft, wenn sie von sich erzählt. Ihre Verschlossenheit gibt sie deshalb auf. Sie fühlt sich immer seltsam ungeschickt, wenn sie von sich reden soll. In kurzen Umrissen schildert sie ihre Aktion.

»Sie können sich also freuen«, schließt sie. »Sie werden gleich der erste Patient unter diesem Röntgenschirm sein.«

Interessiert, ja gespannt hat der Soldat zugehört. »Machen wir ein Ratespiel«, schlägt er vor. »Ich stelle die Fragen, und Sie antworten mit Ja oder Nein. Wir wollen sehen, wie schnell ich weiß, wer Sie sind.«

Belustigt stimmt sie zu.

»Sie sind Französin?«

Sie zögert ein wenig. Das »Ja« kommt gedehnt.

Er stutzt, hakt nach: »Sie waren nicht immer Französin?«

»Nein.«

»Polin?«

Überrascht durchbricht sie die Spielregeln.

»Wie haben Sie das erraten?«

»Das weiche ›r‹ brachte mich auf die Spur. Mein Freund kommt aus Polen.«

Dann fährt er fort: »Sie haben im Augenblick mit der Medizin zu tun?«

»Ja.«

»Ärztin?«

»Nein.«

»Schwester?«

»Nein.«

»Wissenschaftlerin?«

»Ja.«

»Sie beschäftigen sich hauptsächlich mit Röntgenstrahlen?«

»Nein.«

»Aber mit anderen medizinischen Fragen?«

»Nein.«

Diesmal kommt er aus dem Konzept und fragt falsch: »Was aber arbeiten Sie denn?«

Sie lacht. Er korrigiert sich: »Sie arbeiten in Paris?«

»Ja.«

»Im Bereich der Chemie?«

»Ja.«

Er denkt eine Weile nach, fixiert sie, so gut es in der Nacht gehen mag. Dann wird er eifrig: »Physik?«

»Ja.«

»Strahlenphysik?«

»Ja.«

»Sie haben mit Polonium und vor allen Dingen mit Radium zu tun?«

»Ja.«

Nun kommt es wie ein Sturzbach über die Lippen des jungen Mannes: »Sie sind 1867 geboren. Warschau ist Ihre Geburtsstadt. 1891 Studentin an der Sorbonne. 1902 Darstellung des ersten reinen Radiums gemeinsam mit ihrem Mann Pierre. Mit ihm erhielten Sie 1903 den Nobelpreis für Physik. 1906, nachdem Ihr Mann verunglückt war, traten Sie an seine Stelle und lehren seitdem an der Sorbonne. Sie sind Madame Curie. Marie Curie.«

Sie schweigen. Madame Curie spürt, wie sehr der junge Mann von dieser unvermuteten Begegnung ergriffen ist. Sie ist verlegen.

»Wer sind Sie, daß Sie mich so genau kennen?«

»Verzeihen Sie, Madame, ich bin unhöflich. Ich heiße Philippe, studiere in Straßburg Physik. Studierte Physik. Drei Semester. Dann kam dieser schändliche Krieg. Und nun dies.«

Er legt die gesunde Hand auf seinen blessierten Arm. »Was wird, wenn sie mir den Arm wegnehmen?« Plötzlich ist die Angst da. Mit den Schmerzen kommt die Angst über ihn.

»Können Sie sich einen Physiker mit einem Arm vorstellen?«

»Ein kleiner Splitter ist es, sagten Sie. Ihr Arm wird wieder heil. Warten Sie nur, in wenigen Minuten müssen wir am Hospital sein.«

Nach einer Weile fügt sie hinzu: »Wenn das alles hier vorbei ist, vielleicht kommen Sie nach Paris? Es wird ein gutes Labor dort geben.«

»Meinen Sie das ernst, Madame?«

»Ja.«

Sie kurvt in einen schön gepflasterten breiten Weg ein. Es ist die Auffahrt
zum Hospital. Sie wird erwartet. Die Begrüßung ist kurz.
Madame Curie empfiehlt den Ärzten ihren Begleiter.
»Ohne ihn wäre ich noch nicht hier«, sagt sie. »Wenn Sie damit einver-
standen sind, soll er als erster vor den Röntgenschirm.«
»Wann können wir damit rechnen?«
»In einer halben Stunde.«
»Ein Scherz, Madame?« wundert sich die Oberschwester.
»In einer halben Stunde«, bestätigt Madame Curie. Dann geht sie ans
Werk. An ihr Werk. Klare Anweisungen, zielbewußte Handgriffe. Das
tragbare Gerät wird in ein leeres Zimmer geschafft und aufgestellt, die
Fenster verdunkelt. Im Nachbarraum wird provisorisch eine Dunkelkam-
mer eingerichtet. Stromanschluß ist vorhanden. Schließlich ist alles be-
reit. »Sagen Sie dem Arzt, Philippe kann kommen.«
Die Schwester schaut auf die Uhr. Madame Curie hat nicht zuviel
versprochen. Eine knappe halbe Stunde ist seit dem Eintreffen des schä-
bigen Renaults vergangen. Der Patient tritt ein. Das Gerät wird einge-
schaltet. Es zeigt sich auf der Röntgenplatte der kleine Splitter dicht unter
dem Ellbogengelenk.
»Werden Sie operieren können, ohne daß schlimme Folgen zurückblei-
ben?« fragt Madame Curie den Arzt.
»Ja, Madame. Jetzt, wo wir die Lage des Splitters genau kennen, wird es
gelingen.«
Sechs Stunden steht Madame Curie im Röntgenzimmer. Ein Verwunde-
ter löst den anderen ab. Längst ist es Tag geworden. Man hat sie zur Ruhe
drängen wollen. Doch Madame Curie kennt keine Schonung für sich. Erst
kommt die Arbeit. Das ist ihr Prinzip von jeher gewesen. Endlich ist die
letzte Aufnahme gemacht. Bei einer Tasse Tee sitzt sie erschöpft im
Zimmer des Arztes.
»Dieser elende Krieg«, sagt der Arzt. »Wissen Sie, Madame, daß ich mich
vorher mit den Heilprozessen durch Radiumstrahlen befaßt habe?«
»Ach«, antwortet sie, »es ist ein guter Tag. Sie sind schon der zweite
Bekannte, den ich heute treffe. Erst Philippe und nun Sie.«
»Philippe geht es übrigens bald wieder gut, Madame. Aber lassen Sie

mich ein wenig Prophet spielen. Ich glaube, Ihre Entdeckung des Radiums wird der Menschheit noch sehr helfen können.«

»Sie erinnern sich«, sagt Marie Curie, »es war nicht meine Entdeckung. Es war unsere Entdeckung.«

»Gewiß. Ihr Gatte ist dabei unvergessen. Aber nun zeige ich Ihnen Ihr Zimmer, Madame. Sie müssen schlafen.«

»Lassen Sie mich in drei Stunden wecken«, bittet sie. »Ich muß am Nachmittag wieder in Paris sein.«

Der Arzt will protestieren. Doch ihr Blick läßt ihn schweigen. »Wie Sie wollen, Madame.«

Freu dich, Erd und Sternenzelt

2. Botschaft aus der Engel Mund, Alleluja! Frieden auf dem Erdenrund, Alleluja!

3. Gottes Sohn kam in die Zeit, Alleluja! Hoffnung auf Gerechtigkeit, Alleluja!

4. Christen, seid wie jener Stern, Alleluja! Der die Menschen führt' zum Herrn . . .

5. Christen, seid wie Sonnenlicht, Alleluja! Wärmt die Welt, die sonst zerbricht . . .

6. Menschen, freut euch, freut euch sehr, Alleluja! Allen ist geborn der Herr, Alleluja!

Felsenharte Bethlehemiten

1. Felsenharte Bethlehemiten
wie könnt ihr so grausam sein
und Maria auf ihr Bitten
nicht den kleinsten Platz verleihn?

2. Wärst du, Herr, bei uns angekommen,
hättest Einlaß hier begehrt,
hätten wir dich aufgenommen?
Oder dir das Haus verwehrt?

3. Felsenharte Bethlehemiten,
ihr wohnt gar nicht weit von hier.
Längst lebt ihr in unserer Mitten.
Felsenhart, gilt das auch mir?

4. Hundertmal, Herr, bist du gekommen,
hungertest, warst fremd im Land.
Haben wir dich angenommen,
haben wir dich je erkannt?

5. Brennt mit tausend Flammen, ihr Kerzen,
brennt das Felsenharte aus,
daß wir öffnen unsre Herzen,
nicht verschließen unser Haus.

6. Daß der Mensch durch unsere Hände
nicht mehr hungert, nicht mehr friert,
daß sich Not und Elend wende,
daß es endlich Friede wird.

7. Felsenharte Bethlehemiten
wollen wir nicht länger sein.
Jesu Geist wolln wir erbitten,
er wird Mut und Kraft verleihn.

11. Dezember

»Spaghettifresser«

Frau Sulzbacher hatte in der großen Pause die Aufsicht auf dem Schulhof. Aus der Ecke am Toilettengebäude schallte es im Chor:
»Spaghettifresser Tonio
hat Wanzen, Läuse und 'nen Floh.«
Sie lief auf die Kinder zu, die in einer Traube um Tonio Zuccarelli herumstanden und ihn in die Ecke gedrängt hatten. Tonio hatte die Fäuste in die Hosentaschen gesteckt, die Schultern hochgezogen und starrte auf den Boden. Er war einen Kopf größer als die anderen Kinder der 3. Klasse.
»Spaghettifresser...«, stimmte Kalle Blum erneut laut den Spottvers an.
»Schluß jetzt!« rief Frau Sulzbacher und drängte die Kinder auseinander.
»Es ist sehr häßlich von euch«, tadelte sie ihre Klasse, »den Tonio immer wieder zu ärgern.«
»Es macht Spaß, wenn er wütend wird«, sagte Kalle Blum.
»Dann sieht er aus wie mein Hund, wenn er eine Katze riecht«, rief Sylvia.
»Still jetzt! Kein Mensch sieht aus wie ein Hund.«
»Doch«, widersprach Sylvia, »wenn Tonio die Wut kriegt, dann sieht er aus wie unser Hund.«
»Genauso sieht er aus!« bestätigte Kalle Blum, obwohl er Sylvias Hund noch nie gesehen hatte.

Kalle hatte Wut auf Tonio. Bevor »der Itacker« in die Klasse gekommen war, war Kalle der Stärkste gewesen. Tonio war stärker. Und Papa Blum sagte es auch, »die Spaghettis« nehmen uns hier nur die Arbeitsplätze weg. Warum mußte Frau Sulzbacher den Itacker ausgerechnet an Kalles Tisch setzen? Papa hatte auch gesagt: »Die Ausländer, die sollten sie in die deutschen Klassen erst gar nicht reinlassen.«

Nach der Pause machte Frau Sulzbacher einen Vorschlag. »Weil Adventszeit ist, wollen wir ein schönes Spiel machen«, sagte sie. »Ich habe auf kleine Zettelchen die Namen aller Kinder in der Klasse aufgeschrieben. Jeder darf ein Namenszettelchen ziehen. Keiner soll verraten, welchen Namen er gezogen hat.«

»Zu niemand darf man das sagen?« fragte Sylvia.

»Zu niemand. Denn ihr könnt für das Kind, dessen Namen ihr gezogen habt, ein Wichtel sein!«

»Wichtel? Blöd! Was ist das denn?« schrien die Kinder durcheinander.

»Ich habe den Namen und das Spiel nicht erfunden«, sagte Frau Sulzbacher. »Aber ich kann euch erklären, was er bedeuten soll. Für jeden Tag soll ein Wichtel überlegen, wie er dem anderen eine Überraschung bereiten kann. Alles muß ganz heimlich geschehen. Niemand darf sagen, wem er in der Adventszeit kleine Freuden machen will.«

»Quatsch«, sagte Kalle, »Wichtelei, so 'n Quatsch!«

»Kein Quatsch«, widersprach Frau Sulzbacher. »Freude wird doppelt schön, wenn man sie weitergibt.«

»Und wenn ich den Namen von dem da ziehe? Soll ich dem etwa jeden Tag etwas zustecken?« Kalle zeigte dabei auf Tonio.

Das wäre für den Kalle ganz gut, dachte Frau Sulzbacher.

Aber Kalle zog nicht Tonios Zettel. Auf seinem Blatt stand Michael.

Am ersten Tag fand Kalle in seiner Anoraktasche ein Zimtplätzchen. Wer wußte, daß er Zimtplätzchen am liebsten aß? War es sein Freund Hannes, der ihn beschenkte?

Am zweiten Tag entdeckte er in seinem Etui ein Sammelbildchen von Hansi Müller. Genau dieser Fußballer fehlte ihm. Der Wichtel mußte ihn genau kennen. Wer war es?

An den folgenden Tagen bekam er lauter Kleinigkeiten, die er schon lange haben wollte: einen Bleistiftspitzer in einer kleinen Weltkugel, einen riesigen Kaugummi, eine winzige Glaskugel, einen Angelhaken und einmal sogar etwas, worüber die ganze Klasse staunte. Kalle hatte arglos in seine Tasche gefaßt und war erschreckt zurückgefahren. In der Tasche bewegte sich etwas. Vorsichtig zog er ein kleines braunes Knäuel heraus, das sich als junger Goldhamster entpuppte.

Jetzt konnte Kalle es vielleicht herausbekommen, wer ihn beschenkte. Wer hatte zu Hause Goldhamster? Aber sosehr er auch forschte, er kam nicht weiter. Hannes besaß zwar einen Goldhamster, aber wer hat schon gehört, daß ein Hamsterbock Junge bekommt?

Am allerletzten Schultag vor den Weihnachtsferien ahnten die meisten Schüler, wer ihr Wichtel gewesen war. Es war eine schöne Zeit des Ratens und der Überraschungen gewesen. Nur Kalle hatte immer noch keinen Schimmer, wer ihn beschenkt hatte. Da fand er nach der großen Pause einen herrlichen Satz italienischer Briefmarken in seinem Schreibheft. Briefmarken? Italienische? Kalle blickte zweifelnd zu Tonio hinüber. Der schaute ihn ängstlich an.

»Du, Spaghettifr . . .?« Kalle schluckte. »Du warst das, Tonio?«

Tonio nickte.

»Mensch!« sagte Kalle. Er kam sich gemein vor. »Danke«, sagte er.

»War schön!« antwortete Tonio.

Am Heiligen Abend brachte der Briefträger eine riesengroße Weihnachtskarte für Schüler Tonio Zuccarelli. »Lieber Tonio! Fröhliche Weihnachten wünscht Dir von Herzen Kalle«, stand darauf.

Tonio heftete die Karte mit einer Nadel an die Tapete über sein Bett.

12. Dezember

Eine Rose im Poncho

Ohne anzuklopfen, betritt Dr. Simancas das Labor. Sein junger Kollege aus den USA hört ohnedies nichts. Tag für Tag sitzt er über sein Mikroskop gebeugt. Er nimmt seinen Forschungsauftrag ernst. Aber jetzt muß Dr. Simancas ihn aus seinen Beobachtungen herausreißen.
»Wir müssen diese Fotoserie genau untersuchen«, sagt er ohne Begeisterung.
Dr. Dalton nimmt die erste Farbaufnahme, die ihm sein mexikanischer Kollege reicht. Das Foto stellt einen Poncho dar.
»Was ist daran Besonderes?« fragt er. »So weben die Indios eben ihre Ponchos. Agavefasern.«
»Hören Sie den Bericht des chemischen Institutes: Dieser Poncho ist um 1530 hergestellt worden. Material: Agavefasern. In die Innenseite eingepreßt das Bild einer Mestizin. 143 cm mal 55 cm. Keine Grundierung. Öl-, Tempera-, Wasserfarben.«
»Sagten Sie 1530?« fragt Dr. Dalton erstaunt. Als Dr. Simancas nickt, fährt er fort: »Unsinn. Ein Bild auf einem Poncho, der 450 Jahre alt sein soll?«
»Es kommt noch toller. Nachweislich stand das Bild über 100 Jahre ungeschützt in einer Kapelle. Dem Rauch der Kerzen und der Hitze

ausgesetzt. Dem salzfeuchten Wind preisgegeben, der vom Texoco-See herüberweht, und auch dem Staub, wenn der Wind zum See hin weht. Berührt von vielen tausend Händen, angefaßt, geküßt.«

»Zeigen Sie mir die anderen Fotos«, bittet Dr. Dalton.

Dr. Simancas reicht ihm das ganze Päckchen. »Die Bilder stellen das Marienbild der Jungfrau von Guadalupe dar. Die Farben entsprechen denen des Originals genau.«

Dr. Dalton betrachtet aufmerksam Foto um Foto. »Ich habe von dem berühmten Wallfahrtsbild gehört«, sagt er. »Es ist erstaunlich. Die Farben müßten längst verblaßt sein. Wenn sie in Wirklichkeit so leuchten, dann habe ich dafür keine Erklärung. Ja, daß der Poncho nicht längst verrottet ist, scheint mir unglaublich.«

»Beinahe noch unglaublicher ist die Geschichte, die mit diesem Poncho verknüpft ist.«

»Eine Geschichte?«

»Es ist die Geschichte eines Indios mit einem Namen, der für westliche Zungen kaum aussprechbar ist: Cuauhtlatóhuac. Später tauften ihn die Franziskaner, die ein paar Jahre zuvor nach Mexiko gekommen waren. Seitdem heißt er Juan Diego.

Dieser Indio lebt bei seinem alten Onkel Bernardino. Am 9. Dezember 1531 machte sich Juan Diego auf zur Stadt Maciko. Eine Entfernung von etwa 20 km. Er ging den Weg nicht gern, denn er führte an dem Hügel Tepeyak vorbei. An dieser Stätte waren der Pachamama, die die Indios für die Göttin der Erde hielten, noch wenige Jahre zuvor Menschenopfer dargebracht worden. Juan Diego geht unwillkürlich schneller. Genau dort ruft ihn eine Stimme beim Namen. ›Juanito‹, hört er ganz deutlich. Er schaut auf und sieht auf dem Hügel eine strahlend schöne Mestizin. Sie gibt sich ihm als die Jungfrau Maria zu erkennen. Sie spricht zu ihm von ihrem Wunsch, bei den Indios zu bleiben und ihnen ihr Erbarmen, ihre Hilfe und ihren Schutz zu gewähren. Er soll in die Stadt gehen, den Bischof aufsuchen und diesem sagen, was er gesehen hat. ›Genau an der Stelle, an der die Menschen in Angst und Schrecken der Pachamama opferten, da soll mir ein Heiligtum gebaut werden.‹«

»Guadalupe«, unterbricht ihn Dr. Dalton.

»Nun, wie Sie sich denken können, hat der Indio beim Bischof zunächst wenig Erfolg. ›Komm ein andermal wieder‹, sagt man ihm.

Juan Diego hat nicht viel mehr erwartet. Wer ist er schon? Soll doch die Jungfrau einen anderen schicken, einen, dessen Stimme mehr Gewicht hat.

Aber auf dem Rückweg erscheint sie ihm wieder. Eindringlich wiederholt sie ihren Auftrag. Er soll dem Bischof sagen, daß die Botschaft von der Mutter des Herrn Jesus komme.

Juan versucht es noch einmal. Der Bischof hört ihn kurz an.

›Was haben diese Indios für eine lebhafte Phantasie!‹ murmelt er. ›Aber er glaubt, was er da berichtet.‹ Zweifel klingt in seiner Stimme, als er sagt: ›Ein Zeichen! Bitte, sie soll mir ein Zeichen geben.‹

Am Tepeyac-Hügel verspricht Maria Juan Diego für den folgenden Tag ein Zeichen. Aber am nächsten Tag wird nichts daraus. Der Onkel ist wenige Tage später erkrankt und verlangt nach dem Priester. Juan rennt los. Er macht einen Umweg. Am Tepeyac-Hügel will er nicht vorbei. Doch kurz vor der Stadt erscheint ihm die Jungfrau.

›Was ist mit dir, Juanito? Warum läufst du weg vor mir?‹ Er stottert etwas von dem schwerkranken Onkel. ›Mañana‹, sagt er verlegen, ›morgen, morgen.‹

›Sorge dich nicht um deinen Onkel. Ich war bei ihm. Er ist gesund. Geh jetzt zurück zum Tepeyac. Dort findest du eine Blume. Bring sie dem Bischof. Aber niemand sonst soll sie sehen. Es ist mein Zeichen für ihn.‹

Juan Diego zögerte. Kakteen und Steine, Steine und Kakteen, nichts sonst auf dem Hügel. Und Kakteen blühen dort nicht um diese Zeit im Dezember. Dann aber macht er sich auf. Mitten in der dürren Wildnis findet er eine herrliche, halberblühte Rose. ›Niemand soll sie sehen‹, hat die Jungfrau gesagt. Behutsam hüllt er sie in seinen Poncho.

›Schon wieder dieser Indianer‹, meldet der Pförtner. ›Aber er trägt etwas unter seinem Poncho. Das Zeichen, behauptet er.‹ – ›Das Zeichen?‹ Der Bischof wird aufmerksam. Er gibt dem Pförtner einen Wink. Juan Diego tritt in sein Zimmer, kniet nieder und schlägt den Poncho auf. Die Rose duftet. Was aber den Bischof in die Knie zwingt, das ist nicht die Rose.

Im groben Überwurf zeigt sich das herrliche Bild der Gottesmutter Maria in der Gestalt einer Mestizin.

Ein weiteres Zeichen wird dazugegeben. Der alte Bernardino erkennt am folgenden Tag in dem Bildnis jene Frau, die an sein Krankenlager getreten war und ihn gesund gemacht hatte. Das war im Morgenlicht des 12. Dezember 1531. Sie hatte auch ihren Namen genannt. ›Ich bin die Jungfrau, die der Schlange den Kopf zertritt.‹ In der Sprache der Náhuatl-Indianer ›Coatlaxópeuh‹. Heute ›Santa Maria Virgen de Guadalupe‹. Der größte Schatz Mexikos, ihr Heiligtum, zu dem Jahr für Jahr unendlich viele Menschen kommen mit Dank und Bitten, Bitten um Frieden, Gesundheit und Glück. ›Bitte für uns, Morenita‹, geflüstert, gesprochen, geschrien.« – Dr. Simancas verstummt.

»Sie erzählen, daß man fast annehmen könnte, Sie glaubten das alles«, lächelte der Amerikaner.

Dr. Simancas zuckte die Schultern.

Etwas ratlos schaut Dr. Dalton mit der Lupe die Fotos an. Plötzlich stutzt er. Er ruft seinen Kollegen. Sie schauen und schauen, greifen nach einer stärkeren Lupe, machen schließlich Ausschnittvergrößerungen von der Pupille im Auge des Madonnenbildes und betrachten genau, was sich dort zeigt. Schließlich lehnt Dr. Simancas sich zurück.

»Kein Zweifel«, sagt er, und er scheint ein wenig glücklich über die Entdeckung. »Kein Zweifel. Im Bild der Pupille spiegelt sich, wie bei einem lebendigen Auge, das, was ein Mensch sieht. Ganz winzig. Aber doch klar und deutlich. Im Auge der Gottesmutter zeichnet sich scharf die Gestalt eines Indios ab.«

»Juan Diego«, sagt der Amerikaner.

»Juanito«, fügt Dr. Simancas leise hinzu.

13. Dezember

Die Legende vom Mann mit den drei goldenen Äpfeln

Es ist lang, lang her. Da lebte einst ein guter Bischof in der Stadt Myra im fernen Kleinasien. Die Stadt gibt es nicht mehr. Die Häuser sind verfallen, die Straßen versunken. Kein Stein steht mehr auf dem anderen. Den Bischof aber, der einstmals im schönen Myra zu Hause war, kennt heute noch jedes Kind. Es ist der heilige Nikolaus. Von ihm erzählt man sich folgende Begebenheit:
In Myra wohnte damals ein reicher Kaufmann. Er war fleißig und rechtschaffen und mit einer lieben Frau verheiratet. Sie hatten drei Töchter. Doch eines Tages starb seine Frau. Nun stand er mit seinen Kindern allein. Tiefe Traurigkeit überfiel ihn, und er begann ein Lotterleben. Viel Geld verlor er beim Kartenspiel und beim Würfeln. Den Rest goß er sich durch die Kehle. Bei Wein und Schnaps wollte er sein Unglück vergessen. Eines Tages setzte er sich nieder und rechnete. Endlich wußte er: »Ich kann nicht einmal mehr den drei Mädchen eine Aussteuer geben.«
Das war schlimm. Seine Töchter hätten gerne einen guten Mann geheiratet. Aber das war in dem Lande, in dem der Kaufmann lebte, ohne Aussteuer nicht möglich. Kein Mann heiratete dort ein Mädchen, das keine Aussteuer hatte.

Da kam der Kaufmann auf einen bösen Gedanken. In seiner Verzweiflung beschloß er, die älteste Tochter zu verkaufen. Mit dem Geld, das er für sie bekam, wollte er die Ausstattung für die beiden jüngeren Schwestern bezahlen.

An einem späten Abend setzte er sich an den Straßenrand. Er versuchte, seinen Spruch aufzusagen. Doch jedesmal, wenn ein Spaziergänger daherkam, verschlug es ihm die Sprache. Er schämte sich. Die Worte gingen ihm nicht über die Lippen. Die Männer aber, die vorübergingen, dachten, er sei wieder einmal betrunken. Sie lachten über ihn und gingen ihrer Wege.

Schließlich war es sehr spät geworden. Nikolaus hatte für diesen Abend eine Einladung angenommen. Es war eine fröhliche Gesellschaft gewesen. Mit einigen anderen Gästen kam er auf dem Heimweg dort vorbei, wo der Mann saß. Der murmelte etwas vor sich hin. Nikolaus beugte sich zu ihm nieder.

»Laß ihn, er ist ein Trunkenbold«, rief ihm einer der Begleiter zu. Doch Nikolaus verstand, was der Mann flüsterte: »Wollen Sie nicht meine Tochter kaufen, sie ist sehr schön«, sagte er.

Wie kann denn einer sein eigenes Kind verkaufen? dachte Nikolaus. Entsetzt blickte er den Mann an. Da kam dem Armen sein ganzes Elend zu Bewußtsein. Er sprang auf und lief davon.

Nikolaus kümmerte sich nicht mehr um seine Begleiter. Heimlich folgte er dem Mann nach und merkte sich das Haus, in dem er wohnte. Dann ging er heim. Am nächsten Tag erkundigte sich Nikolaus bei den Nachbarn des Kaufmanns und fragte nach dessen Schicksal. Bald erfuhr er, welche Not es mit ihm hatte.

Am Abend, als es dunkel geworden war, machte Nikolaus sich auf. Er wollte dem Mann helfen. Unter dem Mantel trug er einen Beutel mit Goldstücken. Er hatte gerade so viel auftreiben können, daß es für die Aussteuer der ältesten Tochter reichte. Im Dunkeln schlich er in den verwilderten Garten des Hauses und warf durch ein offenes Fenster den Beutel mit dem Gold in ein Zimmer. Dann eilte er wieder fort.

Auch in der darauffolgenden Nacht machte er es so. So half er der zweiten Tochter des Kaufmanns. Bei seinen Freunden und Bekannten bat er am nächsten Tag um Geld.

Schließlich reichte das, was er gesammelt hatte, auch für die Aussteuer der jüngsten Tochter jenes verarmten Mannes. Wieder trat er heimlich in den Garten, schlich in die Nähe des Hauses und gelangte unter das offene Fenster. Der Beutel flog hinein.

Doch im gleichen Augenblick stürzte der Kaufmann aus dem Haus. Er hatte auf der Lauer gelegen. Er faßte Nikolaus beim Mantel, warf sich vor ihm auf die Knie und bedankte sich: »Jetzt habe ich es gesehen, ich bin nicht ganz und gar verlassen«, rief er. »Ich werde meinen Töchtern wieder ein besserer Vater sein.«

»Du mußt dich bei der richtigen Adresse bedanken«, antwortete Nikolaus. Der Mann sah ihn erstaunt an. Doch Nikolaus zeigte zum Himmel und lächelte.

Später erfuhr Nikolaus, daß die drei Töchter geheiratet hatten und glücklich geworden waren. Auch der Kaufmann lebte wie vor dem Tode seiner Frau, gab das Lotterleben auf und ging seiner Arbeit nach.

In vielen Kirchen ist der heilige Nikolaus dargestellt. Oft trägt er drei Beutel oder goldene Kugeln in der Hand. Wer diese Geschichte gelesen hat, der weiß nun, warum das so ist.

14. Dezember

Die Legende von der Rettung aus Seenot

Lang, lang ist's her. Es gab noch keine Autos, keine Eisenbahnen und auch noch keine Flugzeuge. Die Seeleute, die damals mit ihren Schiffen über das Meer fuhren, spannten große Segel auf. Die Kraft des Windes trieb ihr Schiff von Hafen zu Hafen. Aus dieser Zeit erzählt man sich die Geschichte, wie der heilige Nikolaus, der Bischof von Myra, zum Schutzpatron der Schiffer geworden ist.

Eines Tages segelte ein stolzes Schiff durch das Mittelmeer. Es wollte nach Konstantinopel. An Bord trug es reiche Schätze Arabiens. Es war wohlausgerüstet und hatte eine tüchtige Mannschaft. Der Kapitän war ein alter, erfahrener Seemann. Schon war der ersehnte Hafen nicht mehr weit, da verdüsterte sich der Himmel, Wind sprang auf, und die Kämme der Wellen wurden schaumig und weiß.

Doch der Kapitän hatte mit seinem Schiff schon so manches böse Wetter durchgestanden. Er wußte, was zu tun war. Er ließ die Segel reffen. Das Ruder nahm er selber in die Hand. Genau dem Wind entgegen drehte er den Bug seines Schiffes. Die Seeleute gehorchten seinen Befehlen aufs Wort. Doch der Wind wurde immer wütender, wuchs zum Sturm, heulte in den Tauen und Masten und riß den Leuten die Worte vom Mund.

Noch kämpfte das Schiff unverdrossen gegen die Wellen an. Aber schon türmte der Sturm das Wasser zu Bergen, schon warfen sich die Wellen über die Bordwand und überspülten das Deck. Breitbeinig stand der Kapitän und hielt das Ruder fest. Sein Steuermann half ihm dabei. Jetzt prasselten Regenschauer hernieder. Es wurde finster wie in der Nacht; eine Nacht ohne Stern, ohne Mond. Wieder schäumte ein Wellengebirge hoch auf, zerbrach und stürzte sich über das Schiff. Das Holz ächzte. Ein Zittern durchlief den Schiffsrumpf und alle, die er trug. Pfeifen und Knirschen fuhr durch den Mast, ein Splittern, ein Krachen! In halber Höhe zerbarst der Mast. Wie wild hieben die Männer mit Beilen und Äxten die Taue durch, damit das Wasser das gebrochene Holz wegschwemmen konnte. Doch eine Woge riß den mächtigen Mast hoch auf, schlug ihn gegen das Schiff und stieß ein Loch in die Bordwand. Immer noch hielten die Taue den Rammbock. Da liefen die Seeleute fort, um dem wildgewordenen Mastholz zu entgehen. Schon sah der Kapitän sein Schiff verloren, da fiel ihm in der höchsten Not ein, was er einst vom Bischof Nikolaus von Myra gehört hatte.

»Sankt Nikolaus, Sankt Nikolaus! Bitte für uns!« schrie er dem Sturm entgegen. Die Seeleute, die ihm am nächsten standen, hörten seinen Schrei. Sie nahmen den Ruf auf. So drang er bis in das Vorschiff.

»Sankt Nikolaus! Bitte für uns!« schrien die Matrosen. Mit einem Male wurde es ein wenig heller. Plötzlich stand mitten auf dem Schiff ein Mann, den sie nie zuvor gesehen hatten. Er schwang seine Axt und hieb auf die Haltetaue ein. Die Matrosen faßten durch sein Beispiel wieder Mut und kappten die letzten Taue, die den gefährlichen Mastbaum noch hielten. Die nächste Woge trug ihn weit vom Schiffsrumpf fort.

Stunden noch wütete das Wasser, doch nach und nach wurden die Wellen zahmer, und allmählich flaute der Wind ab. Als schließlich die Sonne zwischen jagenden Wolken hin und wieder hervorschaute, da war die ärgste Gefahr vorbei.

Aber wie sah das stolze Schiff aus! Wie ein zerzauster Vogel trieb es auf dem Meer. Zerrissen die Planken, zersplittert die Bordwand, verwüstet das Deck, weggeschwemmt die Ladung. Endlich übergab der Kapitän dem Steuermann wieder das Ruder.

»Bringt mir den Mann her, der uns gerettet hat!« befahl der Kapitän. Doch sosehr die Seeleute auch suchten, sie fanden ihn nicht. Am nächsten Tag tauchte die Küste von Kleinasien in der Ferne auf. Ein Notsegel, am Maststumpf mühsam aufgeknüpft, trieb sie langsam in den Hafen von Myra.

Die Matrosen vertäuten das verwundete Schiff. Sie warfen sich in ihre Kojen und wollten nichts als schlafen, schlafen, schlafen. Der Kapitän aber ging mit seinem Steuermann zur Kirche von Myra hinauf. Er wollte dem Herrn für die Rettung aus Seenot danken. In der Kirche wurde gerade ein Gottesdienst gefeiert. Vorn am Altar stand der Bischof. Als die Seeleute näher kamen, erkannten sie ihn. Sie sahen, daß er der Mann war, der ihnen auf dem Meer so wunderbar geholfen hatte. Da priesen sie Gottes wunderbare Güte.

Überall verbreitete sich unter den Seeleuten diese Geschichte. So wurde der heilige Nikolaus der Patron aller Seeleute und Schiffer.

15. Dezember

Geschäft bleibt Geschäft

Mit vielen guten Hoffnungen hatte es begonnen. Im letzten Sommer hatten sie geheiratet. Es war ein großes Fest für die ganze Familie gewesen. Nach dem Urlaub war sie mit ihm gefahren, mitgefahren in das Märchenland, in dem Dreck und Staub und Gestank sich in Gold verwandeln. Nicht durch einen Zauberspruch in der fremden Sprache, die ihm immer noch die Zunge verrenkte, sondern durch Schweiß verwandelte sich dort Dreck in Gold. Und Gold wollten sie beide. Gold als Lohn für zwei, drei Jahre Dreck und Staub und eine Sonne, die nur durch fünfzig Schleier schien. Und Schweiß.
Dann wollten sie dorthin zurückkehren, wo die Sonne die Erde trocken brannte, wo sie den Schweiß von der Stirne glühte, wo der Himmel das Blau malt, das man auf der ganzen Welt nur in Anatolien sehen kann.
Sie sollten noch mehr mitnehmen zu den Verwandten nach Hause. Vor Monaten schon hatte die Frau es geschrieben, hatte mühsam die zierlichen Buchstaben gemalt, mit bunten Briefmarken die Umschläge beklebt. In allen Briefen, auf allen Karten stand: Wir erwarten ein Kind. Wir wissen es. Es rührt sich. Wir hören seinen Herzschlag. Wir spüren sein Strampeln. Es bewegt sich unter unserer Hand.
Nun dies.

Lange hielt er ihre Hand, ihre straffe, kleine Hand, streichelte die linsengroßen Schwielen ihrer Fingerballen, sah sie an, wischte ihr den Schweiß von der Stirn.

»Wir sind noch so jung«, sagte sie. Sie sprach Deutsch. Die Schwester nickte.

»Natürlich. Lassen Sie den Kopf nicht hängen. Sie sind ja noch so jung.«

Dann schickte die Schwester ihn fort.

»Sie müssen für die Beerdigung sorgen«, sagte sie auf dem Flur zu ihm.

»Was?«

»Das Kind muß bestattet werden, begraben werden.«

Er verstand.

»In Anatolien trägt man es in die Moschee.«

»Gehen Sie hier zum Bestattungsinstitut«, rief die Schwester.

Sie drückte ihm verstohlen eine kleine Karte in die Hand . . .

»Dorthin können Sie gehen«, sagte sie.

Ihr war nie wohl dabei, wenn sie diese Kärtchen an die Angehörigen weitergab. Aber immerhin. Frantisek, der Inhaber des Bestattungsinstituts, ließ sich nicht lumpen. Hier eine Schachtel Pralinen, dort ein Pfündchen Kaffee.

Obendrein waren die Angehörigen dankbar. Stets wurden sie vom Tod überrascht. Nicht weil er plötzlich über sie herfiel; mehr weil sie ihn immer ausgesperrt hatten, ausgesperrt aus ihren Blicken, ausgesperrt aus ihren Worten, ausgesperrt aus ihren Gedanken.

Mehmet suchte die Straße und fand das Geschäft gleich um die Ecke.

Särge, verstaubte Urnen, Erledigung aller Bestattungsangelegenheiten. Bitte schellen.

Er sah sich den Laden genau an. Lorbeerbäume, Grablichter, lange Hemden auf Kleiderbügeln, weiß, rosa, hellblau. Düstere Reihen brauner Särge die Wände entlang. Auf einem Schrank stand ein kleiner, weißer Sarg. Vielleicht der?

Er schellte. Holzsohlen klapperten, die Tür wurde aufgeschlossen.

»Bitte kommen Sie herein!«

Eine schwarzgekleidete Dame hielt ihm die Tür auf. Tiefe Gramfalten umspielten ihren Mund, Kummer oder Dienstkleidung, wer wollte das entscheiden?

»Haben Sie einen Trauerfall in der Familie?« fragte die Dame und bot ihm mit einer Handbewegung einen Stuhl an.

»Ja.«

»Sie sind kein Deutscher?«

»Nein, ich komme aus der Türkei.«

Geschäftig rechnete es hinter ihrer Sorgenmiene. Türken ließen meist die Leichen überführen, Zinksarg, viele tausend Kilometer . . . Sie ergriff seine Hand und drückte sie mitleidvoll.

»Ein naher Verwandter, ein Arbeitskollege?«

»Bitte?«

»Na, ist einer von den Gastarbeitern verunglückt? Vielleicht Ihr Freund?«

»Ach so, nein. Mein Sohn ist gestorben.«

Ihre Falten vertieften sich. Kinderbeerdigung. Das ging ihr selbst nach 35 Jahren Beruf immer noch ein paar Zentimeter unter die Haut.

»Er war gerade erst geboren.«

»Schlimm, schlimm«, murmelte sie. Dann aber rechnete sie die Anteilnahme hinweg. 187,50 DM für das kleine Modell. Dann diese umständlichen Türkenbeerdigungen. Sie hatte das schon einmal mitgemacht.

»Wie soll der kleine Tote bestattet werden?«

»Ich weiß nicht«, sagte er ratlos. »Vielleicht auf dem Friedhof am Berg dort oben. Wir sind schon einmal in der Gegend spazierengegangen, meine Frau und ich. Es wachsen so schöne, hohe Bäume dort.«

Keine Überführung. So viele Umstände. Für 187,50 DM viel zu viele Umstände.

»Ja, wissen Sie, für diesen Friedhof sind wir eigentlich nicht zuständig. Das macht unser Kollege.«

Dem Jenner hatte sie schon lange eins auswischen wollen. Hier bot sich die Gelegenheit. Und wenn der Türke etwas erzählte? Ach was, die verstehen doch alle so schlecht Deutsch.

Sie griff nach dem Telefonbuch, schrieb Jenners Anschrift in Blockbuchstaben auf einen Zettel und reichte ihm den hinüber.

»Gehen Sie zu Jenner! Sie müssen mit der Straßenbahnlinie 6 fahren. Drei

Stationen. Das Geschäft liegt gleich an der Haltestelle. Im Schaufenster steht so ein pompöser Mahagonisarg. Sie werden schon sehen.«

Nach ihrer Beschreibung fand Mehmet das Bestattungsunternehmen. Vor der Tür parkte ein vornehmer Überführungswagen mit dem Mercedesstern auf der Motorhaube. Ein schöner, rötlicher Sarg war im Schaufenster ausgestellt, genau, wie die schwarze Dame gesagt hatte. Zwar entzifferte er statt Jenner das Wort PIETÄT, das in Goldbuchstaben quer über die Scheibe geschrieben war, aber mit dieser Sprache würde er sich eben nie so recht auskennen.

Kaum hatte er geschellt, da öffnete ein blondes Mädchen die Tür. Acht oder neun Jahre alt mochte sie sein.

»Sie wünschen?«

»Mein Kind ist gestorben«, antwortete er ein wenig verwirrt. »Ich bin ein Türke.«

»Pappi!« schrie sie in das Treppenhaus. »Hier ist Kundschaft. Ein Ausländer. Kommst du?«

Ein großer, stattlicher Mann schob sich in den Laden. Er knöpfte seine Jacke zu.

»Bitte?«

»Ich bin Türke. Mein kleiner Sohn ist gestorben.«

Er murmelte etwas von Beileid. Er kam gleich zur Sache.

»Soll er überführt werden?«

»Nein, ich hätte ihn gern unter den großen Bäumen auf dem Friedhof am Berg begraben. Wir . . .«

»Tut mir aufrichtig leid«, unterbrach ihn der Mann. »Das ist bei mir momentan nicht drin. Mein Personal ist in Urlaub. Wir haben schon vier Beerdigungen diese Woche. Geht leider nicht. Leider.«

Fassungslos starrte Mehmet ihn an.

»Vielleicht macht Pieters das? Ist nur ein paar Schritte von hier. Passen Sie auf. Er hat nur so ein kleines, mickriges Schaufenster. Kann man leicht übersehen.«

Die Ladentür schlug hinter Mehmet zu. Er hatte verstanden. Der Haifischblick des Mannes hatte es ihm verraten. Er wollte das Kind nicht bestatten. Auch die Frau im ersten Geschäft hatte ihn abgewimmelt. Vielleicht nahmen sie an, er könne nicht bezahlen. Wütend tastete er nach seiner Brieftasche. Geld! Er lief die Straße hinab, hastete an dem kleinen Schaufenster vorbei, ohne es zu bemerken, kehrte um und fand den Laden. Er suchte nach der Schelle, fand aber keine. Zögernd drückte er die Klinke. Die Tür war unverschlossen. Er öffnete sie. Eine Glocke schepperte. Aus dem Nebenraum trat eine junge, rotbackige Frau.

Mehmet zog die Brieftasche aus seiner Jacke, zählte einen, zwei, drei Hundertmarkscheine auf den Tisch, blickte die Frau fragend an und stieß hervor: »Genug?«

»Genug? Wofür?« fragte sie und tastete sich rückwärts gehend wieder zur Tür. Der hagere Mann war ihr unheimlich.

»Genug für einen Kindersarg? Verstehen Sie, ich will einen Kindersarg!«

»Was wollen Sie?« rief sie nun mit ziemlich lauter Stimme.

»Ist was?« ertönte es aus dem Nebenzimmer.

»Ach, laß nur!« antwortete sie.

Ein Stuhl polterte, die Tür wurde aufgestoßen. Ihr Mann kam herein. Er hatte glitzrige Augen und ein gerötetes Gesicht. Mehmet roch es. Er hatte viel zuviel getrunken.

Der Mann starrte auf das Geld, auf die geöffnete Brieftasche.

»Ich wollte einen Sarg für mein Kind«, sagte Mehmet.

An der harten Aussprache erkannte der Bestatter den Fremden.

»Was belästigst du meine Frau?« schrie er aufgebracht.

»Laß doch, Max«, versuchte sie ihn zu beruhigen. »Vielleicht will er wirklich . . .«

»Was die Schlawiner wollen, das weiß doch jeder«, brüllte er nun. Er zeigte auf die Tür. »Raus, aber schnell!«

»Er hatte heute nachmittag eine schreckliche Leiche aus dem Rhein. Dann trinkt er«, versuchte die Frau zu erklären.

Mehmet nahm das Geld vom Tisch und ging. Seine Wut war verflogen. Er versank in tiefe Ratlosigkeit. Ihm fiel die Beerdigung seines Großvaters ein, der Sarg auf dem makellos weißen Marmorblock in der Moschee, das schöne, unbeschnittene Leichentuch »Kefen«, das seine Mutter selber gewebt hatte.

»Habt ihr diesen Menschen als guten Menschen gekannt?« Laut hallte damals die Stimme des Hocca über die Trauergemeinde hin, und die Antwort schallte ihm entgegen: »Ja, wir haben diesen Menschen als guten Menschen gekannt.« In der folgenden Woche waren die Verwandten ins Trauerhaus gekommen, hatten zu essen und zu trinken mitgebracht, und das Leben des Großvaters war in den Geschichten und Erzählungen in die Gegenwart der wenigen Tage zurückgeholt worden. Anatolien, ja, Anatolien.

Er wußte nicht, wie lange er durch die Stadt gelaufen war. Endlich rief ihn einer an: »He! Sehen Sie nicht, daß die Ampel Rotlicht hat?«

Er fuhr zusammen. Neben ihm stand ein Polizist. Mehmet schaute ihn an.

»Ist was mit Ihnen?« fragte der Polizist.

»Mein kleiner Sohn ist heute gestorben. Ich suche einen, der mein Kind beerdigt.«

»Fremd hier?«

Mehmet nickte.

»Wir kommen aus Anatolien. Zwei Jahre lang bin ich hier. Meine Frau liegt im Krankenhaus.«

»Tja«, sagte der Polizist. »Wir rufen immer bei Schlosser an, wenn einer mit dem Auto verunglückt. Schlosser in Beckheim. Das ist nicht sehr weit.«

»Meinen Sie, daß er das macht?«

»Sie stellen vielleicht komische Fragen«, sagte der Polizist. Dann erklärte er ihm, welche Bahn bis Beckheim fuhr, zeigte ihm die Haltestelle und verabschiedete sich.

»Kommen Sie gut durch die schweren Tage«, sagte er und hob grüßend die Hand.

Mehmets Herz schlug bis zum Hals, als er auf die Schelle drückte. Er zählte die Blätter des künstlichen Gummibaums im Schaufenster. Auch hier Urnen, Kerzen, weiße Hemden. Endlich öffnete sich die Tür.

»Entschuldigen Sie bitte, wir müssen immer erst von oben herunterkommen.«

Der Mann ließ Mehmet den Vortritt in den Laden.

»Mein kleiner Sohn ist gestorben«, erzählte Mehmet. »Wir wollen ihn

185

auf dem Friedhof am Berg begraben. Werden Sie mir einen Sarg verkaufen?«

Herrn Schlosser fiel ein, wie fremdartig die Totenbräuche der Türken waren. Er sah die Männer und Frauen, wie sie in der kalten Kapelle die Toten wuschen, das riesige Leintuch ausbreiteten, den toten Körper darin einschlugen, die fremden Gebete, das Weinen, wie sie auf den Schultern den Sarg bis an die Grube trugen, schließlich selber mit dem Spaten die aufgeworfene Erde wieder einfüllten.

Bei ihm kostete der 60-cm-Sarg 178 DM.

»Sie nehmen am besten den kleinsten weißen.«

»Es war mein erster Sohn«, sagte Mehmet.

»Armer Kerl«, sagte Schlosser leise, als er den Sarg vom Gestell hob.

»Dieser Beruf, der ist, verdammt noch mal, einfach nicht das richtige für mich.«

Doch Mehmet dachte anders darüber.

16. Dezember

Die kleine Pforte von Bethlehem

Fast alle Menschen in unserem Land sind in der Lage, die Buchstaben von A bis Z fehlerfrei zu lesen. Außer diesen 26 Buchstaben gibt es aber eine Reihe von Alphabeten, die uns viele Geschichten, viele Botschaften, viele Wahrheiten berichten könnten, wenn wir sie nur zu lesen vermöchten. Aber für diese Zeichen ist die Blindheit weit verbreitet. Wir sehen und sehen doch nicht. Vor unseren Augen liegen die Zeichen, aber den Sinn verstehen wir nicht.

Eins dieser Zeichen ist die kleine Pforte zu Bethlehem. Sie ist der Eingang in die Geburtskirche Jesu. Tief unten in der Basilika zeigt ein silberner Stern jene Stelle an, an der der Messias am Rande der Stadt in Armut und unter kleinen Leuten geboren worden sein soll. Eine schöne, große Kirche und nur eine winzige, niedrige Pforte? Ja, da genau beginnt das Zeichen, da fangen die Geschichten an.

Ich könnte einige dieser Geschichten erzählen. Die von dem großen Bauunternehmer K., der sich mit einem Mercedes hinfahren ließ. Der Fahrer hielt ihm die Autotür auf. Aber dann ...

Oder die von dem Angestellten B., der während der ganzen Fahrt im Bus großsprecherisch redete, alles besser wußte. Auch er wollte durch die Pforte ...

Oder die Geschichte von dem kleinen, etwas verwachsenen Fräulein Sch., das immer Mühe hatte, die erste Stufe zu erklimmen, wenn wir in den Bus drängten. Ja, die . . .

Und dann auf einmal fiel mir ein, wie viele bedeutsame Männer und Frauen sich schon klein gemacht hatten, wie viele stolze Nacken sich schon beugen mußten, wenn sich die Menschen durch diese Pforte zwängten. Kaiser, Herrscher, Generäle, Chefärzte, Vorstände, Stars, Direktoren. Leute mit großen Namen. Noch mehr Leute, deren Namen niemand kennt.

Auf dem Weg zu Jesus bedeutet es nichts, mächtig zu sein.

Berühmt zu sein.

Im Scheinwerferlicht zu stehen.

Im Fernsehen zu erscheinen.

An den Schalthebeln zu sitzen.

Den Ton anzugeben.

Andere springen lassen zu können.

Als ich selbst unter dem mächtigen Stein die Schwelle überschritt und aus dem dämmrigen Kirchenraum ins Freie trat, hat meine Tochter mich fotografiert. Das Foto hat mich schon oft nachdenklich gemacht. Es müssen nämlich nicht immer Geschichten von anderen sein, die die Zeichen erzählen.

Worte Jesu

»Wer unter euch allen der Kleinste ist, der ist groß« *(Lukasevangelium, Kapitel 9, Vers 48)*.

»Wer so klein sein kann wie dieses Kind, der ist im Himmelreich der Größte« *(Matthäusevangelium, Kapitel 18, Vers 44)*.

»Der Größte von euch soll euer Diener sein. Denn wer sich selbst erhöht, wird erniedrigt, und wer sich selbst erniedrigt, wird erhöht werden« *(Matthäusevangelium, Kapitel 23, Vers 11)*.

Das Beispiel Christi

»Er war Gott gleich, hielt aber nicht daran fest, wie Gott zu sein, sondern er entäußerte sich und wurde wie ein Sklave und den Menschen gleich. Sein Leben war das eines Menschen; er erniedrigte sich und war gehorsam bis zum Tod, bis zum Tod am Kreuz. Darum hat ihn Gott über alle erhöht . . .« *(Brief an die Philipper, Kapitel 2, 6–9).*

»Alle aber begegnet einander in Demut. Denn Gott tritt den Stolzen entgegen, den Demütigen aber schenkt er seine Gnade. Beugt euch also in Demut unter die mächtige Hand Gottes, damit er euch erhöht, wenn die Zeit gekommen ist« *(1. Petrusbrief, Kapitel 5, Vers 5–6).*

17. Dezember

Die Hechte werden bald beißen

Die Hechte werden bald beißen«, sagte der alte Mann. Sein Wort lockte die Männer aus den warmen Häusern. Noch vor Sonnenaufgang luden sie sich die Geräte auf die Schultern und zogen los. Unter ihren Stiefeln knirschte der Schnee. Das erste Licht stand kalt zwischen den Fichtenspitzen. Als sich die frühe Sonne groß und rotfarben über den Waldsaum schob und sich ihr Bild in dem blinden Spiegel des Sees abmalte, hatten die Männer bereits mit schweren Beilen Löcher in die dicke Eisdecke geschlagen, und sie legten ihre Schnüre aus. Weit über den See gestreut, hockten sie da, regungslos, schwarze Gestalten, die Köpfe tief in die Pelze geduckt, Katzen vor Mauslöchern. Später füllten sie aus den Säcken Kohle in kleine Eisenkäfige und zündeten Feuer an. Es war, als habe die Sonne helle Glutfunken über den See geworfen. Den Plan für die Käfige hatte der alte Mann, als er noch jung war, mit einem Stift auf einen breiten Holzspan gezeichnet. Der Schmied hatte nach diesem Plan, kopfschüttelnd über den neumodischen Kram, aus dünnen Eisenstangen geschmiedet, was der alte Mann sich ausgedacht hatte. Heute schüttelte kein Schmied in der ganzen Gegend mehr seinen Kopf darüber. Die Feuerkäfige hatten sich weit verbreitet, und es gab kaum einen Eisfischer an den Seen, der ohne ein solches Holzkohlengitter zum Fang auszog.

»Die Glut lockt die Fische an«, mutmaßten viele. Sicherer jedoch und wohlig für jeden war die Wärme, die das gefangene Feuer ausströmte, und angenehm war es, daß sich die Männer ein paar Fische über der Glut rösten konnten. Würziger Bratgeruch wehte dann über das Eis, und die Reifkristalle in den Schnurrbärten der Männer tauten ab, wenn sie sich die heißen Fischstücke in den Mund schoben.

In diesem Jahr blieb der große Fang lange aus.

»Er wird alt«, spotteten die Männer, aber der alte Mann hörte darüber hinweg.

Bevor sie schließlich heimgingen, warfen sie die wenigen Fischchen, die ihnen während der langen Stunden an den Haken gegangen waren, zornig auf das Eis. »Lieber gar nichts als so was«, riefen sie verächtlich und spuckten auf die handlangen Weißfische, die doch nur Spott im Dorfe herausfordern würden. Lieber kamen sie mit leeren Händen heim.

Der alte Mann fürchtete keinen Spott und kein hämisches Lachen, wenn er nach Hause kam. Seine Frau kannte die unberechenbaren Launen der Fische, denen jeder Fischer ausgeliefert ist. Sie wußte, daß der alte Mann mit den Fischen große Geduld hatte und sich nicht entmutigen ließ. Auch an diesem Tag waren die anderen Männer längst auf dem Heimweg, als er endlich dem Jungen das Zeichen gab, die Schnüre einzurollen.

Der alte Mann schritt von Eisloch zu Eisloch und sammelte die kleinen Fischchen, spülte sie sorgsam ab und steckte sie in einen engmaschigen Netzsack. Als er die letzten Löcher erreichte, zog sich schon ein faltiges, sprödes Eishäutchen über das Wasser.

»Wird kalt heute nacht, Luke«, sagte er zu dem Jungen.

»Warum sammelst du die Mistfische, die die anderen weggeworfen haben?« fragte der Junge ihn, und er schämte sich für den alten Mann.

»Man muß sie nehmen, wie sie kommen«, antwortete der alte Mann und stapfte los. Stumm und trotzig ging der Junge hinter ihm her. Er wußte noch nicht, warum der alte Mann jeden Pfennig zweimal umdrehte, und ahnte nicht, daß er die Fische mitnahm, um am Abendessen zu sparen.

Aber der alte Mann wußte, daß ein zusammengesuchtes Abendessen wieder ein paar Groschen von der Schuldenlast abtrug, Schulden, die ihm sein Sohn auf den Buckel geladen hatte, Schulden, die den alten Mann zu Boden drücken wollten. Von alldem wußte der Junge noch nichts.

Bald mußt du ihm alles sagen, dachte der alte Mann, als er später beim Abendessen bemerkte, wie der Junge die gebratenen Fischchen verächtlich beiseite schob und auf einem Kanten trockenen Brotes herumkaute. Der alte Mann hatte es immer wieder aufgeschoben, dem Jungen alles zu sagen. Er sah, daß der Junge stolz war, und er war nicht sicher, ob er stark genug sein würde, alles zu wissen. Der alte Mann wollte, daß der Junge seinen freien Blick behielt und die Augen nicht niederschlug, wenn er alles gehört hatte. Der älteste Sohn des Mannes war der Vater des Jungen, und es war dem alten Manne selbst schwergefallen, dem Blick derer standzuhalten, die alles wußten.

Seit gestern gingen sie nun allein zum See, der alte Mann und der Junge. »Heute hat er nicht einmal Köderfische mitgebracht«, spotteten die Männer, als der alte Mann mit dem Jungen in der Abenddämmerung des ersten Tages zurückkam.

Der alte Mann erwiderte kein Wort und ging ins Haus. Die Männer versuchten, den Jungen auszuhorchen.

»Gar nichts gefangen?« fragten sie.

»Nein«, antwortete der Junge einsilbig.

»Nicht mal ’nen Köderfisch gefangen?«

Der Junge zögerte, antwortete aber dann: »Nein, wir haben heute nichts gefangen.«

Da lachten die Männer und schüttelten ihre Köpfe über den alten Mann. »Seit der Karl weg ist«, sagten sie leise, »seitdem ist mit dem Biermann nichts mehr los.«

Doch der Junge hörte das nicht. Er hatte sich daran gewöhnt, daß hinter seinem Rücken getuschelt wurde, seit sein Vater fortgegangen war.

Der Junge dachte daran, daß der alte Mann der listigste und erfahrenste Eisfischer im ganzen Dorfe war. Tagelang hatte er mit den Männern auf dem Eis gesessen und sich wie sie mit den mageren Köderfischen begnügt, die der Zufall ihm an den Haken spießte. Aber an dem Tage, als sie zum ersten Male den See für sich allein hatten, hackte der alte Mann das Eis hinter der Landzunge unter einem trockenen Erlengebüsch auf.

Schon dachte der Junge, der alte Mann sei nun wirklich verrückt geworden und wollte dicht unter dem Ufer sein Glück versuchen, da sah er, wie er unter die Eisdecke griff, einen dort verborgenen Strick faßte und einen großen, gelöcherten Holzkasten hervorzog. Der Junge packte zu, denn der Kasten war schwer. Endlich hatten sie ihn auf das Eis gehoben. Der Kasten hatte einen verriegelten Deckel. Den öffnete der alte Mann und sagte: »Schau hinein, Luke.« Der Junge spähte in den Kasten. Das Wasser schoß durch die Löcher auf das Eis. Bald sah der Junge, daß es in dem Kasten nur so von Fischen wimmelte.

»Köderfische! Karauschen!« jubelte der Junge und umarmte den alten Mann so heftig, daß dieser schwankte.

»Karauschen sind die besten, Luke«, sagte der alte Mann. »Sie haben ein zähes Leben.«

Sie griffen einige etwa viertelpfündige Fische heraus, steckten sie in den Netzsack und versenkten den Kasten wieder unter dem Erlengebüsch. Mit den Fischen zogen sie zu dem Eisloch des alten Mannes, und der Junge half ihm beim Ködern der Schnüre.

»Wenn du willst, Luke«, sagte der alte Mann, »dann mach dir auch eine Schnur fertig.«

Der Junge schlug nicht weit von dem alten Mann entfernt ein Loch ins Eis und senkte seine Schnur hinein. Sie warteten den ganzen Tag, aber sie fingen nichts.

»Morgen«, sagte der alte Mann, als der Junge ihn am Nachmittag fragte, ob die Hechte aus dem See weggeschwommen seien. »Morgen fangen wir Fische. Ich spüre es in den Knochen. Das Wetter wird bald umschlagen. Wenn es anderes Wetter gibt, dann werden die Fische beißen.«

Was der alte Mann vorausgesagt hatte, traf ein. Gegen elf Uhr am nächsten Morgen hatte er schon vier schöne Barsche und zwei Hechte gefangen, jeder Hecht an die fünf Pfund schwer. Dem Jungen waren zwei Barsche an den Haken gegangen. Einmal war ein mächtiger Ruck durch seine Schnur gefahren, aber er war aufgeregt gewesen und hatte zu schnell den Arm mit der Schnur hochgerissen. Da ließ der Fisch den Köder fahren.

Geduldig erklärte ihm der alte Mann, was er falsch gemacht hatte.

»Komm ganz leise zu mir und schau«, sagte er, »bei mir hat einer gebissen.« Der Junge band seine Schnur an einen Stecken und legte den quer über das Eisloch. Dann schlich er zu dem alten Mann hinüber. Der hielt die Schnur ganz locker zwischen Daumen und Zeigefinger, und der Junge sah, wie die feingeknüpften Pferdehaare gleichmäßig ins Wasser glitten.

»Ein Barsch«, sagte der alte Mann. Die Schnur hing eine Weile still und locker im Wasser.

»Schlag an«, sagte der Junge. »Er wird dir sonst abgehen.«

»Wart es ab, Luke. Er schmeckt gerade die Karausche. Wenn er sie fest gefaßt hat und jetzt noch einmal loszieht, dann schlage ich an.«

Es dauerte ein, zwei Minuten, und der Junge dachte schon, der Fisch sei längst mit der Beute davon, da straffte sich die Schnur wieder und glitt weiter ins Wasser hinein. Der alte Mann saß in der Hocke, jeden Muskel gespannt. Zwei Meter Schnur ließ er noch weggleiten, dann schnellte er hoch und riß sie empor. Mit ruhigen Zügen holte er den Fang ein. Der Junge sah im Wasser des Eislochs die goldene Bauchseite des Fisches aufschimmern, schob den Käscher unter die Beute und hob sie aufs Eis.

»Ein herrlicher Barsch!« jubelte er. »Und schwerer als die anderen ist er auch.«

Der alte Mann säuberte den Fisch und sagte: »Ich vertrete mir ein bißchen die Beine, Luke. Später bringe ich neue Köderfische mit. Sieh zu, daß du etwas fängst. Wo ein Barsch ist, da sind meistens auch mehrere.«

Er ging über das Eis dem Ufer zu.

Der Junge kehrte zu seinem Eisloch zurück und löste die Schnur von dem Stock. Seine Mutter hatte ihm dicke Wollhandschuhe gestrickt. Nach seiner Anweisung fehlten die Spitzen des Daumes und des Zeigefingers.

»Ich habe dann mehr Gefühl für die Angelschnur«, hatte der Junge gesagt. Er hielt die Pferdehaare ganz lose zwischen den Fingern. In großen Schlingen sorgfältig ausgebreitet, lag das Ende der Schnur auf dem Eis. Wenn der Junge am Eisloch saß, dann hatte in seinem Kopf kein anderer Gedanke Platz als der an den Fisch, nicht einmal der an Lisa Warich. Er nahm kaum wahr, was um ihn herum geschah, sah nur den Wasserspiegel und sein Gerät. So entging ihm auch ein leises, ungewöhnliches Zucken nicht, das fremd durch die Schnur zitterte. Er wagte kaum zu atmen. Das war nicht die Bewegung der geköderten Karausche. War es ein Fisch? Ein großer Fisch vielleicht? Doch nicht das geringste Zupfzeichen deutete in den nächsten Minuten an, daß ein Fisch angebissen hatte.

Vielleicht hat sich nur die Karausche wild bewegt, dachte der Junge. Aber dann glitt ihm die Schnur schnell durch die Hand, und er wußte, das war ein Anbiß.

Es dauerte lange, bis die Schnur für einen Augenblick zur Ruhe kam. Dann wurde sie weiter von der unsichtbaren Kraft ins Wasser gezogen, schnell und ohne Zuckeln. Besorgt sah der Junge, wie Schlaufe um Schlaufe der Schnur ablief und es bis zu ihrem Ende nur noch wenige Meter waren.

Er reißt mir die ganze Leine weg, dachte der Junge. Ich muß bald anschlagen. Er drehte die Schnur zweimal um seinen Handschuh und schleuderte seinen Arm, so hoch er konnte. Es war ihm, als habe er den Haken auf dem Grunde des Sees in einen Baumstamm gerammt.

»Großvater!« schrie der Junge. Doch von dem alten Mann war weit und breit nichts zu sehen. Er war hinter der Landzunge verschwunden.

Die Schnur straffte sich. Die Wassertropfen zerstoben zu kleinen Perlen und sprühten von den Pferdehaaren. Wie eine Bogensaite spannte sich die Schnur. Es kam dem Jungen wie eine Ewigkeit vor, wie er dort stand, die Beine weit gespreizt, unfähig, die Schnur auch nur zehn Zentimeter herauszuziehen, ohne sie zu zerreißen. Am anderen Ende der Schnur rührte sich nichts. Hatte sich der Haken irgendwo auf dem Grunde des Sees festgespießt? Es dauerte eine Weile, bis der Junge aus der Unge-wißheit befreit wurde. Die Schnur wurde mit einem Male schlaff, und er konnte sie Zug um Zug einholen. Er achtete darauf, daß sie in großen Schleifen auf das Eis fiel, und das war gut so; denn plötzlich zog der Fisch wieder davon, und es brannten dem Jungen die Finger von der hindurch-schießenden Schnur. Er vermochte den Fisch nicht zu halten. Da wußte der Junge, daß er einen großen Fisch am Haken hatte. Alle Aufregung fiel von ihm ab, und das Zittern in seinen Knien verebbte. Er war jetzt froh, daß der alte Mann nicht in der Nähe war. Mit kühlem Kopf tat er, was er schon hundertmal im Halbschlaf und in Träumen getan hatte. Er kämpfte

mit dem Fisch, zog die Leine ein, wenn sie schlaff wurde, gab geschmei-
dig nach, wenn der Fisch zerrte, achtete darauf, daß die Schnur der
Eiskante fernblieb und sich an den scharfen Bruchstellen nicht durch-
scheuern konnte, schob mit dem Fuß den großen Käscher näher heran,
fühlte, als der Fisch sich eine Weile ruhig gegen seine Kraft stemmte, mit
der Hand nach dem Messer im Gürtel, spähte nach dem Beil, das er
benutzen wollte, wenn es ein ganz großer Fang war. Allmählich spürte
er, wie der Fisch ermattete. Seine Züge wurden kürzer, die Pausen länger.
Schließlich holte der Junge Armlänge um Armlänge die Schnur ein, und
es war ihm, als ob der Fisch mit einem Male alle Kraft verloren hätte. Nur
das Gewicht spürte der Junge in den Armen.

Er machte große Augen, als er den Fisch dicht unter die Oberfläche des
Wassers gezogen hatte. Noch niemals zuvor hatte der Junge einen so
gewaltigen Hecht gesehen. Er legte die Schnur auf das Eis und trat mit
seinem Stiefel darauf. Die weiße Bauchseite nach oben gekehrt, schwebte
der Fisch im schwarzen Kreisrund des Eisloches. Der Junge faßte den
Käscher fest mit beiden Händen und stülpte den Netzsack über den Kopf
des Fisches. Ein letzter, harter Schlag des Schwanzes peitschte das
Wasser und warf den Jungen beinahe in sein eigenes Eisloch. Er glitt aus,
gewann aber wieder festen Fuß, zerrte den Fisch heraus und schleifte ihn
weit auf das Eis, griff nach dem Beil und schlug die Schneide durch das
Netz hindurch dem Fisch hinter den Kopf ins Rückgrat.

Die durchgeschlagenen Maschen ließen den Käschersack zerfallen. Frei
lag der Hecht, das Beil im Genick, den Weidenring des Käschers rund
um den Leib.

»Was für ein Fisch!« sagte der alte Mann. Der Junge fuhr herum. Er wußte
nicht, wie lange der alte Mann schon in seiner Nähe gestanden und ihm
zugeschaut hatte. Er stürzte auf ihn zu und verbarg sein Gesicht im Pelz
des alten Mannes.

»Du hast ganz allein den riesigen Fisch gefangen«, sagte der alte Mann.
Er klopfte mit seiner Hand immer wieder leicht auf den Rücken des
Jungen. Er ist ein Mann, dachte er. Er ist wirklich ein Mann.

18. Dezember

Ein Stern ging auf

Mitten auf dem Schulhof lag er im Schmutz. Gegen Ende der großen Pause hob Regina ihn vom Boden auf. Es war ein Weihnachtsstern, aus braunem Lebkuchenteig gebacken und mit Zuckerguß dicht überzogen. In der Klasse legte Regina den Stern auf Frau Tiltfuchs' Tisch.
»Den habe ich auf dem Schulhof gefunden«, sagte sie.
»Den hat jemand weggeworfen«, sagte Karolin.
»Der ist schmutzig. Den kann niemand mehr essen«, sagte Ferdi.
»Wenn einer richtig Hunger hat, dann würd' er ihn doch essen«, behauptete Regina.
»Bieh! Ich würde ihn nie in den Mund stecken«, sagte Ferdi.
Frau Tiltfuchs fragte: »Wer hat denn von euch schon einmal einen richtigen, großen Hunger verspürt?«
Einige Finger fuhren in die Luft.
»Ich mußte mal ganz ohne Abendessen ins Bett.«
»Wir haben im Sommer beim Ausflug unseren Picknickkorb vergessen.«
»Wir haben Tante Emmi besucht. Aber sie hat uns nichts zu essen angeboten.«
»War euer Hunger so groß, daß ihr den Stern gegessen hättet?« wollte Frau Tiltfuchs wissen.

»Nö, so groß war er nicht«, gestand Paula ein. »Davon wird man ja krank, wenn man so was ißt.«

Da erzählte Frau Tiltfuchs die Geschichte vom kleinen Sindra Singh, der im fernen Indien lebt und der ungefähr so alt ist wie die Kinder aus der Klasse 3b. Jeden Tag bekommt Sindra in der Station eine Handvoll Reis. Das sind ungefähr 350 Reiskörner. Sindra hat sie gezählt. 150 ißt er, sobald er den Reis von dem Mann in der Station bekommen hat. 100 Körner steckt er in den Mund, wenn die Sonne ganz hoch steht. Den Rest hebt er auf, bis der Sonnenball die Erde berührt. Manchmal pfuscht er ein wenig und beginnt zu essen, wenn die Sonne noch in den hohen Bäumen hängt.

»Was meint ihr?« fragte Frau Tiltfuchs die Kinder, »ob Sindra Singh den Lebkuchenstern wohl essen würde?«

»Ich glaube, ja«, gab Regina zu.

»Und hier liegt der Stern auf dem Schulhof. Im Dreck liegt er, auf dem Boden.«

Mathilde sagte: »Mein Opa hat erzählt, Brot darf man gar nicht wegwerfen. Er sagt, das hat er in Rußland gelernt. Da war er nach dem Weltkrieg in Gefangenschaft.«

»In Afrika ist auch Hunger«, sagte Ferdi.

»Und in Brasilien auch. Da hat es in einer Gegend zwei Jahre lang nicht geregnet«, wußte Karolin.

»Mein Onkel hat aus der Türkei geschrieben. Die Erde hat dort gebebt. Viele Häuser sind eingestürzt«, berichtete Petra. »Da sind auch viele Nahrungsmittel knapp.«

Marie hatte bislang gar nichts gesagt. Jetzt hob sie ihren Finger.

»Ja, Marie, was gibt es?« fragte Frau Tiltfuchs.

»Wir haben doch gestern abend bei der Adventsfeier für die Eltern gesungen, geflötet und gespielt«, sagte Marie. »Wir haben Geld gesammelt. Meine Mutter hat gesagt, es wären 189,50 DM zusammengekommen. Dafür könnten wir doch ein Paket packen.«

Marie stockte und setzte sich wieder.

»Ein Weihnachtspaket!« rief Ferdi.

Karolin schrie: »Übermorgen fährt ein Lastwagen von der Kirche aus in die Türkei. Der nimmt unser Paket sicher mit.«

Die Kinder waren begeistert. Sie schrieben an die Tafel, was alles in das Paket hineinsollte: Schokolade und Marzipan, Kaffee und Apfelsinen, Dauerwurst und Konserven und, und, und.

Bis zur nächsten großen Pause hat es gedauert. Dann wußte jedes Kind in der Klasse, was es am Nachmittag für das Paket einkaufen sollte. Das war die einzige Hausarbeit an diesem Tag.

Zum Schluß hob Frau Tiltfuchs den Lebkuchenstern in die Luft und sagte: »Irre ich mich, Kinder, oder leuchtet er jetzt wirklich ein bißchen?«

Die Kinder meinten auch, daß er ein wenig heller aussehe.

Frau Tiltfuchs ging ziemlich müde nach Hause. Sie war auch ein wenig glücklich.

Doch das Glück dauerte nur bis kurz nach sechs Uhr. Das Telefon schrillte. Herr Semmelweid, der Vater von Ferdi, beschwerte sich. Das Geld sei für die Klasse gesammelt worden. Das Geld sei für Papier gedacht und für Farbstifte. Es solle den Kindern der Klasse 3b zugute kommen. Das Geld solle nicht zum Fenster hinausgeworfen werden.

Frau Tiltfuchs wandte ein, daß die Kinder in dieser Adventszeit etwas Gutes tun wollten und selber auf die Idee mit dem Paket gekommen wären.

Herr Semmelweid sagte, daß die Schule dazu nicht da sei.

»Aber der Stern, Herr Semmelweid, hat Ferdi denn nichts von dem Stern erzählt?«

»Stern?« fauchte Herr Semmelweid. »Was für ein Stern?«

»Na«, stotterte Frau Tiltfuchs, »der Lebkuchenstern. Der fing auf einmal an zu leuchten, als die Kinder auf den Gedanken mit dem Paket kamen. Ich meine . . .«

»Sie wollen mich wohl auf den Arm nehmen, wie?« schimpfte Herr Semmelweid. »Ich werde andere Schritte unternehmen. Den Direktor werde ich . . .«

Bevor er den Telefonhörer auflegte, konnte Frau Tiltfuchs noch sagen: »Fragen Sie doch Ihren Ferdi mal nach dem Stern. Der hat es auch gesehen.«

Frau Tiltfuchs ging am nächsten Morgen bedrückt zur Schule. Ihr Mann hatte sie getröstet und vorgeschlagen: »Notfalls zahlen wir das Paket allein.« Aber Frau Tiltfuchs fand, das sei nicht dasselbe.

Auf dem Schulhof rannte Ferdi ihr gleich entgegen. Er streckte ihr einen Brief hin und sagte: »Von meinem Vater.«

Sie riß hastig den Umschlag auf. Fast wäre ihr der Zwanzigmarkschein, der darin steckte, auf den Boden geflattert. Ein paar Zeilen hatte Herr Semmelweid dazu geschrieben.

»Sehr geehrte Frau Tiltfuchs«, stand da. »Ich habe meinen Sohn Ferdi genau befragt. Ich weiß zwar immer noch nicht, ob es richtig ist, was Sie vorhaben, aber es kam mir so vor, als ob das Leuchten des Sterns noch in Ferdis Augen zu sehen war. Entschuldigen Sie bitte meinen Anruf von gestern. Meine Frau sagt es häufig, ich sei ein hitziger Typ. Ihr Egon Semmelweid.«

Am Tag darauf fuhr der Lastwagen mit vielen Paketen los. In dem Paket der Klasse 3b lag ein Brief. »Frohe Weihnachten«, stand darin. Alle 26 Kinder hatten ihren Namen daruntergeschrieben.

»Irgendwo in der Türkei wird ein Stern aufgehen«, sagte Frau Tiltfuchs zu den Kindern.

Dreikönigsspiel im Advent

Vorspiel

BALTHASAR (B):
*Ich schau in langen Nächten
empor zum Himmelszelt
und denk, die Sterne brächten
Hoffnung in diese Welt.*

KASPAR (K):
*Ich seh die Finsternisse
und zittere dabei,
ob nur das Ungewisse
oder ob Hoffnung sei.*

MELCHIOR (M):
*Ich starr in Dunkelheiten.
Es glitzern kalt die Stern.
Ob ich zu meinen Zeiten
erkenne Gott, den Herrn?*

Spielszene *(Teleskope am Fenster. Drei Männer stehen, einander zuge-
wandt)*
M: *Ich geb's auf. So viele Stunden jede Nacht starre ich durch das Glas.
Warten. Warten. Und was kommt dabei heraus?*
K: *Rote, entzündete Augen. Und am Morgen kommst du kaum aus den
Federn, so müde bist du noch.*
B: *Aber es steht doch in den Schriften geschrieben. Die alten Schriftrol-
len lassen keinen Zweifel. Ein Stern wird aufgehen am Himmel. Und
dann . . .*
K: *Ja, ja. Wir wissen es ja. Und dann. Und dann. Und wann wird das*

sein? Wann wird dieser Tag »und dann« endlich kommen? Wann, wann . . .

B: *. . . sagte der Nachtwächter und legte sich aufs Ohr. Genau in jener Nacht kamen die Diebe und brachen ein.*

M: *Also ich, ich mache heute früher Schluß. Ob ich morgen abend überhaupt komme, das weiß ich noch nicht. Meine Frau will schon lange unsere Freunde einladen. Ich denke, ich werde gehen.*

B: *Es ist noch nicht sehr spät. Laßt es uns noch einmal versuchen.*

K: *Von mir aus. Auf mich wartet sowieso keiner.*

B: *Komm, Melchior, mach weiter mit. Die Zeit hat sich erfüllt. Nach allem, was wir wissen, kann es nicht mehr lange dauern.*

M: *Das hast du schon vor Jahren gesagt.*

B: *Der Messias wird kommen. Er wird erscheinen. Ich glaube fest daran.*

M: *Auch das sagst du uns schon jahrelang, Balthasar. Aber ich bin es leid. Ich will nicht länger darauf warten. Andere machen sich eine vergnügte Zeit, gehen aus, hören Musik, tanzen, feiern. Und wir hocken Nacht für Nacht vor dem Teleskop und starren in die Fernen. Meine Nachbarn nennen mich schon den Sternengucker, den Hans-guck-in-die-Luft. Die eigenen Kinder beginnen über mich zu lachen. Ich bin mit der Sache fertig. Ich kann nicht mehr. Ich mache Schluß.*

K: *Aber Balthasar könnte recht haben. Nimm einmal nur für einen Augenblick an, er könnte recht haben.*

M: *Das ist es ja, was mich fast krank macht.*

K: *Du schaust nicht für dich allein nach vorn. Du versuchst nicht für dich allein, die Dunkelheiten zu durchdringen. Für deine Frau tust du das, für deine Kinder, für die Nachbarn auch. Woher sollen es die Menschen denn erfahren, Melchior, wenn der Messias wirklich kommt? Wenn der Tag endlich gekommen ist, an dem ER in unsere Welt kommt?*

M: *Also gut, ich bleib für heute. Ich versuch es noch mal. Euch zuliebe.*

B: *(ist inzwischen zum Teleskop gegangen, tritt erschrocken zurück, stammelt): Ich sehe was. Ich hab' etwas im Glas. Etwas Unmögliches. Ich, ich . . .*

(Alle stürzen zu ihren Teleskopen.)

B: Da, über dem Horizont. Genau im Osten.

M: Ein neuer Stern.

K: Einen leuchtenden Schweif zieht er hinter sich her.

M: Strahlendes Licht.

K: Die Nacht wird hell.

B: Das Zeichen! Endlich das versprochene Zeichen.

(Sie blicken auf, fallen sich in die Arme.)

M: Morgen brechen wir auf. Der Stern wird uns den Weg zeigen.

K: Aber du wolltest morgen mit deiner Frau und deinen Freunden zusammensein.

M: Das ist wichtig. Aber was wir hoffen, was wir erwarten, das ist wichtiger.

B: Und du, Kaspar, du gehst doch auch mit uns?

K: Sicher. Auf mich wartet sowieso keiner.

M: Doch. Jetzt wartet einer auf dich. Ganz gewiß wartet ER auf uns alle.

Nachspiel

M:

Ein Stern ist aufgegangen,
sein Licht durchstrahlt die Nacht.
Das Heil hat angefangen.
Hat Hoffnung uns gebracht.

B:

Gefesselt und gefangen
war'n wir in unsrer Zeit.
Der Stern ist aufgegangen,
hat endlich uns befreit.

K:

Wir folgen seinen Wegen,
uns führt sein heller Schein.
Der Herr kommt uns entgegen,
will unser Bruder sein.

19. Dezember

Der Alte

Der Mond schob sich apfelsinenfarben über die Nebelbänke, als sie das Feuer löschten und loszogen. Im Wald war es dunkel. Der Weg schnitt eine Schneise in den Himmel. Das matte Licht des Mondes und der Sterne fiel durch diesen Spalt, so daß einer den anderen als Schatten deutlich erkennen konnte. Der Weg war nicht zu verfehlen.
Lange waren sie gegangen, als der Wald sich auftat. Über den Feldern und Wiesen wölbte sich klar die Nacht. Sie konnten weit sehen. Ein Gehöft lag ein wenig abseits. Durch das Stubenfenster fiel Licht.
»Ich habe Durst«, sagte Andrzej. »Ich frage nach einem Schluck Wasser.«
Sie bogen in die Einfahrt ein. Der Hund kläffte und zerrte an der Kette.
»Schlechte Wirtschaft«, knurrte Janec, als er den Hof sah. Der Wagen war achtlos abgestellt, Ackergeräte standen im Freien, das Scheunentor war nicht geschlossen.
»Sag doch schon polnische Wirtschaft«, reagierte Basia empfindlich.
»Quatsch! Sei nicht so biestig. Du weißt, daß wir in diesem Land zu Hause sind.«
»Eure Eltern denken anders darüber.«
»Ja. Mist!«
Kristina klopfte an die Tür.

»Wer ist da draußen?« schrie eine Männerstimme von drinnen.

»Zwei Jungen und zwei Mädchen. Wir haben Durst.«

»Junge Leute? Na, dann herein.«

Die Tür war nicht verschlossen. In einem Korbsessel saß ein älterer Mann. Ein schneeweißer Sechstagebart wucherte in einem zerfurchten Gesicht. Blanke schwarze Augen blickten neugierig auf die späten Gäste.

»In der Kanne auf dem Herd ist Kaffee. Die Tassen stehen dort auf dem Tisch. Ihr müßt sie ausspülen. Seit meine Elzbieta tot ist, wird hier nur gespült, wenn es sich lohnt.«

Er kicherte in sich hinein.

»Späte Rache«, flüsterte er. »Sie hat mich bald fünfundzwanzig Jahre kujoniert. Marek, Schuhe abputzen. Marek, schneuze nicht, nimm dein Taschentuch. Marek, das Dach muß geflickt werden. Marek, du hast deinen Sonntagshut nicht gebürstet.« Er griff nach einem speckigen blauen Hut und hielt ihn ins Licht. »Den trage ich jetzt im Stall.«

Wieder kicherte er boshaft. »Späte Rache.« Er besann sich auf seine Gäste. »Zucker ist in der Büchse auf dem Brett dort, Milch im Topf hinten auf dem Herd.«

Sie bedienten sich.

»Setzt euch. Ich hatte lange keinen Besuch.«

Die Verschnaufpause war ihnen willkommen. Sie hockten sich um den Tisch. Basia und Andrzej rutschten auf die Bank.

»Das ist gut«, sagte der Alte. »Ein rundum besetzter Tisch. Das ist gut.« Er zog einen Holzspan aus einem Bündel, zündete ihn im Herdfeuer an und versuchte, seine erloschene Pfeife wieder in Brand zu setzen.

»Darf ich Ihnen eine Zigarette anbieten?« fragte Janec.

»Sargnägel!« schnaubte der Alte verächtlich und hüllte sich in beißende blaue Knasterwolken.

»Wo kommt ihr her?« wollte er wissen.

Janina erzählte von ihrem Ausflug. Der Alte lachte in sich hinein.

»Laufen ist wohl nichts für feine Füße aus der Stadt«, neckte er sie scherzhaft.

»Ich spüre gar nichts«, prahlte Janec, hatte aber seine Schuhe unter dem Tisch bereits ausgezogen.

»Ich laufe mir bestimmt eine Blase«, klagte Basia. »Meine Füße brennen schon jetzt.«

»Ihr habt Musik gemacht, dort am See? Habt ihr Musik gemacht?« Er zeigte auf Andrzejs Gitarre.

»Ja.«

»Spielt mir eins«, bat er. »Ich höre gern Musik.«

Andrzej zupfte lustlos die Saiten. Janec holte seine Mundharmonika aus der Tasche und legte los. Der Alte gefiel ihm. Kristina nahm die Teile der Flöte aus dem Etui und baute sie zusammen. Sie saß dicht neben dem Alten. Der strich mit dem Finger ganz zart über das schwarze Holz, über die silbernen Klappen und Reifen.

»Ein altes Instrument«, sagte er, »eine schöne Flöte.«

»Verstehen Sie etwas davon?« fragte Janec erstaunt.

»Mein Vater besaß eine solche Flöte«, erinnerte sich der Alte. »Wenn mein Vater einem Hochzeitspaar zum Tanz aufspielte, dann verstummten sogar die Vögel und lauschten. Gab es Streit und lag eine Schlägerei in der Luft, dann brauchte mein Vater nur seine Flöte zu nehmen und zu spielen. Die größten Hitzköpfe vergaßen ihren Zorn und hörten zu.«

Kristina wunderte sich über die Sprache des Mannes. Es schien mehr hinter diesem Bauern zu stecken als ein böser Alter, der seine Frau noch über das Grab hinaus haßte.

»Spielt Lieder, ihr jungen Leute, spielt mir die alten Lieder!«

Janec begann, und die anderen fielen ein. Janina sang mit ihrem hellen, kindlichen Sopran, Basias Alt und Andrzejs Bariton mischten sich darunter, und der Alte brummte den Baß. Er wiegte sich im Sessel, und sein Gesicht war ein einziger Glanz, eine einzige Freude.

»Wartet, wartet, ihr Freunde!« Er erhob sich vorsichtig aus dem Korbsessel.

»Der Rücken, der verfluchte«, knurrte er und griff sich ans Kreuz.

Er schob einige Kloben in das Feuer. Dann hob er die Holzklappe im Boden, die das Treppenloch zum Keller verschloß. Er stieg vorsichtig die Stiegen hinab und kam wenig später mit zwei verstaubten Flaschen wieder herauf. Er hielt sie in das Licht.

»Dies hier«, er wies auf eine rötlich schimmernde Flasche, »dies hier ist

etwas ganz Besonderes. Hat meine Elzbieta gemacht. Und von der Küche
verstand sie viel. Stachelbeerwein. Ihr Wein war in der ganzen Verwandt-
schaft berühmt. Diese Flasche habe ich gerettet, als ihre Schwestern und
Brüder nach Elzbietas Beerdigung alles wegsaufen wollten.«
Er suchte nach dem Korkenzieher. »In der anderen Flasche ist frischer
Korn. Den habe ich im Sommer selber gebrannt.«
»Ist das nicht gefährlich?« fragte Kristina. Eigentlich hatte sie wissen
wollen, ob das Schwarzbrennen nicht streng verboten sei.
»Brauchen keine Angst zu haben, Fräulein. Von Mareks Korn ist noch
kein Mensch blind geworden. Habe so was schließlich lange genug in der
Klinik im Labor geübt.«
Er zog die Korken sanft aus den Flaschenhälsen und goß den Mädchen
vom Wein, den Jungen Schnaps in die Tassen. Schon hob er seinen
Becher, doch dann zögerte er, blickte noch mal auf die Flöte und sagte:
»Ich habe früher oft mit meinem Vater zusammen gespielt. Wir waren
eine begehrte Kapelle, meine Brüder, mein Vater und ich.«
»Und was ist daraus geworden?« fragte Janec.
»Seit einundvierzig habe ich meine Geige nicht mehr hervorgeholt«,
sagte er, starrte eine Weile düster vor sich hin, stürzte aber dann seinen
Becher und befahl: »Trinkt, Kinder, trinkt!«
»Nicht wahr?« freute sich der Bauer. »Sie sollten ihn aus einem Glase
trinken«, seufzte er und ging nach nebenan in die gute Stube. Sie hörten
ihn kramen. Mit einem geschliffenen Glas und einem hölzernen Geigenkasten kehrte er zurück. »Das ist ein Glas, das zu Elzbietas Wein paßte«,
sagte er, schüttete den Rest aus Kristinas Tasse ins Glas und hielt es ins
Licht. Rosé funkelte der Wein.
Dann löste der Alte die Hakenverschlüsse des Geigenkastens. Eine braun-
geflammte Geige hielt er behutsam in seinen Händen und drehte geschickt
die zierlichen Wirbel. Kristina blies das A. Er schaute sie dankbar an. In
wenigen Minuten hatte er die Saiten gestimmt, den Bogen gespannt und
ihn über Kolophonium gestrichen. Dann hob er das Instrument gegen das
Kinn.
Die Töne klangen auf, zittrig zunächst, doch dann klarer und sicherer.
Das Lied von dem Mädchen, das den Ring des Liebsten in den Bach wirft.

Kristina kannte es gut. Ihr Großvater hatte es oft gesungen, wenn er sonntags vor dem Hängespiegel stand und sich den Bart einseifte.

Sie blies mit. Auch Janec spielte, und Andrzej griff dazu ein paar Akkorde. Als der Alte die Geige sinken ließ, saß er eine Weile stumm, den Kopf tief auf die Brust gesenkt.

»Seit über dreißig Jahren haben Sie nicht mehr gespielt?« fragte Andrzej. »Es ist, als ob Sie gestern die Geige aus der Hand gelegt hätten.«

»Warum haben Sie so lange nicht gespielt?« fragte Basia. Er blickte auf, unsicher, ob er den fremden Leuten seine Geschichte erzählen sollte. Er entschloß sich dann aber doch dazu.

»Einundvierzig«, begann er, »ein schweres Jahr für uns. Hier in der Heide, in diesem Dorf lagen die Deutschen nicht. Aber oft genug kamen sie, forschten uns aus nach den Partisanen, die drüben in dem großen Wald ihre Schlupfwinkel hatten und dann und wann eine Lokomotive in Czersk in die Luft sprengten oder die Gleise der Bahn zerstörten. Wir kannten sie alle, die Männer aus den Wäldern. Mit der Dämmerung kamen oft zwei von ihnen mit ihren Fahrrädern ins Dorf dort drüben. Meine Mutter hatte den Kramladen. Aber zu verkaufen gab es nicht viel. Sie wollten auch nichts außer einer Flasche, einer Flasche von dem dünnen Bier, das damals gebraut wurde. Sie setzten sich auf die Mehlkiste und ließen sich erzählen, was es Neues von den Deutschen zu berichten gab. Sie fluchten, als sie hörten, daß sich alle eindeutschen lassen sollten, daß ihnen drei Kreuze zur Unterschrift genügten, um aus dem guten polnischen Ryszard Przybylski einen schlechten deutschen Richard Pribill zu machen.

Besonders ein langer Schlaks, nur wenig über zwanzig Jahre alt, regte sich jedesmal fürchterlich auf, wenn er hörte, was die Schwabis anstellten. Er fuchtelte dann mit seinem Karabiner wild in der Luft umher und fluchte, daß selbst den Alten der Atem stockte.

An einem schwülen Sommerabend nun saß dieser junge Mann mit einem älteren Partisan draußen vor dem Haus auf der Treppe. Ihre Karabiner hielten sie zwischen den Knien, und die Flaschen hatten sie neben sich gestellt.

In Czersk war vor drei Wochen ein neuer Standortkommandant eingezogen. Sein Name war in aller Munde. Er hatte siebzehn Männer, die sich nicht eindeutschen lassen wollten, kurzerhand verhaften lassen und sie nach Bromberg, wie sie Bydgoszcz damals nannten, ins KZ gesteckt. Er hatte alle Juden in einer einzigen Nacht mit Lastwagen auf Nimmerwiedersehen verschwinden lassen. Viel häufiger als je zuvor tauchten Militärstreifen in den Dörfern auf, schnell und oft unvermutet. Vor allem aber hatte er in einem Anfall von Wut geschworen, er wolle das »Partisanenpack«, wie er es nannte, in seinem Bezirk ausrotten, koste es, was es wolle. Doch damit kam er nicht recht vorwärts, denn unsere Wälder sind groß, und der Nachrichtendienst funktionierte.

An diesem fürchterlichen Abend nun erzählte meine Mutter, daß auf dem Friedhof an der Kirche eine Gruppe von Soldaten, wohl im Suff, die Grabsteine umgestürzt und zerschlagen habe. Nur die Steine mit deutsch klingenden Namen hätten die Wüstlinge verschont. Die Empörung über diese Schändung war in der ganzen Gegend groß.

Der junge Partisan, vielleicht besonders reizbar durch die drückende Schwüle und durch den Schnaps, den meine Mutter spendiert hatte, sprang auf, schüttelte drohend seine Faust in Richtung Czersk, fluchte mit rotem Kopf Himmel und Hölle auf die Hitlerowskis herab, laut schreiend, und ließ doch dabei das Gewehr nicht aus der Hand. Plötzlich löste sich daraus ein Schuß. Der Knall schallte durch das ganze Dorf und wurde vom Walde zurückgeworfen. Stille senkte sich über die Häuser.

›Idiot!‹ schimpfte der ältere Partisan, stand auf, nahm den letzten Schluck aus der Flasche und schulterte das Gewehr. Da hetzte der Jüngste von Zabieskis auf einem ungesattelten Braunen die Straße herauf, sprang ab, außer Atem, und stieß hervor: ›Sie kommen! Haut ab!‹

Die Partisanen schwangen sich auf die Räder und stiegen mit Macht in die Pedale. Ein Mannschaftswagen der Deutschen bog in die Dorfstraße ein.

Es war eine kurze Jagd. Dicht vor dem Wald fanden wir die gestürzten Räder, die zerschossenen Körper. Der Pfarrer hat sie in derselben Nacht noch begraben.

Am nächsten Morgen in aller Frühe kam der Kommandant selber mit einem kleinen Trupp seiner Leute. In unserer Gaststube gab es endlose Verhöre. Aber alle hielten dicht. Ja, man hatte die Männer gesehen. Ja, sie seien draußen vor dem Dorf mit ihren Rädern gefahren. Nein, im Dorf kannte sie niemand. Ja, den Schuß habe man gehört. Nein, niemand habe sich dabei etwas gedacht. Schließlich sei Krieg. Nein, Nachricht habe man ihnen nicht gegeben. Ja, man fühlt sich schließlich als Deutsche. Ja, man habe sich eindeutschen lassen.

Da nun hakte der Kommandant bei meinem Vater ein.

›Wie heißen Sie?‹ fragte er meinen Vater. Der nannte seinen Namen. Der Kommandant schaute ihn überrascht und interessiert an.

›Sind Sie der Bauer, der mit seinen Söhnen auf Festen musiziert?‹ fragte er.

›Ja, das sind wir‹, bestätigte Vater.

›Spielen Sie vor!‹

Vater rief uns. Wiktor spielte das Cello, mein Bruder Józef die Bratsche, ich die Geige und er die Flöte.

Mein Vater war ein Fuchs. Er blätterte in den Noten und schlug das Kaiserquartett von Haydn auf. Es ist die Melodie des deutschen Nationalliedes, aber nicht von Fanatismus zerhackt, nicht vom Marschtritt zerstampft, sondern zart, wunderbar melodisch.

Wir spielten es verhalten, so gut wir nur eben konnten. Es war das einzige Mal, daß ich den hageren, grauhäutigen Kommandanten freundlich sah. Er ließ uns zu Ende spielen, stand dann auf und sagte: ›Sehr gut. Sie haben mich überzeugt.‹ Sein Lächeln verzerrte sich. ›Kommen Sie heute um vier Uhr zu dem Hof der Rogalkas draußen vor dem Dorf. Alle. Mit Ihren Instrumenten. Verstehen Sie?‹

Wir hatten zwar verstanden, begriffen aber gar nichts.

Es war gegen elf, als die Soldaten endlich abzogen. Wir fragten im Dorf, wir erkundigten uns bei den Rogalkas, aber keiner konnte sich einen Reim darauf machen. Es wuchs nur eine dunkle Angst in uns.

Lange vor vier schon kamen wir auf Rogalkas Hof an und setzten uns auf den Brunnenrand. Er war einer der besten Höfe der ganzen Umgebung. Die Rogalkas verschwanden kurz vor vier in den Häusern.

Pünktlich zur angesagten Zeit erschienen die Deutschen. Von drei Lastwagen sprangen die Soldaten und bildeten eine dünne Kette rund um das ganze Gehöft. Der Kommandant kletterte aus seinem Kübelwagen, nickte uns zu und marschierte zum Wohnhaus hinüber.

›Sind Sie der Wojtek Rogalka?‹ fragte er den Bauern.

›Ja.‹

›Ihr Hof ist beschlagnahmt.‹

›Aber wieso denn, Herr Major?‹

›Umgesiedelte Deutsche aus den Weiten Rußlands werden hier wohnen. Sie haben eine halbe Stunde Zeit, das Nötigste zu packen. Zwanzig Kilogramm Gepäck für jede erwachsene Person.‹ Er blickte auf die Uhr. ›Sechzehn Uhr fünf‹, sagt er. ›Um sechzehn Uhr fünfunddreißig fährt Ihre ganze Familie mit diesem Wagen.‹

›Auch die Kinder?‹

›Jawohl.‹

›Und die Mägde, die Knechte?‹

›Jeder, der sich auf dem Hof befindet.‹

Der Bauer, gebeugt, nervös, rannte ins Haus zurück. Das Jammern der Frauen drang durch die geöffneten Fenster.

Wir hätten es wissen müssen. Wir hatten ja längst davon gehört, daß Höfe umstellt und zwangsweise geräumt wurden. Die Menschen kamen ins Lager. Die umgesiedelten Deutschen aus Rußland erhielten Haus und Hof und Vieh und alles, was im Hause geblieben war. Der Kommandant schritt quer über den Hof auf uns zu. Breitbeinig stellte er sich vor uns auf.

›Sie werden diese halbe Stunde lang musizieren. Zum Schluß das Deutschlandlied.‹ Er lächelte böse.

Vaters Augenlider zuckten nervös. ›Das können Sie nicht von uns verlangen.‹

Der Kommandant sagte: ›Sie fühlen doch deutsch, nicht wahr?‹ Er spielte mit seiner kleinen 6,35er Pistole, die er aus der Tasche am Gürtel genommen hatte.

›Na, wird's bald?‹ Er zog die Wörter lang auseinander.

Mein Bruder Wiktor, ein Kind beinahe noch und bleich vor Furcht, begann als erster sein Cello zu streichen. Und bald klangen über den Hof die Melodien unseres Quartetts. Der Vater hatte uns mit starrem Gesicht befohlen zu spielen. Der Ton seiner Flöte klang klar und rein. Wir spielten Bach-Choräle. Der Kommandant ließ uns zynisch lächelnd gewähren.

Um halb fünf jedoch schnitt er unseren Choral ›Wenn wir in höchsten

Nöten sein‹ mit einem dreifachen Händeklatschen ab. Die Rogalkas standen, mit Rucksäcken und Bündeln bepackt, vor der Tür.

›Ich liebe Bach‹, sagte der Kommandant. ›Ich habe auch verstanden, warum Sie Bach spielten. Aber jetzt wähle ich. Sie spielen das Deutschlandlied!‹

Zum zweiten Male an diesem Tag klang Haydns Kaiserquartett auf. Erstaunt hörten wir Vaters Flöte, heller, klarer, als er sie je geblasen.

Die Rogalkas bestiegen die Ladefläche des Lastwagens. Wojtek Rogalka ging als letzter. Er blieb vor uns stehen. Er spuckte auf den Boden.

Ein Soldat stieß ihn mit dem Gewehrkolben weiter.

Mitten in dem letzten Melodienbogen brach Vater mit einem schrillen Ton ab.

Der Motor heulte auf, der Kommandant sprang in seinen Wagen, fuhr dicht an uns heran, stoppte und rief: ›Ihr spielt glänzend, ich komme auf euch zurück.‹

Stumm, mit hängenden Köpfen standen wir schließlich allein im Hof. Nicht wütend, sondern eher von einer grenzenlosen Trauer erfüllt, zerbrach mein Vater seine Flöte über dem Brunnenrand und ließ die Stücke in den Schmutz fallen. Nie mehr seitdem erklang in unserem Haus ein Instrument. Mein Vater, ein bislang fröhlicher Mann, wurde verschlossen und schweigsam und neigte zu Grübeleien.

›Diese Menschen, diese Menschen‹, sagte er oft und oft.«

»Er hätte besser sagen sollen: ›Diese verdammten Deutschen‹«, sagte Andrzej. Kristina und Janina senkten den Kopf. Nur Janec wehrte sich müde: »Warum beschimpfst du uns, Andrzej? Wir waren damals nicht auf der Welt.«

»Ach, ihr seid Deutsche?« fragte der Alte. »Vielleicht hätte ich das alles nicht wieder ausgraben sollen. Aber ihr mit eurer Musik . . .«

Er blickte auf seine Geige.

»Ich dachte gar nicht, daß es nach so vielen Jahren überhaupt noch geht.«

Er starrte auf seine ungelenken Finger. »Aber sie tun es noch.«

»Übrigens verdanke ich die Geige«, er blickte spöttisch auf Andrzej, »ausgerechnet einem Deutschen.«

Sie blickten ihn erwartungsvoll an.

»Der Kommandant befahl uns schon drei Tage später nach Czersk. Mit
unseren Instrumenten. Er hatte gehört, was mein Vater getan hatte.
Wütend hat er alle unsere Instrumente beschlagnahmt. Ich trauerte meiner
Geige nach.

An meinem achten Geburtstag hatte mein Patenonkel Pferd und Wagen
genommen und war mit mir in die Stadt gefahren. Der Händler wollte uns
unbedingt eine Schülergeige verkaufen. ›Wer weiß, ob der Junge Talent
hat‹, hatte er gesagt.

›Der Junge hat Talent‹, behauptete mein Onkel und beharrte darauf, eine
gute, eine sehr gute Geige zu kaufen. Lange prüfte er, wägte und verwarf,
bis schließlich sein Blick auf dieses Instrument fiel.

›Die will ich!‹ sagte er.

›Gottchen, Gottchen‹, flüsterte der Händler erschrocken. ›Die hat mein
Vater vor Jahren einem Zigeuner für teures Geld abgekauft. Die kostet
ihr Geld.‹

›Wieviel?‹ fragte der Onkel.

Der Händler rieb sich die Nase, druckste herum und nannte schließlich
die riesige Summe von 270 Vorkriegszloty. Der Onkel zahlte, ohne zu
handeln. Den Geigenkasten allerdings nahm er mit und fragte nicht, was
er koste. Der Händler rieb sich dennoch die Hände.

Vierzehn Tage nachdem uns die Instrumente weggenommen worden waren, kamen drei Soldaten mit Rädern in unser Dorf. Einer hatte meinen
Geigenkasten am Lenker hängen. Sie stiegen vor unserem Hause ab, und
der mit dem Geigenkasten betrat unsicher unseren Laden. Meiner Mutter
reichte er die Geige und sagte: ›Der junge Mann spielt wundervoll. Ich war
dabei auf dem Hof der Rogalkas. Mich widert das alles an. Viele bei uns
denken wie ich. Aber Sie kennen das ja, man wird geduckt und spielt mit.‹
Schweigend starrte meine Mutter ihn an. Voll Abscheu. Aber dann
schmolz ihr Haß unter seinem klaren Blick. Sie erkannte mit einem Male,
daß niemand die Menschen zu Recht in Schubladen sperren darf: in die
eine die bösen Deutschen, in die andere die guten Polen. Sie rief nach mir.

›Nimm die Geige und bedanke dich‹, sagte sie.

›Bei einem Deutschen?‹ begehrte ich auf.

›Bei einem Menschen‹, sagte sie.«

20. Dezember

Zwei Fabeln

Gemeinsamkeit

Ein Rabe und ein Eichkätzchen lebten recht und schlecht in einem kleinen Wäldchen. Wenn der Fuchs kam und den Wald zu seinem Jagdrevier machen wollte, dann stieß der Rabe ein krächzendes Geschrei aus und hackte mit seinem scharfen Schnabel nach dem Räuber. Das Eichkätzchen bewarf den Rotfuchs mit Nüssen und spitzen Bucheckern. Und weil sie beide sehr flink waren, konnte der Fuchs sich ihrer nicht erwehren. Wütend schlich er sich schließlich davon. So lebten Rabe und Eichkätzchen ohne große Sorgen in ihrem kleinen Wäldchen.
Eines Tages jedoch gerieten Rabe und Eichhörnchen in einen heftigen Streit. »Ich allein bin der, der den Wald vor dem Fuchs beschützt«, keifte die Eichkatze. »Ich werfe mit Nüssen und spitzen Eckern. Du aber, du schwarzes Rabenaas, du kannst nur schreien und Löcher in die Luft hacken. Nie hat man gehört, daß davon ein Feind in die Flucht geschlagen worden ist.« »Du roter Luftikus«, krächzte der Rabe, »bin ich es nicht, der den Fuchs mit dem Schlachtruf zu Tode erschreckt? Wer hackt denn nach den Augen des Fuchses? Wer, sag mir, warnt die Tiere unseres Wäldchens vor dem listigen Räuber? Ich allein bin der Beschützer unseres Waldes.«
Der schlaue Fuchs hörte das Streitgeschrei und schlich sich in das Wäldchen. Niemand warf nach ihm mit Nüssen und spitzen Eckern. Kein scharfer Schnabel schlug nach seinen Augen. Nicht ein einziger Warnruf

schallte durch das Gehege. Auf leisen Pfoten gelangte der Fuchs zu den Streithähnen. Mit einem Satz sprang er auf sie zu. Er schlug den Raben, daß die Federn stoben. Er zauste das Eichkätzchen, daß die Haare flogen. Erschreckt ergriffen die beiden die Flucht. Fern von ihrem schönen Wäldchen kamen sie in einem Brombeerdickicht endlich zur Ruhe.

»Irgend etwas habe ich falsch gemacht«, sagte das Eichkätzchen.

»Irgendwas habe ich auch falsch gemacht«, flüsterte der Rabe.

»Wir müssen herausfinden, was es ist«, sagte das Eichkätzchen.

Der Rabe nickte. Sehnsüchtig schweifte ihr Blick in die Richtung, in der in der Ferne ihr kleines Wäldchen lag.

Spätaussiedler

In einem bösen Streit war einem Adler das Gefieder zerrupft worden. Er mußte lange unter den Wölfen leben und erlernte schließlich ihre Sprache. Endlich waren ihm die Federn nachgewachsen. Er wollte heimfliegen.

Die Wölfe hatten sich an das scharfe Auge des Adlers gewöhnt. Bei der Jagd war er ihnen sehr hilfreich gewesen. Deshalb wollten sie nicht auf ihn verzichten. Sie sprachen: »Bist du nicht längst einer von uns?«

Der Adler jedoch bat immer wieder die Wölfe: »Laßt mich doch endlich zu den Meinen zurück.«

»Du jagst mit uns und teilst mit uns die Beute«, antworteten die Wölfe. »Du lebst in unserem Land und sprichst unsere Sprache. Aber du bist nach wie vor ein Federstrolch, ein Zweibeinhumpler, ein Mistvieh Adler.«

Nach langen Jahren zahlten die anderen Adler den Wölfen ein hohes Lösegeld. Der Adler war frei. Voller Freude und Hoffnung breitete er seine Schwingen aus und flog heim. Er begrüßte die Adler. Er wollte ihnen für das Lösegeld danken und freute sich darauf, mit seinesgleichen in den Lüften zu kreisen und zu jagen von morgens bis abends. In den langen Jahren unter den Wölfen hatte aber seine Adlersprache den Klang der Wolfssprache angenommen.

»Was willst du hier bei uns, du Lausepelz, du Erdenfloh, du Miststück von Wolf?« riefen die Adler und wandten sich von ihm ab.

Allein und einsam hockte er auf einem Baum. Ihm war sehr kalt.

Lieder mit doppeltem Boden

*M*it welcher Sehnsucht hat das Volk Israel den Messias erwartet! Das Land war von übermächtigen Römern erobert und besetzt. In der gewaltigen Zwingburg Antonia gleich neben dem Tempel regierte der Statthalter des römischen Kaisers. Es bestand keine Aussicht auf Befreiung für das unterdrückte Volk Israel.

Auf der anderen Seite kannte das auserwählte Volk die Zusagen des großen Gottes. In den heiligen Büchern stand es geschrieben, und durch die Stimme der Propheten hatte er gesprochen; hatte den Erlöser, den Retter, den »Gott mit uns«, den Emmanuel, den Messias versprochen. Seine Ankunft mußte ganz nahe sein.

Wann würden die Himmel sich spalten, und wann würde der Erlöser hervortreten? Wann endlich würde die Erde sich auftun und der Retter emporsteigen? Wann die Wasserquellen sprudeln und den Heiland herbeitragen? Wie die Sonne am Morgen Nacht und Finsternis vertreibt und strahlend und unaufhaltsam am Himmel ihre Bahn hält, so wurde das Licht des Messias erwartet.

Licht in der Finsternis.
Trost im Leid.
Hoffnung in Verzweiflung.
Befreiung der Unterdrückten.
Leben im Schatten des Todes.
Heimat in Verlassenheit.

Die Menschen in Israel beteten den Erlöser herbei. Und endlich vollendete sich die Zeit.

Aus Warten wurde Weihnacht.
Aus Hoffnung wurde Heil.

Genau das wird von vielen Adventsliedern beschrieben. Und so verstehen und singen die meisten Menschen sie.

1. O Hei-land, reiß die Him-mel auf; her-ab, her-ab vom Him-mel lauf. Reiß ab vom Him-mel Tor und Tür, reiß ab, wo Schloß und Rie-gel für.

2. O Gott, ein' Tau vom Himmel gieß, / im Tau herab, o Heiland fließ. / Ihr Wolken, brecht und regnet aus / den König über Jakobs Haus.

3. O Erd, schlag aus, schlag aus, o Erd, / daß Berg und Tal grün alles werd. / O Erd, herfür dies Blümlein bring, / o Heiland aus der Erden spring.

4. Wo bleibst du, Trost der ganzen Welt, / darauf sie all ihr Hoffnung stellt? / O komm, ach komm vom höchsten Saal, / komm, tröst uns hier im Jammertal.

5. O klare Sonn, du schöner Stern, / dich wollten wir anschauen gern; / o Sonn, geh auf, ohn deinen Schein / in Finsternis wir alle sein.

6. Hier leiden wir die größte Not, / vor Augen steht der ewig Tod. / Ach komm, führ uns mit starker Hand / vom Elend zu dem Vaterland.

Aber die Adventslieder sind nicht Lieder von gestern. Sie rufen nicht nur die alten Zeiten ins Gedächtnis. Sie sagen uns mehr als Geschichten aus fernen Tagen. Adventslieder reichen in unsere eigene Zukunft. Sie formulieren ganz und gar aufregende Bitten. Manch einer wird erschreckt zusammenzucken, wenn er überlegt, was er wirklich singt: Heute soll der Himmel aufreißen, und wir sollen das heute noch mit unseren eigenen Augen sehen. Die erde soll sich heute spalten und unter unseren eigenen Füßen die Quellen hervorsprudeln; wir hören ihr Rauschen, wir sehen das Morgenrot des großen Lichtes. Heute soll es strahlend aufgehen. Kommen soll der Herr noch heute. Kraft und Herrlichkeit, Trost und Leben sind sein Gewand. Auch unsere Zeit hat Namen für den Herrn:

Der die Gerechtigkeit bringt.
Der den Hunger stillt.
Der die Kranken heilt.
Der die Armen erhebt.
Der die Tränen trocknet.
Der die Freude aufblühen läßt.
Der die Angst vor der Zukunft wegbläst.
Der die Verfolgten rettet.
Der die Gefangenen befreit.
Der den Tod durch das Leben überwindet.

Wer die Lieder im Advent so singt, für den gewinnen die vertrauten Texte eine ganz neue Bedeutung. Er meint dann wirklich das, was sein Mund spricht.

O komm, o komm, Emanuel (heute!)
Wachet auf, ruft uns (heute!) die Stimme.
Macht (heute!) hoch die Tür.
Herr, send herab uns deinen Sohn (heute!).
Tauet, Himmel (heute!)
War es also falsch, wenn die Adventslieder uns an die Messiaserwartungen des Volkes Israel in alter Zeit erinnerten? Ganz im Gegenteil. Das

Erinnern gibt uns Gewißheit: Die Geburt von Bethlehem; Jesu Leben in Galiläa und Judäa; sein Sterben auf Golgatha; die Auferstehung in Jerusalem; die Himmelfahrt und die Geistsendung – das alles stärkt den Glauben an das Kommen des Herrn. Damals verborgen als Kind der Maria. Morgen im Glanz der Herrlichkeit.

Maranata! So lautete der Ruf der ersten Christengemeinden. Komm, endlich, komm!

21. Dezember

Hochwasser am Niederrhein

Laßt den Jan zufrieden«, sagte Onkel Nik zu seinem Neffen Michael. »Er hat einen harten Arbeitstag hinter sich.«
»Eine Geschichte wenigstens«, bettelte Michael, »eine einzige.«
»Nun gut«, stimmte Onkel Nik zu. »Wenn er will, soll er erzählen.«
»Meine Geschichte ist so alt wie der dicke Baum dort«, begann der Schäfer Jan und hob die Hand über die Herde hin. Dort zeichnete sich am hellen Nachthimmel die Krone einer mächtigen Kastanie ab.
»Es war die Zeit, als in den Rheinwiesen der erste Lattich gelb blühte und in Mutter Sebus' Vorgärtchen die Krokusse der Frühlingssonne blau und gelb ihre Köpfchen entgegenreckten. Hier beim Dorfe zieht der Rhein eine große Schleife. Johanna kletterte die Leiter im Ziegenstall hinauf auf den Heuboden. Von dem trüben Fensterchen wischte sie die Spinnennetze ab und spähte über den Deich hinaus.
Das Wasser war höher gestiegen. Gelb und blasig stemmte sich die Strömung gegen den Damm. Doch der war gut und fest und hielt den Strom in seinem Bett und drängte ihn nach Osten zu. Jedes Frühjahr kam das Hochwasser. Aber so schnell wie in diesem Jahr war es noch nie gewachsen. Jedenfalls nicht, solange Johanna zurückdenken konnte.

›Was macht das Wasser, Johanna?‹ schallte die Stimme der Mutter Sebus herauf.

›Es ist wieder gestiegen, Mutter. Es steht bald mit dem Damm gleichauf.‹

›Gott, Gott‹, klagte die Mutter, ›wenn dieser Tag erst gut vorbei wäre.‹

Doch er ging nicht gut vorbei. Noch war es nicht Mittag, da lief der Schrei von Haus zu Haus: ›Der Damm! Der Damm!‹

Hinrich Pottbecker hatte als erster gesehen, wie die Dammkrone hinter Bodendaals Haus sich rührte und das Wasser erst allmählich, dann immer gewaltiger seine gelbe Schlammwelle über das graue Wintergras warf. Hastig rafften die Frauen und Kinder ihre Bündel zusammen, und die Männer trieben das Vieh mit harter Hand. Die letzten erreichten den Hügel nicht mehr trockenen Fußes, so schnell war das Wasser herbeigeströmt.

›Seht da!‹ schrie Möppken Stoffels und starrte auf den Damm.

Der geriet jetzt auf der ganzen Länge von Bodendaals bis Hannemanns in Bewegung. Erdschollen rissen sich los, trübes Wasser spritzte dazwischen auf, färbte sich lehmig gelb und fraß den Damm auf.

Mit dumpfem Donnergrollen barst er. Eine hohe Flutwelle erreichte das Dorf und klatschte wütend gegen die Häuser und schleuderte die Spritzer bis fast an die dicken, schwarzen Strohdächer.

Ein Seufzen lief durch die Menge, die hier auf ihren Bündeln hockte und zusah, wie das Wasser ihre Heimstatt verderben wollte.

Plötzlich sprang Marie Katters auf und rief: ›Lisken! Lisken Willems, wo bist du?‹

Niemand antwortete. Die Menschen, die bisher auf das gurgelnde Wasser gestarrt hatten, blickten rundum. Wo war Lisken Willems, die Witwe?

Marie Katters schrie jetzt: ›Sie liegt im Bett. Sie kann nicht aufstehen. Ihre Kinder, ach, ihre Kinder!‹

›Verdammt‹, fluchte Hinrich Pottbecker und maß die Strecke bis zu Willems' Haus. An die dreihundert Meter weit. An die dreihundert Meter schlammiges, reißendes Wasser.

Und da drehte sich Hinrich um. Er ging davon. Hatte er nicht selber eine Frau und vier Kinder? Auch Paul Fletters und Jüppken Sanders und sogar der bärenstarke Schmied Theo Villbrant, sie drehten sich um und dachten: Hast du nicht selber für die eigene Familie zu sorgen?

Die jungen Burschen aber, als sie sahen, wie die Männer sich fürchteten, dachten: Wenn die starken Männer nicht gehen, dann werden wir es bestimmt nicht schaffen.

Öhm Pidder aber kratzte seinen Glatzkopf und murmelte vor sich hin: ›Ja, wenn ich noch junge Beine hätte!‹

So sollte wohl Lisken Willems mit ihren drei Kindern elendig in den Fluten umkommen.

›Sollen sie denn ersaufen wie die Ratten?‹ keifte Marie Katters.

Doch alle dachten an ihre eigene Haut.

Da erhob sich Johanna Sebus und sagte zu ihrer Mutter: ›Ich kenne den Weg genau, Mutter. Ich will sie holen!‹

›Um Gottes willen, Johanna, bleib!‹ rief die Mutter Sebus entsetzt. ›Bleib um Gottes willen!‹

›Du bist verrückt, Mädchen!‹ schrie Hinrich Pottbecker.

Sogar Öhm Pidder hatte sich aufgerappelt, stand, vornübergebeugt, schwer auf seinen Stock gestützt und blickte dem Mädchen nach. Bis an die Knie reichte ihr das Wasser schon, und noch hatte sie mehr als die halbe Strecke zu gehen.

Erst als Johanna das Hoftor erreichte und der Strom ihr schon gegen die Hüfte sprang, spürte sie seine Kraft.

Die Tür flog auf.

Lisken Willems stand auf einen Stuhl gestützt, nicht weit von ihrem Bett.

›Es geht nicht, Mädchen‹, keuchte sie.

›Die Kinder zuerst‹, bat sie, ›nimm die Kinder.‹

Johanna nahm die beiden Kleinsten auf den Arm und befahl dem Jungen: ›Du, Fränzken, hältst dich an meinem Rock fest, hörst du! Und nicht loslassen! Wir schaffen es bestimmt.‹

In der Tür drehte sie sich um und versprach: ›Ich komme dich gleich holen, Lisken. Es dauert nicht lange.‹

Das Wasser war nicht höher gestiegen. Noch schien der Damm oberhalb Bodendaals zu halten, dort, wo die Strömung mit aller Kraft in die Rundung stieß, war er besonders dick und stark. Jetzt waren sie am

Kirschbaum, jetzt dort, wo der Zaunpfahl halb aus dem Wasser ragte. Hinrich Pottbecker lief ihnen entgegen, daß das Wasser in seine Stiefel platschte. Er nahm Johanna die Kinder ab. Der kleine Franz war naß bis auf die Haut und zitterte. Seine Zähne schlugen aufeinander.

›Jetzt noch Lisken‹, sagte Johanna und schaute Hinrich Pottbecker in die Augen. Doch der wich ihrem Blick geschwind aus, und seine Augen flohen hierhin und dorthin.

Da senkte Johanna den Kopf, drehte sich um und ging schnellen Fußes zu Willems' Haus zurück.

Angstvoll rissen die Leute ihre Blicke einmal zu ihr und dann wieder zum Damm. Sie erreichte das Haus. Der Damm hielt. Sie erschien in der Tür. Lisken stützte sich schwer auf sie. Der Damm hielt. Sie ging langsam den Pfad entlang. Ihr Fuß strauchelte nicht. Fast hatte sie den Kirschbaum erreicht, da tönte vom Hügel her ein Schrei aus vielen Kehlen. Der Strom hatte den Damm durchbrochen.

Hoch war die Welle und gewaltig, die da in Windeseile auf Johanna zustürmte. Sie ging ruhig weiter. Dann prallte die Flut gegen sie, hoch bis an die Schulter spritzte es. Sie schwankte, hob Lisken Willems auf, ging noch ein, zwei Schritt und wurde dann von der Gewalt des wilden Wassers umgerissen, fortgeschwemmt.

Still standen die Männer, und die Frauen weinten in sich hinein.

Hinrich Pottbecker zog seine Mütze vom Kopf. Der Schmied wischte mit den groben, großen Fäusten seine Augen.

Öhm Pidder hockte sich nieder auf sein blau-weiß kariertes Bündel. Er schämte sich. Er schämte sich für die starken, großen Männer.

Mutter Sebus aber saß da, blickte starr vor sich hin und regte sich nicht und konnte nicht weinen.

Fränzken, Maria und Berta, Willems' Kinder, klammerten sich an ihre Schürze und schluchzten leise. Da streichelte Mutter Sebus ihnen die Köpfe, wieder und wieder.«

Hier brach der Schäfer ab. Er stocherte mit seinem Stock in der Glut. Rot war der Mond über den Schafen aufgegangen und hatte einen breiten Kranz.

»Es wird wieder Regen geben«, sagte Onkel Nik.

»Ist die Geschichte denn auch wahr?« fragte Michael leise. Irgend etwas schien ihm den Hals zuzuschnüren.

»So wahr wie dort der Stern«, bekräftigte Jan und wies mit dem Stock auf den hellen Stern, der über dem Rhein rötlich funkelte.

»Wenn ihr in die Gegend von Rindern am Niederrhein kommt, dann laßt euch von Nik das Denkmal zeigen, das für Johanna Sebus dort steht.«

Jan stand auf. »Nun gute Nacht«, sagte er und kroch in seinen Schäferkarren.

Johanna Sebus

Sie lebt,
weil sie starb.
   Der Stein verwittert.
   Der Baum verliert
   das Laub.
   Aber von Mund zu Mund
   wird durch die Zeiten
   weitergegeben
   bis in die Ewigkeit:
Sie lebt,
weil sie starb.

22. Dezember

Anthony Burns

Der Junge saß neben Jeremy auf dem Bock. »Wohin fahren wir, Jeremy?«
»Richtung Jackson, Massa Luke. Habe gehört, daß es dort vielleicht neue Arbeit gibt.«
Sie saßen lange schweigend nebeneinander. Nach einer Weile fragte der Junge: »Warst du auch Soldat, Jeremy?«
»Ja, Junge. Als Mr. President uns Schwarze 1861 rief, da habe ich meine Frau verlassen und bin zu den Unionstruppen gegangen.«
»Hast du auch geschossen?«
»Ja, Junge. Ich war Soldat.«
»Hat deine Hand gezittert, Jeremy, als du das erste Mal auf Menschen gezielt hast?«
»Ja, Massa Luke, das hat sie.«
»Nur beim ersten Mal?«
»Man gewöhnt sich an das Schießen, Massa Luke, auch an das Schießen auf Menschen. Aber ich will dir etwas sagen, ich schäme mich, daß meine Hand später nicht mehr gezittert hat, wenn ich über Kimme und Korn einen Menschen im Visier hatte. Ich schäme mich dafür, Massa Luke.«
»Du meinst, es ist keine Schande, wenn man Angst hat?«

»Es ist eine Schande, Massa Luke, wenn Menschen auf Menschen schießen müssen. Das ist eine Schande.«

»Warst du auch ein Sklave, Jeremy?«

»War ich, Massa Luke. Ich bin im alten Süden in Virginia als Sklave geboren worden. Meine Mama war Haussklavin bei einer reichen Familie mit vielen, vielen Sklaven. Gab nur 65 Familien im Süden, die mehr als hundert Sklaven hatten. Mein Massa und meine Missus gehörten dazu. Meine Mama war eine hervorragende Köchin.«

»Und dein Vater?«

»Habe ich nie gekannt, Massa Luke. Er wurde verkauft, als ich noch kein Jahr alt war. Wie das damals zuging, das hast du sicher schon mal gehört, Massa Luke. Der schwarze Mann kam auf den Klotz, wurde begafft, betastet, mußte die Zähne zeigen und den Rücken. Hatte er Narben von der Peitsche, dann war er schlecht zu verkaufen. Aber mein Daddy hat Old Massa 1500 Dollar eingebracht. Damals wurde in Louisiana noch viel Indigo angebaut. Mein Daddy war, hat jedenfalls meine Mama immer erzählt, ein Spezialist für den Anbau dieser Farbpflanzen.«

»Und deine Mutter?«

»Die hat in ihrem ganzen Leben nicht einmal das Gebiet der Plantage verlassen. Von ihrem ersten Mann hat sie nie mehr etwas gehört. War 'ne gute Frau, meine Mama. Unsere Missus wußte, was sie an ihr hatte, und sie hat sie immer gut behandelt. Wenn es nach unserer Missus gegangen wäre, dann hätten sie meinen Daddy nicht verkauft.«

»Hat deine Mutter sich denn nie danach gesehnt, frei zu sein und ihren Mann zu suchen?«

»Wenn unter uns Haussklaven das Wort ›Freiheit‹ geflüstert wurde, dann hat sie gesagt: ›Wenn dieser Massa Freiheit doch endlich käme‹ und hat die Freiheit wohl für eine Art Engel gehalten, der ein Stück vom Himmel auf die Erde bringen sollte. Später hat der Massa sie dann mit einem anderen Mann verheiratet. Sie legten einen Besen auf den Boden. Da mußten mein zweiter Vater und meine Mama drüberspringen. ›Jetzt seid ihr Mann und Frau‹, hat der Massa gesagt. ›Und kriegt viele stramme Kinder‹; denn die billigsten Nigger sind die eigenen Nigger.«

»Wie ist es dir denn ergangen, Jeremy?«

»Bis 1852 ging es mir gut. Ich konnte schon als Junge gut mit Pferden umgehen. Das hat Old Massa schnell gesehen. Ich durfte später sogar die Reitpferde vom Massa versorgen. Aber dann kam das Unglück über uns. Mein Bruder Anthony floh. Ich wurde dafür in die Tabakfelder geschickt. Die Arbeit in den Feldern ist hart. Der Aufseher schwingt seine Peitsche, wenn einer das Tempo nicht mithalten kann.«

»Haben sie deinen Bruder erwischt?«

»Hast du nie von Anthony Burns gehört, Massa Luke?«

»Nein, Jeremy. Bei uns hat man selten etwas von Amerika erzählt, und von Sklaven nie.«

»Nun, mein Bruder hat den ganzen Osten in Aufregung versetzt. Er hat die Suchtrupps abgeschüttelt, die Bluthunde in den Sümpfen irregeführt, hat das freie Land erreicht und ist immer weiter nach Norden gezogen, bis er schließlich in Boston war und sich dort sicher glaubte. Er hatte im Herrenhaus oft bei den Mahlzeiten bedient, und die Missus hatte ihm genau gezeigt, wie man das macht, weißt du, Getränke von rechts eingießen, leere Teller von links wegnehmen und all den Kram. Er ist in Boston als Kellner eingestellt worden und hat gutes Geld verdient.

Am 2. Mai 1854 kamen zwei Gäste in das Lokal. Dem Anthony kamen sie bekannt vor. Zu spät hat er gemerkt, daß es zwei Männer aus dem Süden waren, die bei unserem Massa häufiger zu Gast gewesen sind. Sie haben Anthony auch erkannt und sind gleich zum Gericht gelaufen. Anthony ist eingesperrt worden. Zehn Tage lang hat das Gericht seine Sache verhandelt. Bostoner Bürger haben Protestmärsche veranstaltet, wollten Anthony sogar mit Gewalt aus dem Gefängnis herausholen, aber die Soldaten haben Schüsse in die Luft abgegeben und sie zurückgetrieben. Anthony hat später erzählt, als das Urteil gefällt worden ist, da haben sie den ganzen Gerichtssaal mit schwarzen Trauerfloren ausgeschmückt. Der Richter hat gesagt, es tut ihm persönlich sehr leid, daß er Anthony zurückschicken muß. Aber Gesetz ist Gesetz, hat er gesagt. Es fällt ihm verdammt schwer, hat er gesagt, aber er sei ein Diener des Gesetzes. Und das Gesetz bestimmt, daß geflohene Sklaven ihren Herren zurückgeführt werden müßten.

Die Soldaten haben Anthony wie einen Schwerverbrecher in Ketten auf ein Schiff geschafft. Ein dichtes Spalier von Bostoner Bürgern hat in Trauerkleidung an den Straßenrändern vom Gefängnis bis zum Hafen gestanden, und viele Frauen haben geweint und ihm Blumen zugeworfen. Fahnen mit schwarzen Tüchern haben sie aus den Fenstern rausgehängt. Und als sie meinen Bruder an Bord des Kutters ›Morris‹ geschleppt haben, da hat sogar ein Pastor laut mit der Menge für Anthony gebetet. Wir haben Anthony erst nicht alles glauben wollen, und meine Mama hat gesagt, er hätte diese Geschichte aus dem Himmel herabgeholt. Aber später haben mir die Weißen in der Unionsarmee erzählt, das sei alles ganz genau so gewesen, und im ganzen Norden und Osten hätten die Zeitungen vollgestanden von Anthony Burns.«

»Und was ist aus Anthony geworden?«

»Der Massa hat ihn gefragt: ›Anthony, habe ich dich jemals schlecht behandelt?‹

›Nein, Massa‹, hat mein Bruder gesagt.

›Hast du nicht gut und reichlich in meinem Hause zu essen gehabt?‹

›Ja, Massa, das Essen war immer reichlich und gut.‹

›Hast du gefroren, Anthony, oder habe ich dir die Frau verweigert, die du heiraten wolltest, Anthony?‹

›Nein, Massa‹, antwortete mein Bruder, und die Tränen standen ihm in den Augen.

›Warum, Anthony, bist du dann fortgelaufen?‹

›Sie waren wie ein Vater für uns, Massa‹, sagte Anthony. ›Aber mit dreißig Jahren, Massa, ist auch ein Neger kein Kind mehr, sondern ein Mann. Und hier in der Brust, Massa, da ist etwas, das mir sagt, Anthony, ein Mann ist nur ein Mann, wenn er frei ist.‹

Da ist der Massa ganz traurig geworden und hat zu ihm gesagt: ›Anthony, du wirst in Zukunft in den Feldern arbeiten. Aber vorher muß ich dir mit der Peitsche die Teufelsstimme aus deiner Brust herausschlagen.‹«

»Und?« fragte der Junge.

»Vierzig Schläge hat der Massa ihm selbst über den Rücken gezogen. Anthony hat geschrien, daß sich meine Mama die Ohren zuhielt und sich in eine Ecke verkrochen hat. Später hat sie ein Bettuch mit Schweineschmalz getränkt. Das hat sich Anthony tagelang auf den Rücken binden lassen, und das hat ihm vielleicht das Leben gerettet.«

»Was ist aus ihm geworden?«

»1861 wollte er mit mir zu General Grant. Ich bin durchgekommen. Er nicht.«

23. Dezember

Wie Ochs und Esel in der Heiligen Nacht in den Stall kamen

Glaubst du eigentlich an Weissagungen?« fragte der Esel den Ochsen. Der schreckte aus dem Halbschlaf auf und schüttelte sich, daß der Schnee aus seinem Pelz wirbelte.
»Laß mich in Ruhe mit solchem Quatsch«, antwortete er mürrisch. »Ist ziemlich kalt heut nacht.«
»Ja«, sagte der Esel und drängte sich näher an den Ochsen heran, damit der Eiswind, der von den Bergen herabwehte, ihn nicht treffen konnte.
»Aber ich denk' mir doch, 's könnte was dran sein an den Weissagungen.«
Der Ochs brummte verdrossen und dachte: Red du nur.
»Wir beide haben nämlich auch eine Weissagung bekommen«, fuhr der Esel fort.
»Mach keinen Quatsch mit so was!« brummte der Ochs.
»Stimmt aber«, beharrte der Esel starrköpfig auf seinem Wort.
»Sicher, daß im Frühjahr warmes Wetter sein wird oder daß unser Fell naß wird, wenn es regnet«, spottete der Ochs. »Dazu brauche ich keinen Propheten.«
»Nein, nein, nicht so was, was jedermann voraussagen kann.«

»Na, was ist es denn? Red schon«, sagte der Ochs und dachte: Wenn's auch ein Unsinn ist, so macht's doch die Nacht kürzer, wenn er Geschichten spinnt, der Spinner.

»Ein wirklicher Prophet hat uns etwas geweissagt.«

»Uns beiden?«

»Ja, dir und mir.«

»Das wird mir ein schöner Prophet gewesen sein«, lachte der Ochs.

»Einer der größten war's.«

»Lüg nicht zu dick«, mahnte der Ochs den Esel.

Der Esel schwieg beleidigt.

»Nun, ist dir der Faden gerissen?« fragte der Ochs nach einer Weile. Der Esel sagte nichts darauf.

»War's Bileam?« fragte der Ochs ihn aus.

Erst wollte der Esel weiter schweigen, doch dann plagte ihn die Neugier.

»Wieso Bileam?«

»Weil der doch auf einer Eselin geritten ist. Und ohne dieses Tier hätte Bileam den Engel des Herrn am Wege gar nicht bemerkt, und er wäre schnurstracks in sein Verderben geritten.«

»Nein, Bileam war's nicht«, sagte der Esel.

»Dann meinst du bestimmt den Propheten Jeremia«, versuchte es der Ochs ein anderes Mal.

»Wie kommst du auf Jeremia?« fragte der Esel verwundert, denn ihm fiel nichts ein, was dieser Prophet über Ochs oder Esel gesagt haben könnte.

»Na, weil er doch so viele Klagelieder gemacht hat. Und was paßt zu einem Ochsen und zu einem Esel, die nachts im kalten Wind unter einem Ölbaum stehen und frieren, besser als ein Klagelied?«

»Kein dummer Gedanke«, gab der Esel zu, »aber Jeremia war's auch nicht.«

Da wiegte der Ochs ratlos den Kopf und brummte: »Nicht der Bileam mit der Eselin und nicht Jeremia mit seinen traurigen Liedern.« Schließlich sagte er unwirsch: »Bin ich denn ein Schriftgelehrter? Was weiß ich, wer's war. Womöglich behauptest du noch, es war Jesaja.«

»Stimmt«, rief der Esel überrascht. »Jesaja 1, 3. Wie kommst du gerade auf den?«

»Weiß ich auch nicht, hab's geraten«, gab der Ochs zu. »Aber was hat er uns geweissagt? Sag's schon.«

»Der Ochse kennt seinen Herrn, hat er gesagt, und der Esel kennt die Krippe seines Herrn, hat er gesagt. Aber mein Volk erkennt nichts. Hat er gesagt.« Und das letzte »Hat er gesagt« stieß der Esel laut und triumphierend hervor.

»Was soll's?« grollte der Ochse enttäuscht. Aber dann fiel ihm etwas ein. »Sagtest du, du kennst die Krippe deines Herrn?«

»Kenn' ich«, antwortete der Esel.

»Du meinst, die in dem Stall vor dem Stadttor?«

»Ja, die meine ich.«

»Und du glaubst, du findest in dieser dunklen Nacht den Weg dorthin?«

»Aber sicher.«

»Na, dann los. Ich nehme deinen Schwanz in mein Maul, und du führst mich.«

»Wird aber kaum etwas zu fressen da sein«, warnte der Esel vor übertriebenen Hoffnungen.

»Nee, das wohl nicht. Aber wir sind wenigstens vor Kälte und Wind geschützt, nicht wahr?«

Sie trotteten los. Es war gar nicht so schwer für die beiden, den Stall zu finden, denn es drang ein warmes Licht durch die Ritzen bis weit in die Nacht.

Und dann sahen sie's: eine junge Frau, die einen gerade geborenen Säugling in Windeln wickelte, und einen Mann, der Stroh in die Krippe legte. Dorthinein bettete die Frau behutsam das Kind und lehnte sich erschöpft zurück. Der Ochs blinzelte verblüfft, und der Esel starrte wie gebannt auf das Kind.

»Ich kenn' die Krippe«, wisperte der Esel verhalten, »die Krippe meines Herrn.«

»Es ist der Herr. Ich kenn' ihn«, sagte der Ochs ganz leise und sank mit seinen Vorderbeinen in die Knie.

»Sie haben ihn erkannt, Josef«, flüsterte die Frau ihrem Mann zu. »Ochs und Esel haben als erste ihren Retter erkannt.«

»Ja, Maria«, wunderte sich der Mann. Er wandte sich den Tieren zu und sagte: »Kommt rein. Ist kalt hier. Ihr macht's hier wärmer.«

Da traten Ochs und Esel mit vorsichtigen Schritten in den Stall, legten sich nah an die Krippe und wärmten das Kind mit ihrem Atem.

»Siehst du«, hauchte der Esel.

»Jesaja 1, 3«, nickte der Ochs.

Und das Kind in der Krippe schlug die Augen auf und lächelte ihnen zu.

24. Dezember

Heiligabend

Hirtenspiel in der Heiligen Nacht
1. Sprecher: He, Hirtenleut, aufgewacht!
Ich muß euch was erzählen. (*Rüttelt die Hirten*)
2. Sprecher: Finster ist's, es ist noch Nacht.
Willst du den Schlaf uns stehlen? (*Wehrt ab*)
3. Sprecher: Mach deine Augen schleunigst zu. (*Schimpft*)
Gib endlich Ruh.
1. Sprecher: Nacht? Das ist wahr,
doch finster nicht!
Ich lebe schon so manches Jahr,
und niemals sah ich solch ein Licht.
Es könnt' dieser helle Schein
ein Engel sein. (*Zeigt zum Himmel*)
2. Sprecher: Ein Irrlicht war's, ein Wetterschein.
1. Sprecher: Gewiß ein Engel, könnt mir's glauben!
3. Sprecher: Es wird ein Blitz gewesen sein.
Ich lass' die Ruhe mir nicht rauben.
Die Deck' mir über die Ohren zieh'
bis morgen früh. (*Zieht die Decke über den Kopf*)

1. Sprecher: Ein Blitz ist stumm und redet nicht.
Der Engel gab ein Zeichen.
Mit lauter Stimm' er zu mir spricht,
ich hörte nie dergleichen.

2. Sprecher: Ein Donner drang dir an das Ohr,
kommt manchmal vor.

3. Sprecher: Er redet? Spricht ein Wort zu dir?

1. Sprecher: Der Retter, sagt er, ist geboren.
Und das geschah nicht weit von hier. (*Zeigt zur Stadt hin*)
Vor Bethlehems Stadttoren.

2. Sprecher: Das Hirtenfeld? So lang, so breit.
Ist mir zu weit. (*Wehrt ab*)

1. Sprecher: Im Stall, in einer Kripp', ein Kind,
in Windeln liegt es, klein.
Ich will versuchen, ob ich's find. (*Packt seinen Stab*)
Könnt' unsre Höhle sein,
wo Christus draußen vor den Toren
uns ist geboren.

3. Sprecher: Ich geh' mit dir, vielleicht ist's wahr, (*steht auf und macht sich fertig*)
was die Propheten sagten,
und hat erfüllt sich dieses Jahr,
was wir zu glauben wagten.
Und wenn auch diese schlafen hier,
ich zieh' mit dir.

2. Sprecher: Wenn viele zu der Krippe gehn,
wie sollte ich dann schlafen,
will nur schnell nach den Tieren sehn,
den Ziegen und den Schafen.

1. Sprecher: Solln wir mit leeren Händen gehn
und dumm dastehn?

3. Sprecher: Ich schenk' der Mutter Milch und Brot. (*Greift einen Krug*)
Fürs Kind hab' ich ein warmes Fell. (*Hebt's hoch*)

1. Sprecher: Ich bringe Äpfel gelb und rot, (*zeigt sie*)
die schönsten in ganz Israel.

3. Sprecher: Und ich gieß' von dem guten Wein
dem Vater ein. (*Steckt eine Flasche in sein Bündel*)
(*Sie ziehen los*)

1. Sprecher: Dort, unser Stall! Es brennt ein Licht. (*Zeigt auf den Stall*)

3. Sprecher: Die Mutter, seht, das Kind!

2. Sprecher: Siehst, Bruder, du den Esel nicht? (*Ärgerlich*)
Und hörst du nicht das Rind?
Es ist auf jeden Fall ein Stall
wie jeder Stall.

1. Sprecher: Ja, ich hör' den Esel schrein,
den Ochsen hör' ich brüllen.

3. Sprecher: Das mußte ja genau so sein,
soll sich's Prophetenwort erfüllen:
»Ochs und Esel erkennen von fern
die Krippe des Herrn.«

1. Sprecher: Viel' Menschen aber bleiben blind,
verschließen Augen, Ohren
und sehen den Heiland nicht im Kind,
der rettet, was verloren.

2. Sprecher: Kommt, Schwestern, Brüder, wir treten heran
und beten an. (*Knien alle nieder*)

25. Dezember
Weihnachten

Mirjam

Vier Tage und Nächte goß es ohne Unterlaß. Der Eiswind aus dem Norden mischte immer häufiger Schneewolken unter den Regen. Die Wege verloren sich im Morast, und die Fahrspuren waren kaum noch auszumachen. Tief sanken die Räder ein. Die Tiere, von Jeremy unablässig angefeuert, quälten sich und legten sich mächtig ins Zeug. Oft genug mußten die Männer vom Wagen steigen und in die Speichen greifen. Die Vorräte, die jeder für sich mitgenommen hatte und die für die Zweitagefahrt bis Canton berechnet gewesen waren, schmolzen zusammen. Am 24. Dezember schafften sie nur wenige Meilen. Die Maultiere und die Pferde waren völlig erschöpft und blieben nach immer kürzeren Wegstrecken verschwitzt und mit hängenden Köpfen stehen.
In einer Verschnaufpause sagte der alte Mann: »Wir legen am besten zusammen, was wir noch an Nahrungsmitteln haben. Wenn wir nicht sparsam damit umgehen und einteilen, dann lernen wir im reichsten Land der Welt den Hunger kennen.«
»Ich kenne ihn bereits«, klagte Hugo Labus. »Mein Magen knurrt, und mein Beutel ist schon seit heute morgen leer.«
»Das wäre ja noch schöner!« protestierte der dicke Grumbach. »Ich

habe in Jackson mein Geld für Speck und Brot hergegeben. Jetzt soll ich mit denen teilen, die zu geizig gewesen sind, um genügend vorzusorgen? Sollen sie doch ihre Dollars fressen. Ich jedenfalls gebe nichts her.«

»Recht hat er«, stimmte Gerhard Warich zu.

Otto Sahm sagte: »Jeder ist sich selbst der Nächste.«

Lenski und der Lehrer nickten.

»Macht doch, was ihr wollt!« grollte der alte Mann erbost.

Meinen Apfel kriegt keiner, dachte der Junge. Den spare ich mir für morgen auf. Morgen ist Weihnachten.

»Wir müssen weiter«, mahnte Jeremy. »Es muß hier in der Gegend eine Pflanzung geben mit einem Herrenhaus und an die zwanzig Negerhütten. Bis dorthin werden wir es schaffen. Dort können wir genug zu essen bekommen und uns endlich wieder an einem Feuer aufwärmen.«

»Wir laufen hinter den Wagen her und halten uns in ihrem Windschatten«, sagte der alte Mann.

»Ist auch nötig, Massa«, stimmte Jeremy zu. »Die Tiere sind ziemlich am Ende.«

Der Junge spürte den Regen durch die Jacke dringen. Zuerst wurde die Haut an den Schultern naß, dann klebte das durchnäßte Hemd auf seinem Rücken. Es war beschwerlich, durch den Matsch zu gehen. Die Sohlen saugten sich fest. Mathildes Schuh war einmal im Schlamm steckengeblieben, und sie hatte Mühe gehabt, ihn wiederzufinden.

»Meine Hände und meine Füße sind eiskalt«, sagte der Junge zu Andreas Schicks, der neben ihm ging. »Aber mein Körper, der schwitzt.«

»Halt die Schnauze«, schnaufte Andreas.

Jeremy führte die Maultiere am Halfter und redete ihnen gut zu.

»Findest du den Weg, Jeremy?« fragte der alte Mann ihn, als es Nachmittag wurde und die Dunkelheit aus den Wäldern kroch.

»Ja, Massa. Ich kenne den Weg. In einer Stunde etwa müssen wir das Haus sehen.«

Diese Auskunft belebte die Kräfte der Männer. Sie stapften jetzt neben den Wagen her, legten ihre Hände gegen die Holme und schoben ein wenig. Es ging schneller vorwärts.

Die Stunde war längst vorüber, und es war fast dunkel geworden, da hörten sie Jeremy rufen: »Da ist das Tor! Wir haben es geschafft!«

Das Gittertor hing schief zwischen den mächtigen Mauerpfeilern. Der befestigte Weg führte genau auf den düsteren Schatten eines Hauses zu. Aber kein Fenster war erleuchtet, kein Hund schlug an. Nichts regte sich. Jeremy hielt die Tiere an. Die Männer liefen zu ihm nach vorn. Er stand neben dem Muli, hatte den Kopf in das schweißnasse Fell des Tieres gedrückt und schluchzte verzweifelt.

Alle sahen es. Hoch auf ragte der Kamin. Die Mauern waren zerbrochen und vom Brande geschwärzt. Buschwerk wuchs aus den Fensterhöhlen. Der Wind pfiff um die Ecken der Ruine.

Der Junge hockte sich erschöpft nieder, ohne auf den Straßendreck zu achten, und lehnte sich mit dem Rücken gegen ein Rad des Wagens. Georgia beugte sich zu ihm hinunter und flüsterte, als ob sie sich davor fürchtete, mit lauten Worten eine neue Hoffnung zu verscheuchen: »An jedem Platz, an dem ein Herrenhaus steht, gibt es auch Hütten für Neger.«

Der Junge raffte sich auf und rief: »Die Hütten! Die Schwarzen, die hier wohnen, haben doch Hütten.«

»Lauf zu und schau nach, ob die verschont geblieben sind«, sagte der alte Mann müde.

Georgia lief dem Jungen voran, um das niedergebrannte Haus herum. Die befestigte Straße führte an den Trümmern der Wirtschaftsgebäude vorbei. Etwas abseits sahen sie die Mauerreste eines großen Schuppens.

Zögernd folgte der Junge dem Mädchen. Es war ihm unheimlich, und es kam ihm vor, als ob sich hinter jedem Steinhaufen etwas bewegte. Er zeigte auf den Schuppen und sagte: »Alles ist zerstört. Laß uns umkehren.«

»Nein, da haben sie früher das Zuckerrohr gelagert und die Melasse gekocht«, antwortete Georgia. »Das sind nicht die Hütten.« Das überkrautete Steinpflaster endete in einem versumpften Weg. »Hier könnte der Platz für die Sklaven gewesen sein«, vermutete sie.

Sie faßte den Jungen bei der Hand und zog ihn mit sich. Ihre Hand ist warm, dachte der Junge. Zwei Schattenreihen von Schornsteinen stachen in den Himmel. Die Holzhütten, die einst den Weg gesäumt hatten, waren verbrannt, zerfallen.

»Dort«, sagte Georgia und deutete nach vorn.

Die dunklen Umrisse eines kleinen Hauses zeichneten sich am Ende des zerstörten Anwesens ab. Sie näherten sich vorsichtig. Die Fensterlöcher waren mit Brettern vernagelt und die Tür fest verschlossen. »Ich glaube, es kommt Rauch aus dem Kamin«, sagte Georgia ängstlich.

»Komm, wir holen die anderen«, flüsterte der Junge.

Sie begannen zu rennen und berichteten, was sie entdeckt hatten.

»Wenigstens ein Dach über dem Kopf«, sagte Mathilde erleichtert.

Sie zogen bis vor die Hütte. »Ist hier jemand?« rief Jeremy und klopfte gegen die Tür. Er bekam keine Antwort.

Der alte Mann stieß die Tür auf. Alle drängten ihm nach. Die Feuerstelle verriet, die Hütte war bewohnt. Die niedergebrannte Glut zeigte, daß die Menschen nicht weit sein konnten.

»Ist hier jemand?« fragte Jeremy noch einmal in die Dunkelheit hinein. Er ergriff einige von den dürren Ästen, die an der Wand aufgestapelt waren, legte sie auf die Glut und entfachte mit seinem Atem vorsichtig das Feuer. Die Flammen züngelten empor, schlugen hoch und leuchteten den Raum aus.

In der Ecke hockten sie. Eine sehr junge, magere Negerin hielt ihren Säugling gegen die Brust gepreßt und starrte die Eindringlinge aus großen Angstaugen an. Der Mann, ein breitschultriger Hüne, stand seitlich hinter ihr, leicht vorgebeugt, hatte die eine Hand auf die Schulter der Frau gelegt, und in der anderen hielt er drohend erhoben ein Beil.

»Leg das Beil zur Seite, Bruder«, sprach Jeremy ihn an. »Wir wollen nichts von dir. Wir suchen ein Dach und ein wenig Wärme am Feuer.«

Einen Augenblick noch blinkte die Beilschneide schlagbereit über dem Kopf des Negers, dann aber ließ er den Arm sinken und fragte: »Wer seid ihr? Was wollt ihr hier?«

»Dies sind Zimmerleute. Wollen nach Canton. Aber es ist kaum ein Durchkommen auf den Wegen. Gleich morgen ziehen wir weiter.«

Lenski legte Feuerholz nach.

»Ist gut«, sagte der Neger. »Ist ja genug Platz in der Hütte.«

»Wir müssen die Tiere hereinholen«, sagte Jeremy, als sie die Pelze zum Trocknen an den Holzwänden aufgehängt hatten und die Männer sich rund um die Feuerstelle zu lagern begannen.

Die Pferde schritten vorsichtig durch das Türloch. Die Mulis brauchten Jeremys Zuspruch, bevor sie die Hufe über die Schwelle setzten.

Jetzt wurde es eng in dem einen Raum.

»Was ist mit euch?« fragte Jeremy den Neger. »Was sucht ihr hier an diesem öden Platz?«

»War nicht immer öde«, antwortete der Neger. »Ich war früher hier Sklave bei Old Massa Hero. Bin hier geboren. Old Massa hat mich im Krieg nach Texas verkauft. Ich dachte, ich finde meine Mama noch hier. Wollte vielleicht farmen. Wir sind gestern hier angekommen. Aber ist niemand mehr hier. Alles zerstört.« Er schwieg eine Weile.

Der dicke Grumbach wickelte Speck und Brot aus der Zeitung und begann zu kauen. Alle spürten, wie hungrig sie waren, und die noch etwas zu essen hatten, suchten die Reste ihrer Vorräte zusammen. Mathilde hängte einen Topf mit Wasser über das Feuer. »Der Kaffee wenigstens reicht für alle«, sagte sie.

»Habt ihr für meine Frau einen Bissen Brot übrig?« fragte der Neger.

»Wir dachten, wir treffen auf unsere Leute. Früher gab es hier für uns zu Weihnachten genug zu essen. Old Massa Hero schenkte uns ein fettes Schwein, genug Bohnen und frisches Brot und Buttermilch. Weihnachten war der einzige Festtag im Jahr, an dem wir nicht zu arbeiten brauchten.«

»Wir haben selber nicht genug«, antwortete Grumbach verdrießlich, und Otto Sahm deckte seinen Hut über sein Brot. Sie saßen mit finsteren, verschlossenen Gesichtern, schwiegen und schienen bereit, das Messer zu ziehen, wenn jemand nach ihrem Brot greifen würde.

»Mir wird warm«, sagte die junge Negerin leise zu ihrem Mann. Behutsam nahm er die Decke von ihren Schultern. Sie trug ein blaßblaues Kleid. Das Kind auf ihrem Arm, ein dicker glatthäutiger Säugling, schlief ruhig und zufrieden.

»Sie hat ihn vor ein paar Stunden erst geboren«, sagte der Neger. »Es ist ein Junge.« Sie lächelte etwas zaghaft.

Niemand sagte mehr etwas. Die Wärme breitete sich wohlig aus. Die

Tiere schnoberten ab und zu und wendeten ihre Köpfe den Fremden zu. Zum Schlafen legte sich keiner. Alle schauten auf die Negerin und ihren Säugling. Der Mann hatte sich neben sie gehockt. Sie lehnte ihren Kopf an seine Schulter.

Es war, als ob von der jungen Familie, von dem Kind in den weißen Tüchern, irgend etwas ausstrahlte, das in ihre Herzen traf.

Auf einmal stand Lenski auf, brummelte etwas in den Bart und kramte in seinem Beutel. Er ging die zwei Schritte zu der Frau und dem Kind hinüber und legte einen Kanten weißes Brot und ein Stück Käse vor sie auf den Boden. »Ist Weihnachten heute«, sagte er verlegen.

Und Jeremy gab einen Maiskolben und der Junge den Apfel. Und mit einem Male nahm einer nach dem anderen alles, was er noch zu essen hatte, und legte es in die Mitte der Hütte auf den Boden. Als letzter erhob sich der dicke Grumbach. Er hatte sich ein viel zu großes Stück Speck in den Mund geschoben und würgte daran. Er sah ein wenig wild aus, als er seinen Sack mit Brot und Fleisch und Obst an den Zipfeln packte und ausschüttete. »Ist ja Weihnachten heute«, sagte er mit vollem Munde. Aber alle verstanden ihn.

Die Härte war aus den Gesichtern verschwunden. Sie waren fröhlich und begannen miteinander zu reden und erzählten vom Weihnachtsfest bei ihnen daheim, dem fetten Gänsebraten, dem frischen Bier und den Nüssen und dem Backwerk, und ihre Augen begannen zu leuchten. Lenski ging noch ein paar Schritte vor die Hütte.

Ganz aufgeregt kehrte er nach einer Weile zurück und sagte feierlich: »Der Regen hat aufgehört, ihr Männer. Der Himmel ist klar, und ein Stern funkelt hell.«

»Wie damals«, sagte der alte Döblin.

Wer eigentlich als erster in dieser Nacht den Neger Josef und seine Frau Mirjam genannt hatte, wußte später niemand mehr zu sagen. Aber die beiden lachten nur glücklich und widersprachen nicht.

Bratgeruch hing in der Luft und mischte sich mit dem Duft von starkem Kaffee. Jeremy begann zu singen:

>   »Go, tell it on the mountain,
>   Over the hills and everywhere.

Go, tell it on the mountain,
that Jesus Christ is born.«

Die anderen fielen ein, wenn sich dieser Kehrreim wiederholte, und bald wiegten sich alle im Rhythmus der Melodie.

»Mehr«, forderte der Lehrer, als Jeremy verstummte. Und sie sangen, was die Schwarzen seit langem bei der Arbeit auf den Feldern gesungen hatten:

»The Virgin Mary had a baby boy,
and they said, his name was Jesus.«

oder:

»Wasn't that a mighty day,
when Jesus Christ was born?«

und schließlich:

»There's a star in the East
on Christmas morning.«

Als es still wurde, fing Andreas Schicks an zu singen. »Es ist ein Ros' entsprungen . . .« Sie lauschten seiner ruhigen, hellen Stimme und fielen erst bei der zweiten Strophe ein.

Blankgefegt zeigte sich der Himmel am nächsten Morgen. Kein Wölkchen war zu sehen. Die Luft roch frisch und reingewaschen. Dennoch dachten die Zimmerleute zunächst nicht daran aufzubrechen. Die Reste der Nahrungsmittel reichten für ein gutes Frühstück. Jeremy hatte dem Neger eindringlich zugeredet, jedes Kind müsse nach seiner Geburt schnell getauft werden, damit die bösen Geister ihm nichts anhaben könnten. Josef war damit einverstanden. Allerdings bestand er darauf, daß alle Zimmerleute und auch die Frauen die Taufpaten sein sollten. Denn schließlich seien sie die ersten gewesen, die nach der Geburt des Jungen als Gäste ins Haus gekommen seien und ihr Brot mit ihnen geteilt hätten.

»Aber das ist unmöglich«, widersprach Mathilde, als sie von dieser Sache hörte.

»Warum ist es unmöglich, Missus Mathilde?« fragte der Neger.

»Josef, bei uns bekommt jedes Kind den Vornamen des Taufpaten, oder sein Name wird wenigstens an den Vornamen des Kindes angehängt.«

»Warum macht ihr das?«

»Damit der heilige Namenspatron des Taufpaten im Himmel die Hand über das Kind hält.«

»Und ein dritter oder ein vierter Name, das geht nicht?«

»Doch, das wird auch gelegentlich gemacht«, muß Mathilde zugeben. »Ich glaube, unser König hat sogar fünf Vornamen.«

»Na, siehst du. Der Junge wird eben die Namen aller seiner Taufpaten bekommen.«

»Auf all unsere Namen willst du ihn taufen lassen, Josef?«

»Bei so vielen Namenspatronen wird ihm das Leben sicher gut gelingen. Und stell dir vor, Missus Mathilde, wenn er dann alt ist und stirbt, wie die Heiligen ihn empfangen werden!«

»Aber, Josef, wie willst du ihn rufen? Stell dir vor, er soll des Mittags an den Tisch kommen. Bis du all seine Namen genannt hast, bist du heiser, und das Essen ist angebrannt.«

»Mathew soll sein erster Name sein. So werden wir ihn nennen.«

»Mathew? Aber wir haben doch gar keinen Mathew in unserer Kolonne.«

»Du, Missus Mathilde, du sollst den kleinen Mathew auf den Arm zur Taufe tragen. Mathilde und Mathew, das klingt doch ähnlich, oder?«

»Na ja«, sagte Mathilde, freute sich aber sehr darüber, daß auch sie Patin werden sollte.

Die Taufe verlief sehr feierlich. Mathilde steckte aus ihrem Brautkleid ein langes Taufgewand zusammen. Das Taufbecken war ein mit grünen Kiefernzweigen geschmückter Zuber. Sogar eine Kerze hatte Gustav Krohl aus seinem Gepäck ausgegraben.

Lenski sollte das Kind taufen. Er machte das mit großem Ernst. »Empfange das weiße Kleid«, sagte er. »Bewahre es ohne Makel. Und wenn du einst mit allen Heiligen zu Tische sitzt, dann wird die Freude groß sein.«

Er zündete die Kerze an und sprach: »Empfange das warme Licht. Es leuchte dir auf deinen Wegen. Und du wirst selbst leuchten und anderen Licht sein.«

Dann schöpfte er aus dem Zuber mit der hohlen Hand Wasser und goß es über den schwarzen Krausflaum des Kinderkopfes, zeichnete mit dem

Daumen langsam und groß ein Kreuz auf die Stirn des Täuflings und rief laut: »Ich taufe dich im Namen des Vaters und des Sohnes und des Heiligen Geistes. Dein Name soll sein: Mathew-Friedrich-Lukas-Gerhard-Otto-Hugo-Gustav-Wilhelm-...«, und ohne zu stocken, brachte er die lange Namensreihe zu Ende bis hin zu Georgia und Jeremy.

»So, das war es«, sagte Lenski und blickte unsicher in die Runde. »Ich habe nie zuvor ein Kind getauft. War es richtig?«

Alle klatschten Beifall. Sie wußten nicht, ob der Pfarrer in Liebenberg es genauso machte, aber daß es keiner von ihnen besser konnte, das wußten sie gut.

»Wir haben ein Taufgeschenk«, sagte der alte Mann. »Jeder von uns hat einige Dollars gegeben. Ich habe eine runde Summe daraus gemacht. Es sind dreißig Dollar geworden.«

»Dreißig Dollar?« Josef war verwirrt. »Massa Bienmann, ich habe in meinem ganzen Leben noch keine dreißig Dollar besessen.« Er staunte die Münzen an und jubelte: »Sagte ich es nicht? Mathew wird es gutgehen mit all seinen Heiligen.«

26. Dezember
Stephanus

Fünf Steine auf Stephanus

*K*_{atja:} Ich bin in einem Gymnasium in der 9. Klasse. Wir sind nur drei Mädchen, die überhaupt noch zur Kirche gehen. Die Lehrer interessieren sich nicht dafür. Nur Herr Studienrat B. ist oft sehr häßlich zu mir. Als wir vorige Woche eine Französischarbeit schrieben, mußten wir uns alle an Einzeltische setzen. »Johanna«, sagte Herr B. ganz ironisch zu mir, »setzen Sie sich am besten dort hinten an die Wand unter das Kreuz. Sie glauben sicher, daß es hilft.« Ich war wütend und aufgeregt. Ich konnte mich erst gar nicht konzentrieren. Hoffentlich ist die Arbeit nicht danebengegangen.

*

Ursula und Marius hatten sich richtig auf die Abschlußfahrt mit der Klasse gefreut. Lehrer S. hatte ein tolles Ziel ausgesucht. Sie fuhren nach Wien.
Am Sonntag beim Frühstück sagte Herr S.: »Wir haben das Programm geändert. Heute morgen gehen wir in den Prater und fahren mit dem Riesenrad.«
Da brach vielleicht ein Jubel los!

Ursula sagte: »Herr S., ich will aber zuerst zur Messe.«

»Du spinnst wohl!« sagte Kalle.

»Meinst du, wir wollen hier so lange warten?« sagte Gerda.

»Du versaust uns mal wieder den ganzen Tag mit deiner blöden Kirche!« sagte Peter.

»Du hörst, was deine Klassenkameraden meinen«, sagte Herr S.

Ursula antwortete nicht.

»Na, was sagst du dazu?« drängte Herr S.

»Ich möchte zur Messe«, sagte Ursula.

Herr S. wandte sich wütend ab.

»Ich kann ja mit Ursula gehen«, schlug Marius vor. »Wir kommen dann später nach.«

Herr S. zögerte noch einen Augenblick und entschied dann: »Von mir aus. Aber beeilt euch.« Dann fragte er: »Gibt es hier sonst noch welche von den Frommen?«

Niemand meldete sich.

*

Lorenz ist in der Kommuniongruppe. Neun Jahre ist er alt. Er erzählt mir: »Meine Eltern gehen nie zur Kirche. Wenn ich vor dem Essen bete, dann schimpft mein Vater oft vor sich hin. ›Die Alte macht den Jungen noch ganz verrückt‹, sagt er dann. Er meint meine Oma. Die hat mir nämlich viel erzählt von Jesus und so.«

»Und du glaubst an Gott?« fragte ich ihn.

»Ja. Meine Oma glaubt's auch.« Er schweigt eine Weile und sagt dann: »Und Sie, glauben Sie auch an Jesus?«

»Ja«, sagte ich. Was will ich auch mehr dazu sagen?

*

Frank: Sie haben mich nicht mehr aufgestellt in der Jugendmannschaft. Dabei bin ich ein guter Rechtsaußen. »Bei dir weiß man sonntags nie, wo man dran ist«, hat der Trainer gesagt. »Immer mit deiner blöden Messe.«

*

Ich heiße Wolfgang Petermann. Neulich hat in unserer Klasse an der Tafel gestanden:

Rätsel
Kreuz vorm Bauch und Nachthemd an,
das ist bestimmt der . . .

Das haben sie alle laut gelesen und dann geschrien: ». . . das ist bestimmt der Petermann.«
Der Helmut hat mich nämlich gesehen. Ich singe in der Schola. Wir haben einen weißen Kittel an, wenn wir im Gottesdienst singen.
Seitdem werde ich oft gehänselt. »Na? Schon wieder mal im Nachthemd gesungen?«

*

Ihr kennt bestimmt die Geschichte vom Stephanus. Den haben die Hohenpriester in Jerusalem verhört. Und als er sich zum Glauben an Jesus, den Messias, bekannte, da haben sie ihn empört zur Stadt hinausgetrieben. Vor dem Tor ist er mit Steinen totgeworfen worden. Er war der erste Christ, der sein Leben für den Glauben lassen mußte, der erste Märtyrer. Auch heute fliegen Steine, Steinchen, die schmerzen können. Von solchen Steinwürfen wollte ich berichten.

27. Dezember

Tod am Brunnen

Trug mein Vater eigentlich genauso einen goldenen Ring im Ohr wie du?« fragte der Junge.
»Selbstverständlich. Immerhin war er ein Zimmermann. Als er mit Ach und Krach die Probezeit bestanden hatte, da habe ich ihm selbst mit einem ausgeglühten Nagel das Loch in das Ohrläppchen gestoßen. Der Goldschmied aus Ortelsburg hat schon geschwitzt, wenn wir Zimmerleute ihn riefen. Es ist gar nicht so einfach, einen Ring ganz dicht am Ohr so festzuschmieden, daß man die Naht nicht mehr sehen kann.«
»Außer den Zimmerleuten haben nur die Zigeuner manchmal solche Ringe im Ohr«, sagte der Junge.
»Nun, von den Zigeunern liegt uns Zimmerleuten schon etwas im Blut. Was bin ich schon mit meiner Kolonne in der Welt herumzigeunert! Von einer Baustelle zur anderen bin ich mit meinen Leuten gezogen, oft viele hundert preußische Meilen von zu Hause weg.«
»Aber wir haben ein Dorf, ein Haus, wohin wir immer wieder zurückkehren.«
»Stimmt, Junge. Aber das ist mehr ein Zufall gewesen, daß die Bienmanns sich endlich in Liebenberg festsetzten.«
»Zufall? Erzähl doch mal, Großvater.«

»Tja, Jungchen, mein Vater hat mir die Geschichte oft und oft erzählt, und ich wundere mich selbst, daß ich sie so lange in mir vergraben habe. Die Bienmannsfamilie stammt nämlich aus dem Moselgebiet. Da sind so um 1800 die Franzosen in das Land eingefallen. Die Bienmanns hatten vorher oft für Klöster und Kirchen gearbeitet. Aber Napoleon hat 1803 die Kirchen bettelarm gemacht und ihnen kurzerhand jeglichen Besitz weggenommen. Die Priester und Mönche konnten keine Arbeiten mehr vergeben, ja, sie mußten selber sehen, wo sie blieben.

Das gefiel meinem Großvater nicht. Er hatte sein Mißtrauen zu laut und an den falschen Orten hinausposaunt. Den Napoleon hat er einen Bluthund genannt. Das blieb den Franzosen nicht lange verborgen.

Jedenfalls hat mein Großvater mitten in einer Nacht die ganze Familie zusammengerufen. Mein Vater Martin, damals 21 Jahre alt, war Großvaters ältester Sohn. Außer ihm gab es noch drei jüngere Söhne, Paul, Konrad und den siebenjährigen Knaben Johannes. Meine Großmutter saß mit verheulten Augen auf der Bank hinter dem Tisch.

›Wir packen unseren Pferdewagen‹, sagte mein Großvater. ›Napoleon, unser großer Befreier, will mir an den Kragen. Ich hab's gesteckt bekommen. Haus und Anwesen, ja die ganze Zimmerei, alles soll beschlagnahmt werden. Mich wollen sie vor Gericht stellen. Aber ich habe ihm einen Strich durch die Rechnung gemacht. Ich habe das Haus und das Geschäft heute nacht verkauft. Den Notar, den Napoleon selbst eingesetzt hat, haben wir aus dem Bett getrommelt und den Vertrag rechtskräftig gemacht. In seinen eigenen Gesetzen hab' ich den Franzosen gefangen.‹

›Und was wird aus dir, aus uns?‹ fragte Martin.

›Wir packen und ziehen davon. Noch heute nacht.‹

›Wohin sollen wir gehen?‹ fragte Johannes.

›Weit werden wir gehen, Kind‹, antwortete mein Großvater. ›Sehr weit. Denn eins weiß ich sicher. Der Rhein hält den Franzosenkaiser nicht auf. So einer gibt sich nicht zufrieden mit dem, was er hat. Er will die Welt regieren. Deshalb ziehen wir weit nach Osten. Rußland ist ein gastfreundliches Land. Es gibt in Rußland viele Deutsche. Wir Bienmanns verstehen unser Handwerk. Wir ziehen nach Osten.‹

Und so geschah es. Mit Sack und Pack fuhren sie in ebendieser Nacht noch los und verließen die kleine Stadt. Als sie für ein paar Monate im Hannoverschen arbeiteten, fand mein Vater ein Mädchen, das ihn wohl heiraten wollte. Aber ihre Familie setzte alles daran, diese Hochzeit zu verhindern. Welcher Baron aus einem alten hannoverschen Geschlecht hätte wohl die Tochter an einen durchreisenden Zimmermann verheiraten wollen. Das junge Fräulein von Herzberg dachte aber anders. Es fand sich ein Dorfpfarrer, der sie heimlich traute. Niemals hat meine Mutter in späteren Jahren gejammert, aus dem Herrenhaus fortgelaufen zu sein. Sie hatten sich sehr lieb, meine Eltern. Meine Mutter zog also mit nach Osten. Aber das ging viel langsamer vor sich, als mein Großvater es sich zunächst vorgestellt hatte. Wenn sich Arbeit fand, bezog die Familie ein Haus und blieb oft Monate an einem Ort. In Pommerschen verbrachten die Bienmanns vier Jahre. Dort wurde ich geboren. Napoleons Soldaten haben uns auf unserem Weg nach Osten dann überholt.

1812 stießen die Heere des Franzosenkaisers weit nach Rußland hinein. Der Winter kam früh und überraschte die Soldaten und auch unsere Familie. In Liebenberg, dem winzigen Nest, mietete mein Großvater ein leerstehendes, ehemaliges Gasthaus. Das Beste in der Bruchbude war ein riesiger Kachelofen. Der strahlte eine wohlige Wärme aus und hielt uns die eisige Kälte vom Leib.

Die Dorfbewohner waren freundlich zu uns. Arbeit gab es genug für die Zimmerleute. Unsere Geschichte in Liebenberg fing damit an, daß Großvater, ohne von jemand einen Auftrag erhalten zu haben, den morschen Balken des Ziehbrunnens auswechselte. Es war dies der einzige Brunnen im Dorf. Mit dem Balken hatte es eine besondere Bewandtnis. Im Winter fand sich regelmäßig mit dem ersten Schnee ein Schwarm Wildtauben ein. Zu anderen Jahreszeiten sind das scheue Vögel, die klug den Nachstellungen der Jäger auszuweichen wissen. Nicht der scharfe Frost trieb sie in das Dorf, sondern der Durst war es wohl, der sie an den Brunnen lockte. Die Liebenberger nannten die Vögel zu dieser Zeit *unsere* Tauben, stellten ihnen mehrmals am Tage in einer flachen Holzschale Wasser zurecht und streuten gelegentlich ein paar Körner. Keiner der Dorfbewohner wäre auf den Gedanken verfallen, die Not der Tiere auszunutzen und auf sie zu schießen. Das änderte sich, sobald im Frühjahr der Schnee wegtaute. Tauben zu jagen gehörte dann zu den geheimen Vergnügen vor allem der jungen Burschen im Dorf, ein Vergnügen, von dem der Jagdaufseher vom Knabigschen Gut nicht begeistert war, weil der Baron von Knabig allein das Jagdrecht besaß.

Der mächtige Balken des Ziehbrunnens war der Platz, den die Tauben besonders liebten. Aufgereiht saßen sie dort mit aufgeplustertem Gefieder. Einige wurden im Laufe des Winters so zutraulich, daß sie nicht einmal aufflogen, wenn ein Mädchen kam, ihr Joch mit den beiden Eimern von den Schultern hob, gemächlich das längere Ende der Balkenwippe herunterzog, den Eimer an der langen Kette in den Brunnenschacht senkte und schließlich das Wasser heraufzog.

Großvater hatte einen gewaltigen Balken aus einem dicken Stamm glatt herausgeschlagen. Am hinteren Ende hatte er die volle Breite des Baumes ausgenutzt und eine Vertiefung in das Holz hineingehauen. Eine ganze Woche lang arbeitete er an dieser Mulde in dem Balken. Dann hatte er ein kleines Wunderwerk geschaffen. Quer über die Balkenhöhlung lief eine hölzerne Achse, und daran wieder war eine flache Blechschale so kunstvoll befestigt, daß sie sich immer genau in die Waage stellte, wie man den Ziehbalken auch hob oder senkte.

Unter dem Balkenende verankerte er einen schweren Stein. Tagelang wog er den Baum aus, bohrte dann geschickt das Loch für die Hauptachse, auf der die Wippe sich wiegen sollte, und baute schließlich den brüchigen, alten Balken aus seiner Halterung. Die Tauben flatterten aufgeregt auf und ließen sich auf den Dachfirsten der umliegenden Hütten nieder.

Von fünf Männern wurde der neue Balken in die Halterung gehoben und die Achse eingeführt und verschraubt. Der Ziehbalken lag so im Gewicht, daß das Ende mit dem Stein und der Wasserschale sich ganz sanft herunterneigte. Kette und Eimer wurden befestigt. Großvater rief mich, den fünfjährigen Enkel, beim Namen. Ich war damals ein schmächtiges Kerlchen. Er befahl mir: ›Friedrich, zieh einen Eimer Wasser aus dem Brunnen!‹

Bei dem alten Brunnen hatten die Frauen schon kräftig zulangen müssen, wenn sie den schweren Eimer ans Licht holten. Der neue Balken jedoch war so ausgewogen, daß ich das Wasser mit meiner kleinen Kinderkraft ohne jede Anstrengung emporbringen konnte. Die Dorfbewohner klatschten Beifall. Mit dem ersten Wasser füllte Großvater die Taubenschale am Balkenende. Noch einmal mußte ich Wasser aus dem Brunnen ziehen. Die Dorfbewohner drängten sich heran und wunderten sich. Kein Tropfen aus der Trinkschale wurde verschüttet. Sie wiegte sich leicht in ihrer Achse und hielt sich waagerecht, wie man den Balken auch bewegte. Alle im Dorf erkannten, daß sie einen Brunnen hatten, wie es weit und breit keinen zweiten mehr gab. Die Tochter des Dorfschulzen, die schöne Hannah, zog den nächsten Wassereimer hoch.

›Mit dem kleinen Finger ist das zu schaffen‹, rief sie, und sie strahlte dabei meinen Onkel Johannes an, daß jeder im Dorf es merken konnte, wie sehr die beiden sich gefielen. Onkel Johannes war damals zwanzig Jahre alt, ein hübscher Bursche, breit in den Schultern und mit einem offenen, fröhlichen Gesicht.

Die Leute standen noch in der Kälte und bewunderten das Werk, stampften mit den Stiefeln den Schnee und schlugen die Arme, damit sie nicht froren, da erhob sich von allen Dächern zugleich der Taubenschwarm, wie auf einen geheimen Befehl, und umkreiste mehrmals den neuen Balken. Die Leute traten ein paar Schritte zurück. Die Tauben ließen sich zunächst auf dem hoch in den Himmel ragenden längeren Balkenende nieder, an dem der Eimer sich im Winde wiegte, hüpften dann aber Stückchen um Stückchen der Trinkschale zu. Schließlich setzten sich gleich fünf an den Rand der Schale, senkten und hoben die Köpfchen und schluckten das frische Wasser.

Sie hatten den neuen Balken angenommen. Die Dorfbewohner wollten den Tauben nicht nachstehen. Von diesem Tag an begegneten sie unserer Familie so, als ob wir schon Jahre unter ihnen gelebt hätten. Als nun mein Onkel Johannes sich mit der schönen Hannah verlobte, da war das ein Fest für das ganze Dorf. Uns ging es in diesem Winter nicht schlecht. Der Baron von Knabig auf dem Gut hatte bald heraus, daß mein Großvater ein geschickter Handwerker war. Es gab Arbeit genug.

Aber dann kam mit einem preußischen Reiter aus dem Osten die Nachricht, Napoleons Heer sei in Eis und Schnee zerschlagen worden. Die Russen hätten zunächst ihr wunderschönes Moskau angezündet. Die prächtigen Holzpaläste und die vielen tausend Holzhütten wären in einem mörderischen Feuer in Schutt und Asche gesunken. Die Franzosen, die geglaubt hatten, sie hätten mit der Hauptstadt auch das ganze Land erobert, mußten mitten im Winter zurückfliehen, wenn sie nicht Hungers sterben wollten.

An der Beresina sei es Ende November dann zu einer erbitterten Schlacht gekommen. Das Eiswasser des Flusses habe sich rot gefärbt vom Blut der Russen und Franzosen. Napoleon selbst sei bei Nacht und Nebel mit wenigen Vertrauten in einem Schlitten geflohen und habe seine Soldaten schmählich im Stich gelassen.

›Der feige Hund‹, sagte mein Großvater.

In den folgenden Tagen verschwanden einige junge Männer aus dem Dorf. Es lief das Gerücht, daß sie mit dem jungen Baron losgezogen seien und zum preußischen Landsturm wollten. General Yorck sei dabei, ein preußisches Volksheer zu sammeln. Er wolle Napoleon den Rest geben und ihn endgültig aus dem Lande verjagen. Zunächst aber war von Yorck wenig zu spüren. Statt dessen zogen immer wieder versprengte Franzosen durch Liebenberg, forderten Brot und Futter für die Pferde, und die Dörfler gaben von dem, was sie hatten, denn die geschlagenen Soldaten waren jämmerlich anzusehen, und die Säbel saßen ihnen locker in der Scheide. Von den fast 600 000 Reitern und Fußsoldaten, die im Juni 1812 noch singend und frisch ausgezogen waren, kehrten nur wenige zurück, geschunden, todmüde, fiebrig, verkrustet, schwarzes Blut in nachlässig geschlungenen Verbänden.

›Das ist das wahre böse Gesicht des Krieges‹, sagte Großvater bitter.

Mitte Dezember, gegen Abend, trabte müde ein Trupp von etwa dreißig französischen Reitern in das Dorf. An der Spitze ritt ein junger Leutnant. Er fragte nach dem Schulzen und bat darum, daß seine Leute Quartier für die Nacht bekämen. Für Essen und Trinken wolle er bezahlen. So höflich hatten Soldaten schon lange nicht mehr mit uns geredet. Die meisten befahlen, drohten, schimpften. Der Leutnant, sein Trompeter, ein Knabe fast, und sechs Mann wohnten in unserem Haus. Mutter hatte den Leuten in der ehemaligen Gaststube ein Strohlager gerichtet. Der Leutnant bekam die Kammer meiner Eltern.

Am nächsten Morgen in aller Frühe ließ der Leutnant zum Sammeln blasen. Die Pferde wurden am Brunnen getränkt. Aber zum Aufsitzen kamen die Reiter nicht. Die Tiere begannen unruhig zu werden, stampften aufgeregt, keilten schließlich aus und versuchten auszubrechen. Schaum trat ihnen vor das Maul, sie zuckten in Krämpfen und verendeten elendiglich. Auch ein Soldat, der nur einen kleinen Schluck von dem Wasser getrunken hatte, wand sich vor Schmerzen und wurde in unser Haus getragen. ›Das Wasser ist vergiftet worden.‹ Großvater sprach aus, was alle dachten. Der Leutnant stand fassungslos und blaß bei seinen Soldaten.

Er rief auf französisch ein paar Befehle. Die Soldaten schwärmten aus, jeweils zu dritt, und trieben alle Dorfbewohner am Brunnen zusammen. Der Verwalter des Gutes, der gerade mit den beiden Töchtern des Barons im Schlitten ins Dorf gekommen war, wurde mit den Baronessen ohne viel Federlesens ebenfalls zum Brunnen getrieben.

›Wer hat den Brunnen vergiftet?‹ rief der Leutnant.

Keiner meldete sich. Der Dorfschulze wollte etwas erklären, aber der Leutnant zog seine Pistole und sagte laut: ›Nichts will ich hören. Nur der, der den Brunnen vergiftet hat, der soll sich melden.‹

Wieder war es um den Brunnen herum so still, als ob kein Mensch dagewesen wäre. Nur das Gurren der Tauben war zu hören.

›Wenn sich der Täter nicht findet, werde ich Geiseln auswählen und erschießen lassen‹, drohte der Leutnant.

Stumm standen alle und starrten vor sich in den zertretenen Schnee. Da ließ der Leutnant jeden zehnten Dorfbewohner auszählen. An den Bienmanns ging das Los vorüber. Aber 27 Personen, Frauen und Männer, Junge und Alte traf die Zehnerzahl. Die Geiseln wurden von den Soldaten vor dem Brunnen zusammengetrieben. Die schöne Hannah war dabei und auch eins der Knabig-Mädchen.

›Ich warne Sie zum letzten Male‹, sagte der Leutnant in die Stille hinein. ›Wenn sich der Täter nicht meldet, muß ich diese Leute füsilieren lassen.‹

Mit weiten Schreckensaugen standen die Menschen. Schon befahl der Leutnant seinen Soldaten, ihre Gewehre zu laden, da trat mein Onkel Johannes vor, riß sich die Fellmütze von seinem blonden Kraushaar, warf sich vor dem Leutnant auf die Knie und sagte leise: ›Ich war es, der das Gift in den Brunnen warf.‹

›Na also‹, nickte der Leutnant und gab den Soldaten einen Wink, die Geiseln freizulassen.

Die schöne Hannah schrie auf, mein Großvater redete auf den Leutnant ein und bot ihm an, ihm all die Pferde zu ersetzen, aber es nützte nichts. Johannes wurde mit dem Rücken zum Brunnen mitten auf die breite Dorfstraße gestellt. Die Kommandos ertönten. Die Soldaten hoben die Gewehre. Ich sah, daß der kleine Trompeter seinen Flintenlauf ziemlich hoch in die Luft hielt. Die Schüsse krachten.

Onkel Johannes reckte sich empor, sackte zusammen. Der schmutzige Schnee färbte sich von seinem hellen Blut. Die Tauben waren erschreckt aufgeflattert. Eine schoß hoch in die Luft, breitete weit ihre Flügel aus, torkelte, sank nieder, fiel schwer auf die Brust des erschossenen Onkels, getroffen von der Kugel des jungen Trompeters.

Die Soldaten nahmen die letzten Pferde aus dem Dorfe mit sich und zogen davon.

Jedermann im Dorf wußte, daß Johannes nicht der war, den der Leutnant wirklich gesucht hatte, und daß es die Liebe zu Hannah gewesen war, die ihm den frühen Tod gebracht hatte. Der Baron von Knabig schenkte meinem Großvater ein ansehnliches Stück Land, und die Dörfler boten unserer Familie das Haus zu eigen an, das wir gemietet hatten. So blieb unsere Familie in Liebenberg. Den Franzosen aber, der das Giftwasser getrunken hatte und der in unser Haus getragen worden war, den hat meine Großmutter gesund gepflegt. Als später die Preußen nach versprengten Soldaten des Franzosenkaisers suchten, da hat sie ihn versteckt, und keiner aus dem Dorf hat ihn verraten, obgleich es längst nicht allen recht war, daß einer der ›Franzmänner‹ so gut davonkommen sollte. ›Ein unschuldig Getöteter ist genug‹, sagte meine Großmutter. ›Was kann er schon dafür, daß sein Kaiser Krieg macht. Es sind immer nur die kleinen Leute, die für den Krieg bezahlen und sterben müssen.‹

Eigentlich hieß der französische Soldat Pierre. Aber meine Großmutter hat ihn das ganze Jahr, in dem er bei uns geblieben ist, Jean gerufen, obwohl er schmal und schwarzhaarig war und in nichts meinem Onkel Johannes glich.

Oft bin ich an der Hand meiner Großmutter in den folgenden Jahren zum Kirchhof gegangen. Großvater hatte ein mannshohes Kreuz auf das Grab seines Sohnes gestellt. Der Grabhügel war in der warmen Jahreszeit stets mit Blumen überhäuft, und selbst jetzt, nach über fünfzig Jahren, tragen die alten Leute noch ihre Sträuße auf das Grab meines Onkels Johannes.«

28. Dezember

Das Katzkanin

Vater hat einen Urlaubstag. Er liegt im Bett. An anderen Tagen muß er früh aufstehen. Heute will er sich ausschlafen. Das ist schön für Vater. Aber für Thomas und seine beiden Schwestern ist das gar nicht schön. Thomas ist ein Frühaufsteher. Sein Zimmerfenster schaut dorthin, wo die Sonne wach wird. Wenn sie ihre Strahlen durch die Scheiben schickt, dann schlägt Thomas seine Augen auf. Manchmal hört er dann die nackten Füße seiner Schwestern dumpf auf dem Boden stampfen. Hin und her laufen sie. Den Vater stört das. Thomas hört, wie er sich in seinem Bett wild auf die andere Seite wälzt. Leise öffnet der Junge die Tür, steckt den Kopf ins Mädchenzimmer und faucht: »Seid doch still! Vater will lange schlafen.«
Die Mädchen springen ins Bett zurück und ziehen ein Gesicht.
Maria setzt sich auf und flüstert: »Hast du gesehen? Es hat heute nacht geschneit.«
»Lauter weißer Schnee«, bestätigt die kleine Nelly. Genau wie Maria zieht sie die Decke bis an die Nasenspitze. Beide schauen gespannt auf Thomas. Der rennt zum Fenster, schiebt die Vorhänge zur Seite und staunt. Die kleine Wiese und der Garten sind zugedeckt. Das Nachbarhaus hat ein weißes Dach bekommen. Die Amsel auf der Fernsehantenne sieht viel schwärzer aus als an anderen Tagen.

»Schnee! Wirklich! Schnee!« jubelt er. Laut schallt seine Stimme durch das Haus.

Vater denkt: Zum Kuckuck! Können die Kinder denn nicht einmal heute Ruhe halten? Aber er ist nicht richtig böse. Er reckt und streckt sich. Das Bett knarrt.

Maria und Nelly sind wieder unter ihren Decken hervorgekrabbelt. Sie stehen neben Thomas und schauen in die weiße Welt. »Da, eine Katze«, sagt Nelly. Auch Thomas sieht das braune Tier.

»Ein Kaninchen ist es!« ruft Thomas. »Vater, Vater, schnell! Ein Kaninchen läuft durch unseren Garten!«

Doch der Vater liebt sein warmes Bett mehr als den Anblick eines Kaninchens.

»Brr«, brummt er und schüttelt sich.

Später, am Frühstückstisch, sagt Nelly: »Es war doch eine Katze.«

Thomas aber behauptet: »Das Tier hatte lange Ohren und hoppelte. Es war ein Kaninchen.«

Maria hält sich aus dem Streit heraus. Sie sagt: »Vielleicht war es eine Katze mit langen Ohren?«

»Unsinn«, sagt der Vater. »Nach dem Frühstück sehen wir uns die Spuren im Schnee an. Die Spuren verraten ein Tier.«

»Darf ich dir mit einem Schneeball den Hut vom Kopf werfen?« fragt Maria.

»Zuerst sehen wir nach den Spuren«, knurrt Thomas.

Vater kramt im Bücherregal nach einem Spurenbuch.

»Wer hat das Buch genommen?« ruft er. »Natürlich wieder niemand!«

Mutter denkt: Schnell, sonst ist es mit seiner guten Laune aus!

Sie stürzt zum Regal; ein Blick, schon hat sie das Buch.

»Na?« sagt sie zu Vater.

»Immer diese Unordnung im Haus!« knurrt der. Er mummt sich ein.

Mutter besteht darauf, daß alle Kinder ihren dicksten Pullover anziehen. Nelly bekommt einen Schal um den Kopf gebunden. »Der kratzt aber . . .«, jammert sie.

»Ohne Schal darfst du nicht hinaus«, antwortet die Mutter.

Da kratzt der Schal plötzlich nicht mehr.

Sie nähern sich der Hecke. Dort haben die Kinder den braunen Wisch gesehen. Viele Spuren führen durch den Schnee. Vater schlägt sein Buch auf. Lange blättert er.

»Hier«, sagt er schließlich. »Hier steht es. Es ist eine Kaninchenspur.«

»Seht ihr!« Thomas lacht die Schwestern aus.

»Aber was ist das hier?« fragt Maria und bückt sich zum Schnee hinunter. Sie beugen sich alle vor und stoßen mit den Köpfen zusammen. Kleine, runde Ballen sind in den Schnee gedrückt.

Vater zieht die Stirn kraus. Er blättert wieder. Schließlich betrachtet er die Spur im Schnee noch einmal genau, blickt scharf ins Buch, schüttelt den Kopf und sagt: »Es sieht genau aus wie eine Katzenspur.«

»Bäh«, kräht Nelly, »es war doch eine Katze.«

»Ich habe ein Kaninchen gesehen«, beharrt Thomas.

»Ich habe eine Katze gesehen«, keift Nelly.

»Ist es vielleicht ein Kaninchen mit Katzenpfoten gewesen?« fragt Maria.

»Quatsch!« sagt Nelly.

»Quatsch!« sagt Thomas.

Da greift Maria in den Schnee, preßt einen Ball und zielt nach Vaters Hut. Vater duckt sich. Thomas macht Schneebälle und Nelly auch. Vater flieht ins Haus. Nelly trifft ihn am Rücken. Ein weißer Fleck klebt auf der dunklen Jacke. Thomas wirft. Zisch! Der Schneeball fegt dem Vater den Hut vom Kopf.

Mutter öffnet die Tür und läßt Vater ins Haus schlüpfen.

»Bring mir den Hut mit«, ruft Vater durch den Türspalt.

Thomas setzt den Hut auf. Die Ohren halten die Krempe.

»Ich stelle eine Falle!« verkündet er.

Unter dem schwarzen Hut sieht er aus wie ein Fallensteller.

»Wir werden ja sehen.« Die Mädchen rollen dicke Schneewalzen und bauen einen Schneemann.

Thomas kramt im Keller. Endlich hat er alles gefunden, was ein Fallensteller für eine Falle braucht. In einer alten Holzkiste liegen ein kurzer Strick und ein fußlanger Stab. Er schleicht sich an die entfernteste Ecke des Gartens. Viele Spuren laufen da zusammen. Die Kiste stülpt er um. Mit dem Stab stützt er sie an einer Seite. Jetzt steht sie schräg. Vorsichtig stößt er gegen den Stab. Bums! Die Kiste fällt zu Boden.

»Prima.« Thomas ist zufrieden. An den Stab bindet er den Strick. Jetzt hebt er die Kiste wieder auf die Stütze und zieht an dem Strick. Bums. Die Falle schlägt zu.

»Prima!« Thomas rennt zum Gartenzaun. Dort stehen einige Grünkohlstrünke. Er findet ein letztes Blatt. Das bindet er an das andere Ende des Stricks und legt Strick und Blatt unter die Kiste.

»Nun werden wir ja sehen!« sagt er und nickt.

Er weiß genau, daß die Kaninchen erst am anderen Morgen wiederkommen werden. Die Schwestern lärmen; das mögen die Kaninchen nicht. Sechsmal überprüft er im Laufe des Tages die Falle.

»Prima«, sagt er immer wieder und nickt zufrieden.

Aber keine Falle ist so gut, als daß Thomas sie nicht noch verbessern könnte. Am Nachmittag legt er auf die Kiste einen schweren Stein. Besser ist besser.

Am nächsten Morgen ist er bereits vor der Sonne wach. Die Kiste ist herabgefallen. Die Falle hat sich geschlossen.

Er weckt seine Schwestern. Schade, daß der Vater schon zur Arbeit ist. Vor dem Frühstück will Thomas schon hinaus. Doch die Mutter erlaubt es nicht.

Thomas hat keinen Hunger. Aber er kommt nicht eher vom Tisch, bis er sein Brot aufgegessen hat. Auch Maria und Nelly sind aufgeregt.

»Es ist ein Kaninchen«, fängt Thomas wieder an.

»Es ist eine Katze«, behauptet Nelly.

»Katzen fressen doch keinen Grünkohl«, sagt Thomas.

»Woher weißt du denn, daß der Grünkohl weggefressen ist?« fragt Nelly.

»Vielleicht hat der Wind die Falle zugeweht«, gibt Maria zu bedenken.

Endlich stehen sie vor der Kiste. Da liegt sie. Fest haben sich die Kanten in den Schnee gedrückt.

»Nun sieh schon nach!« sagt Maria.

»Ja«, antwortet Thomas, »aber wie?«

Er stellt sich vor, wenn er jetzt die Kiste anhebt, huscht das Tier hinaus.

»Streu ihm doch Salz auf den Schwanz, wenn du so sicher bist, daß es ein Kaninchen ist«, neckt Nelly den Bruder.

»Alberne Gans«, sagt Thomas verächtlich. Er geht um die Kiste herum.

Er legt sein Ohr an das Holz. Er klopft mit dem Zeigefinger gegen die Kistenbretter.

Die Mädchen verlieren den Spaß an der Falle. Sie wollen dem Schneemann eine Schneefrau machen.

Thomas denkt nach. Der Kopf brummt ihm schon. Schließlich kommt der Vater heim.

Es ist bereits dunkel. Thomas fragt ihn um Rat.

»Vielleicht bohrst du ein Loch in die Kiste«, schlägt Vater vor.

»Besser noch in den Boden«, sagte Nelly und gähnt.

Thomas schlägt sich mit der Handfläche an die Stirn.

»Klar. Ich bohre ein Loch in den Boden, stecke den Arm hindurch und fühle nach, was in der Kiste ist.«

»Katzen kratzen«, warnt Nelly.

»Es ist ein Kaninchen«, sagt Thomas erbittert.

»Vielleicht ein Kaninchen mit einem Katzenschwanz«, meint Maria.

Am anderen Morgen nimmt Thomas eine kleine Schaufel und gräbt, stößt ein Loch in den gefrorenen Boden. Er schwitzt, obwohl es doch ziemlich kalt ist. Endlich hat er es geschafft. Er greift mit der Hand in die Kiste. Er hat ein bißchen Angst. Wird ihn eine Katze kratzen? Wird ihn ein Kaninchen beißen?

Nichts von alledem. Die Kiste ist leer. Er stürzt sie um. Unberührt liegt der Schnee darunter. Nur das apfelgroße Loch macht einen schwarzen Fleck. Ach, und ein Zettel liegt da. Erstaunt liest Thomas seinen Schwestern vor, was darauf steht:

> Herzlich grüßt das Katzkanin
> und wackelt mit Kaninchenohren;
> auf Katzenpfoten schleicht's dahin,
> sein Fell ist braun, wie das der Mohren.
> Der lange Schwanz tanzt einen Tanz.
> Der Katzenbuckel buckelt rund,
> der Hasenfuß, der wiegt zwei Pfund.

»Wer war das?« fragt Thomas halb wütend, halb lachend.

Das fragt er sich heute noch.

29. Dezember

Die Eulenmühle

Alte Eulen hausten seit Jahren in der zerfallenen Windmühle auf dem Waghuisener Berg. Die Bäume, die dort wachsen, waren noch armdünne Stecken. Das alte Haus war gerade von dem alten Müller erbaut worden. In jenen Jahren geschah es, daß der Müller in einer kalten Novembernacht mit Frau und Kind und Esel Hals über Kopf die Mühle verließ und Stein und Bein schwor, er wolle sein Leben lang nie mehr dorthin zurückkehren. Er hat seinen Schwur gehalten und ist wirklich niemals mehr in der Gegend gesehen worden. Seitdem steht die Mühle leer und verfällt. Die Frauen raunen sich zu, daß es dort spukt. Deshalb ist kein neuer Müller dort eingezogen. Doch ging es damals mit allen Windmühlen am Niederrhein bergab. Viele Bauern an Ruhr und Emscher verkauften ihr Land an die Industrie, und die weiter Getreide ernteten, brachten ihr Korn lieber in die Maschinenmühlen. Die können schneller und billiger die Körner zu Mehl mahlen.
Degendusch, so hieß der letzte Müller, war erst ein paar Jahre verheiratet, hatte eine tüchtige Frau bekommen und wollte sich nicht unterkriegen lassen. Als er aber merkte, wohin der Karren rollte, richtete er einen Teil seiner Mühle als Herberge ein.
Die gelbe Postkutsche, die von Antwerpen her noch dreimal in der Woche

vorbeikam, machte dort Rast. Die Reisenden tranken ein Gläschen und versuchten, die durchgeschüttelten Glieder zu strecken und zu recken, ehe sie die beschwerliche Reise fortsetzten.

Auch viele Reisende mit Wagen und Pferd bevölkerten damals die alte Napoleonstraße. Hatten sie schlechte Geschäfte gemacht, dann wickelten die sich in eine rauhe Decke und schliefen im Straßengraben. Oft aber klimperten die Silbertaler und Goldfüchse in ihren Geldkatzen. In Müllers Herberge kehrten sie dann ein, tranken, aßen und blieben für die Nacht unter dem gastlichen Dach. Der Müllersknecht Tscheng versorgte die Pferde, und die Müllersfrau selbst schenkte das Bier in die Krüge und füllte die Gläschen mit klarem Kornschnaps.

Das Gasthaus »Zur Mühle« war gerade dabei, sich unter den Rittern der Landstraße einen guten Ruf zu erwerben, da geschahen Dinge im Haus, so eigenartig und geheimnisvoll, ja grauenhaft schließlich, daß sie dem Müller Haus und Hof und Heimat raubten.

Es nahm damit seinen Anfang, daß eines Morgens in aller Frühe der bärtige Brauereikutscher Honig aufgeregt in die Gaststube polterte, hochrot im Gesicht und mit offenem Hemd, und laut »Diebe! Räuber! Ich bin bestohlen worden!« schrie. Zum Zeugnis schleuderte er seinen Gürtel auf die Tischplatte. Wirklich, die gestern noch gespickte Geldkatze war mager und leer.

Ratlos rief die Müllerin ihren Mann aus der Mahlstube. Der schickte den Knecht Tscheng in das Haus des Gendarmen; denn er wußte, wie schnell solche Botschaften unter den Gästen die Runde machen konnten. Niemand hoffte wohl mehr als der Müller selber, daß der Dieb gefaßt würde. Nirgendwo jedoch fand sich eine Spur, weder nach diesem Diebstahl noch nach jenen sechs weiteren, die sich in den folgenden Monaten ereigneten. Die Müllerin kehrte das Haus um und um. Degendusch selbst legte sich auf die Lauer. Der Gendarm Kurweit nahm in jenem Jahr 40 Pfund gutes Gewicht ab und mußte sich seine Montur zweimal enger schneidern lassen. Der Dieb blieb unerkannt. Niemand verdächtigte Degendusch selbst. Die beiden Müllersknechte und der Lehrjunge schliefen in der Mahlstube und kamen kaum mit den Gästen in Berührung. Die alte Magd hatte bereits unter Degenduschs Vater im Dienst gestanden und war überdies so ängstlich, daß sie sich niemals ohne Kerzenlicht durch das dunkle Haus traute.

Die Gäste begannen das Gasthaus »Zur Mühle« zu meiden. Wer trotz allen Diebereien noch einkehrte und über Nacht Herberge nahm, der legte sich wohl ein geladenes Pistol unter das Kopfkissen. Doch auf Eisen und Blei schläft sich schlecht. Auch die Postkutsche verlegte ihren Rastplatz und machte ein paar Kilometer weiter im Gasthaus »Zu den vier Linden« Station. Gar manchen Abend konnte die Müllerin das Licht schon früh löschen, weil kein Gast Einlaß begehrt hatte.

Da klopfte im späten Herbst, kurz vor Mitternacht, ein Fremder ans Tor. Die Müllerin hockte noch hinter dem Spinnrad. Sie schrak auf und blickte durch das kleine Fenster, neugierig, wer das zu später Stunde in die Stube wollte. Die wenigen Gäste, drei Wanderburschen, Habenichtse auf der Walz, lagen längst in ihren Betten.

»Gebt mir Quartier«, bat der Fremde. »Mein Wagen brach. Ich habe ihn notdürftig geflickt. Darüber ist mir die Nacht in den Weg geraten. Dazu der Wind und der Regen! Ich bin naß bis auf die Haut.«

Die Müllerin schob den Balken zurück, und der Fremde zog die Pferde am Halfter in den Hof. Tscheng, der schon auf dem Strohsack gelegen hatte, kam mit einer Sturmlaterne und half beim Ausschirren. Er war ein anstelliger Bursche mit flinken Händen und flinken Augen. Mit Stroh rieb er die Tiere trocken. Da lud ihn der späte Gast in die Stube zu einem Gläschen ein. Doch bevor er aus dem Stall ging, griff er unter die Plane des Wagens und hob auf der geballten Faust einen eisgrauen Uhu hervor, der mit grünen, leeren Telleraugen starr in die Flamme blickte und seine Pinselohren hoch aufgerichtet hielt.

»Komm, Rynnie«, schmeichelte der Gast, »sicher läßt sich ein Bissen für dich auftreiben.«

Der Uhu gurrte. Er war nicht an eine Kette gefesselt, wie die Jagdvögel sonst. Kein Handschuh aus Leder schützte die bloße Faust des Fremden vor den scharfen Vogelkrallen. Friedlich ließ sich der Nachtvogel neben seinem Herrn auf die mit weißem Scheuersand bestreuten Dielen nieder und würgte gemächlich an dem Stück rohen Fleisch, das die Müllersfrau für ihn herbeigeschafft hatte.

»Nun gießt ein Gläschen ein«, forderte der Gast. »Für euch, und für den Knecht auch eins, auf meine Rechnung.«

»Klaren oder ein Fisternölleken?« fragte die Müllerin.

»Fisternölleken?« Der Gast hob die Schultern, lächelte über den lustigen Namen und nickte schließlich, weil er weit gereist war und nicht verächtlich von dem dachte, was er nicht kannte.

Die Müllerin verrührte ein Stückchen Zucker in einem doppelten Kornbranntwein und bot dem Gast den Trank. In kleinen Schlucken nippte auch sie von dem süßen Schnaps.

»Ich sah euch nie, Herr«, sagte sie.

»Mag wohl sein«, antwortete der Gast einsilbig. »Ich komme von dort und will nach da.« Dabei wies er mit dem Daumen zuerst den Rhein hinauf und dann nach Holland zu. Als darauf die Müllerin ihn seltsam anblickte, gestand er ihr: »Markwart heiß' ich und will in Amsterdam die Schleifer besuchen.«

»Die Diamantenschleifer?« entschlüpfte es Tscheng ein wenig zu laut. Der Ton gefiel dem Markwart nicht.

»Mag wohl sein«, knurrte er, ärgerlich, weil er seine Zunge nicht im Zaun gehalten hatte. Doch damit jeder gleich wußte, mit wem er es zu tun hatte, legte er den prallen, schweren Gürtel auf den Tisch und sein doppelläufiges Pistol dazu.

Tscheng kippte den Rest des geschmolzenen Zuckers, stand auf und sagte: »Also dann, gute Nacht!«, zog seine Zipfelkappe knapp vom Kopf und ging.

Die Müllerin druckste und druckste und sagte schließlich leise und mit niedergeschlagenen Augen: »Mit Gold im Gürtel ist in diesem Haus nicht gut nächtigen, Herr.«

Markwart merkte auf.

»Wir haben einen Raben hier im Nest. Der stiehlt und stiehlt und stiehlt uns Ehr und Ruh.«

Sie weinte.

Markwart lachte leise. »Nur keine Sorge darum, Frau. Es ist nicht das Pistol allein, darauf ich mich verlassen kann. Hier, meine Rynnie« – er hob die Eule auf die Faust und kraulte ihr die Federn wie einem Hund das

Fell – »Rynnie hat scharfe Ohren. Sie hört die Mäuse in den Dielen nagen und das Heimchen im Gebälk. Dem Dieb bekäm' das schlecht, und wenn er sich auf Socken selbst in meine Stube schliche.«

Markwart steht auf, wünscht »Gute Nacht« und geht. Pistol und Eule und den schweren Gürtel trägt er mit. »Gute Nacht«, sagt auch die Wirtin und legt Bedacht auf jedes Wort.

In ihrer Kammer schlafen Mann und Kind schon tief. Sie liegt und friert und wacht. Sie spürt das nahe Unheil auf der Haut. Das Ohr lauscht angespannt und steht wohl dem der Eule wenig nach in dieser Nacht.

Sturm ist aus dem Wind gewachsen. Er saust um Turm und Dach und heult. Die Schiefer klappern. Und durch das Heulen und Klappern hört sie das Heimchen zirpen im Gebälk, sie hört die Maus, die an der Diele nagt. Laut schreit sie auf, als oben bei den Gästekammern die Pistole knallt – knallt, wie ein Korken aus der Flasche springt. Der Mann schreckt auf. Das Kind fährt hoch und jammert. Gepolter oben, kurz darauf ein dumpfer Fall.

Türen quietschen in den Angeln. Licht flackert auf. Sie finden Markwart. Tot. Ermordet. Erschlagen. Noch hält er das Pistol umklammert. Und eine rote Spur führt sie die Treppe abwärts in die Mühle. Sie folgen ihr im weißen Staub des Mehls und finden schließlich Tscheng. Gebeugt liegt er, verblutet, getroffen von der Kugel. Aus einem braunen Ledersack quillt Gold und Silber.

Auf seinem Rücken aber hockt die graue Eule, die Flügel halb gespreizt, und schreit über den Sturm hinweg. Sie hat den leisen Dieb gehört und ihren Herrn geweckt. Der aber, von Tschengs Schlag schon auf den Tod getroffen, rafft seine letzte Kraft zusammen, schießt einmal, zweimal, trifft den Bösewicht.

Der Lehrjunge tritt in das Mahlhaus, sieht und schreit und läuft, ohne sich umzusehen, in die Nacht. Die Müllersknechte packen schnell ihr Bündel. Die alte Magd geht fort. Größer als die Angst vor Nacht und Sturm ist ihre Angst vor diesem düsteren Ort.

Stumm, einsam blieben die Müllersleute zurück. Sie wußten selber nicht, wie lang es dauerte, bis der Gendarm, von einem Burschen unsanft aus dem Schlaf gescheucht, sich durch den Sturm zur Mühle hergekämpft hatte. Eine gewaltige Sturmbö fegte durch die Tür ins Haus, die Fenster zerschlug sie, riß die Läden aus den Angeln.

Das Dach des Mühlenturms brach berstend ein, und Steine aus der Mauer polterten auf die Dielen. Der Müller packte den Esel, nahm Frau und Kind und wendete seinem Schreckenshaus den Rücken. Die Toten wurden fortgeschafft und der Mörder hinter der Mauer verscharrt. Die Leiche jenes fremden Gastes holten Freunde in die Heimat zurück. Das Mühlenhaus stand leer. Nicht einmal die Landstreicher wagten sich hinein.

Der alte Uhu ist der Herr des Turmes. Und wenn man in der Dämmerung zum Mühlenturm kommt, dann mag man wohl die dunklen Schatten gleiten sehen. Der Platz jedoch heißt seitdem die Eulenmühle. Der Name erinnert daran, was zu alter Zeit an diesem Ort geschehen ist.

30. Dezember

Sehen mit neuen Augen

Die Ferienwochen auf dem Bauernhof neigten sich dem Ende zu. Der letzte Tag war sonnig und beinahe windstill. Die Familie Behrens hatte die Gäste auf den Abend in die Gartenlaube eingeladen. Für eine Abschiedsstunde wollten sie sich dort zusammensetzen, miteinander reden, etwas trinken und frische Waffeln dazu essen.
Die Laube lag am Ende des Gartenweges. Sie bestand aus einem kunstvoll über ein Eisengestänge gezogenen Weinstock. Der war in diesem Jahr kräftig ausgeschlagen, und sein frisches Grün wölbte sich wie eine Glocke über dem runden Tisch und der weißgestrichenen Bank. Die Gläser waren mit Fruchtsaft oder Wein gefüllt, die Waffeln dufteten, aber das Gespräch wollte nicht so recht in Gang kommen. Abschiedsstimmung lag über der Runde und auch ein wenig Reisefieber.
Bauer Behrens fragte: »Kinder, erzählt uns doch mal, was euch hier auf dem Hof besonders gut gefallen hat, und auch, was euch weniger behagte.«
Anna war schnell mit der Antwort fertig: »Gut war, daß ich gesehen habe, wie das Küken aus dem Ei kroch. Gut war auch der alte Schuppen. Das war ein schöner Spielplatz. Schlecht war«, sie überlegte einen Augenblick und fuhr dann fort: »Schlecht war, daß ich nicht mitgegangen bin, als Großmutter und Johannes in der Nacht durch den Wald gewandert sind.«

Johannes wußte nicht so recht, was er sagen sollte. »Ich fand nicht gut«, sagte er schließlich, »daß da drüben im Stall 400 Schweine eingesperrt sind und niemals herausdürfen.« Dann aber kam er gleich zu dem, was ihm gefallen hatte. »Daß wir am Freitagabend nicht ins Bett mußten, das war sehr gut. Und auch das mit den geheimen Zeichen, das hat mir gut gefallen«, meinte er.

»Tja«, sagte der Bauer Behrens, »das mit der Schweinemast, das ist wirklich nicht besonders schön. Aber was soll ein Bauer machen? Er muß mit der Zeit gehen. Wenn Schweine verkauft werden können, dann muß er sie wohl aufziehen. Davon lebt der Hof.«

»Und von uns«, sagte Anna.

»Wieso?« fragte die Bäuerin.

»Großmutter hat dir Geld gegeben. Ich hab' es selbst gesehen, Geld für die Wohnung und für das Essen.«

»Richtig gesehen, meine Dame«, gab Bauer Behrens zu. »Auch davon lebt der Hof ein wenig.«

»Mir gefällt es«, sagte Großmutter, »daß wir hier an diesem friedlichen Abend in der Weinlaube sitzen können und wissen, das war eine schöne Ferienzeit.«

»Muß man denn in der Laube weinen?« fragte Anna.

»Weinen, weil es morgen nach Hause geht?« lachte Großmutter.

»Nein, aber du hast gesagt, das ist eine Weinlaube.«

»Aber Kind! Schau dir an, wie diese Laube aussieht. Ein mächtiger Weinstock ist unser Dach und unsere Wand. Der Weinstock treibt Rebzweige und Blätter, schließlich blüht er, und die Weintrauben wachsen heran«, erklärte die Großmutter.

»Manchmal, wenn es einen heißen Sommer gibt, dann werden die Trauben sogar in dieser Gegend rund und reif«, sagte Frau Behrens, und der Bauer fügte stolz hinzu: »Viermal haben wir von diesem Stock schon eigenen Wein gekeltert.«

»Hat er geschmeckt?« fragte Großmutter.

»Probieren Sie ihn. Er steht im Glas vor Ihnen.«

Großmutter nahm ein Schlückchen von dem Wein, und die Kinder tranken ihren Saft. »Süß ist er nicht«, sagte Großmutter.

»Das stimmt«, gab Bauer Behrens zu. »Aber der Wein ist ein sauberer Tropfen. Wir haben ihn nicht mit Zucker gesüßt. Er macht niemals einen schweren Kopf.«

»Ich finde«, sagte die Großmutter nachdenklich, »nach all den vielen geheimen Zeichen, die wir herausgefunden haben, ist diese Weinlaube der beste Platz, den wir uns überhaupt wünschen konnten.«

»Ja«, erwiderte die Bäuerin, »wir sind den Zeichen in diesen drei Wochen richtig auf die Spur gekommen.«

Anna wollte wissen: »Was ist das, eine Spur?«

Der Bauer nannte ihr ein Beispiel: »Da läuft ein Reh über einen Waldweg. Kurz zuvor hat es geregnet. Der Erdboden ist noch feucht und weich. Die kleinen Hufe drücken sich in den Boden ein. Du kommst wenig später dorthin. Das Reh siehst du nicht mehr. Es ist längst im Dickicht verschwunden. Aber du weißt ganz genau, daß es vorbeigelaufen ist.«

»Ich kann die Fußstapfen sehen«, sagte Anna.

»Du sagst es«, nickte der Bauer. »Die Spuren der Tiere kann man lesen. Nur, man muß die Augen aufmachen.«

»Genauso ist es mit Gott.« Johannes hatte alles verstanden. »Ihn selbst können wir nicht sehen. Aber seine Spuren, die können wir doch erkennen.«

»Überall?« fragte Anna.

»Wenn du deine Augen aufmachst, dann kannst du Gott oft und oft entdecken«, bestätigte Großmutter.

»Auch hier in der Weinlaube?« Anna wollte es genau wissen.

»Hier ist es ganz leicht«, sagte die Bäuerin. »Hier sehe ich sogar die Spuren. ›Ich bin der Weinstock, ihr seid die Rebzweige.‹ Wißt ihr, wer das gesagt hat?«

Johannes fiel es sofort wieder ein. »Hat Jesus selbst gesagt.«

»Siehst du«, sagte die Großmutter. »So ist das. Die Rebzweige hier sind ganz eng mit dem Weinstock verwachsen. Brichst du einen Zweig heraus, dann muß er verdorren. So ist es mit den Christen und mit Christus. Wenn die Christen ganz eng mit Jesus verbunden sind, dann grünt und blüht die Gemeinde.«

»Und was ist mit den Trauben?« wollte Anna wissen.

»So, wie die Reben gute Früchte tragen, so bringt auch eine lebendige Gemeinde gute Früchte hervor«, sagte die Großmutter. »Ratet mal, was das für Früchte sind.«

»Das Sommerfest, das wir jedes Jahr feiern«, schrie Johannes.

»Der Kindergarten für Anna und all die anderen Kinder«, sagte Großmutter.

»Reihum muß das gehen«, schlug Johannes vor.

»Jeder muß eine Gemeindefrucht nennen. Und wer nicht weiterweiß, der scheidet aus.«

Es wurde ein langes Spiel. Das Altenheim wurde genannt und das Ferienlager für Kinder, der Weihnachtsbazar und die Krankenbesuche, das offene Singen im Mai mit dem Kirchenchor, das Osterfeuer, die Bücherei, das Essen auf Rädern, der Martinsumzug und die Kleidersammlung und und und . . .

Als niemand mehr etwas einfiel, da zeigte Anna auf sich und Johannes und behauptete: »Wir gehören auch zu den Trauben.«

»Woher weißt du das so genau?« fragte Bauer Behrens.

»Mein Papa sagt immer, unsere Kinder, das sind mir vielleicht ein paar Früchtchen.«

In aller Frühe fuhr Großmutters Auto am nächsten Morgen durch die Toreinfahrt auf die Landstraße. Der Bauer und die Bäuerin winkten noch lange mit Taschentüchern hinter den Gästen her.

Herr Behrens sagte zu seiner Frau: »Das ist doch eigenartig. Da läufst du ein halbes Leben lang durch Wiese, Wald und Feld und tappst herum wie ein Blinder. Ab und zu denkst du ›Wie schön blüht der Roggen‹ oder du freust dich über die Tauben und fütterst den Igel, gelegentlich hörst du den Specht hämmern. Und dann kommt diese Frau aus der Stadt mit ihren Enkeln und öffnet dir die Augen für die tiefere Bedeutung hinter all den Dingen.«

Frau Behrens nickte. »Und nun siehst du alles neu, Mann, wie mit Kinderaugen. Ja, du machst selbst überraschende Entdeckungen, Entdeckungen, die ein wenig zuversichtlicher und fröhlicher machen.«

Sterne

»Woher kommen die Sterne?« fragte der kleine Junge den alten Indianer.
»Der große Gott hat mit einer Nadel Löcher in das Himmelszelt gestochen«,
antwortete der alte Mann.
»Warum hat er das getan?« wollte der Junge wissen.
»Damit die Menschen ein wenig vom goldenen Glanz des Himmels sehen
können«, sagte der alte Indianer.
»Wie schade, daß der große Gott die Löcher nicht größer gemacht hat«,
bedauerte der Junge.
Wie auch immer die Sterne entstanden sein mögen, sie sind jedenfalls ein
wunderbares Zeugnis der Schöpfung, ein großartiger »Einfall« Gottes. Sterne wecken das Staunen. Schon ihre Zahl übersteigt das, was wir uns überhaupt vorstellen können. »Weißt du, wieviel Sternlein stehen?« fragt ein altes
Lied. Die erste Antwort ist schnell gefunden. Etwa 2500 Sterne sind es, die
unser bloßes Auge zu sehen vermag. Aber schon ein Blick durch Vaters
Fernglas zeigt, daß es viel, viel mehr sind. Die schärfsten Sternenfernrohre
enthüllen: Die Zahl ist riesengroß. Nicht einmal annähernd können die
Wissenschaftler feststellen, wie viele Sterne es wirklich gibt.
Ist ihre Zahl schon staunenswert, dann sind es die Entfernungen erst recht.
Bereits zum Mond müßte ein Auto, das 100 Kilometer in der Stunde fährt,
160 Tage und Nächte ununterbrochen unterwegs sein, um die Strecke von
384 000 Kilometern zu schaffen. Und der Mond ist unser allernächster
Nachbar.
Zur Sonne fährt das Auto über 170 Jahre ununterbrochen. Selbst das schnelle
Licht, das 300 000 Kilometer in der Sekunde rast, braucht 8 $\frac{1}{3}$ Minuten.
Wem jetzt noch nicht schwindelig wird, der soll wissen, daß der helle Stern
Sirius noch viel weiter entfernt ist. Sein Licht braucht neun Jahre, bis es auf
der Erde zu sehen ist. Aus dem Fernsehen ist die Wega bekannt. 26 Jahre ist
ihr Licht unterwegs, bis es hier ankommt. Würde der Polarstern heute
verschwinden, dann könnten wir sein Licht noch 40 Jahre lang sehen. Es gibt
Sterne, die viele tausend Lichtjahre von uns entfernt sind.
Wer das weiß, der mag ein wenig ahnen, was der Begriff Unendlichkeit meint.

Sternbilder

Den Sternenhimmel kann jeder in klaren Winternächten besonders gut
anschauen. Aber wie kommt Ordnung in das Geflimmer?
Sucht doch zunächst einmal das wohl bekannteste Sternbild, den »Großen

Wagen«, der auch »Großer Bär« genannt wird. Seine sieben hellen Sterne bilden Deichsel, Vorder- und Hinterachse des Wagens. Zu dem Bild gehört noch eine ganze Reihe kleinerer Sterne. Mit Hilfe des Großen Wagens könnt ihr leicht den Polarstern finden, jenes Gestirn, das stets genau die nördliche Himmelsrichtung anzeigt. Diesen Nordstern oder Polarstern findet ihr, wenn ihr euch die Hinterachse des Großen Wagens fünffach verlängert denkt. Der helle Stern, der dort leuchtet, ist der Polarstern.

Nun könnte euch die Entdeckerfreude dazu verleiten, daß ihr weitere Sterne und Sternbilder suchen wollt. Doch dazu ist am ersten Abend nicht zu raten. Sowenig ihr an einem Tag viele Vögel an ihren Stimmen erkennen lernt, so wenig kann es gelingen, den Sternenhimmel in einer Nachtstunde zu erforschen. Sucht erst die alten Bekannten einmal wieder. Dann mögt ihr weitersuchen.

Vom Polarstern aus ist der »Kleine Wagen« oder der »Kleine Bär« auszumachen, denn er selbst ist als hellster Stern dieses Bildes die Spitze der Deichsel dieses Kleinen Wagens. Weitere zwei Sterne werden der Deichsel zugerechnet, und wie beim Großen Wagen gibt es eine Vorder- und eine Hinterachse.

Das soll für den Anfang genügen. Aber bereits dieser Anfang läßt die Worte des Psalms tiefer verstehen:

> Herr, unser Herr, wie wunderbar ist auf der ganzen Erde Dein Name.
> Blick ich auf den Himmel, das Werk Deiner Hände.
> Ich sehe den Mond und die Sterne,
> die Du alle geschaffen hast.
> Herr, unser Herr, wie wunderbar ist auf der ganzen Erde Dein Name.
>
> (Aus Psalm 8)

Tips:

■ In einen schwarzen alten Regenschirm mit einer Nadel Sternbilder einstechen und gegen die Sonne oder eine Lampe halten: ein eingefangener Sternenhimmel.

■ Auf den Deckel einer großen Blechdose Sternbilder aufzeichnen und mit einem Dorn einige Löcher in das Blech schlagen. Eine Lichtquelle darunter stellen. Im dunklen Zimmer leuchten an der Decke die Sternbilder auf.

■ Eine Sternwarte oder ein Planetarium besuchen.

31. Dezember
Silvester

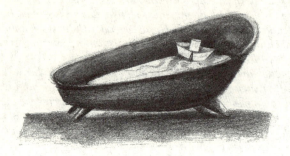

Die Badewanne

Wir waren eine saubere Familie. Saubere Familien konnten zu meiner Kinderzeit im Ruhrgebiet leicht erkannt werden: Samstags wurde gebadet.
Unsere Zweizimmerwohnung, Küche, Schlafzimmer, Vorratskammer, Klo für zwei Familien, immerhin bereits auf der Etage und mit Wasserspülung, unsere Wohnung also bot wenig Platz für ein gründliches Bad. Deshalb ging ich an der Hand der Mutter zur Oma in die Welkenbergstraße. Die hatte ein schöne, große Badewanne. Sie sah aus wie ein Sargdeckel, war aus Zinkblech und lief am Fußende schmaler zu. Opa hatte sie schon aus der Kammer im Anbau geholt. Dort hing sie die Woche über an der Wand. Samstags aber stand sie bereits am Nachmittag nicht weit entfernt vom Kohlenherd in der Küche. Auf dem Herd wurde in einem Emaillekessel, weiß mit blauem Rändchen, Wasser erhitzt. Zehn Eimer Wasser hatte mein Onkel Heinrich vom Kran im Flur, der einzigen Zapfstelle auf der ganzen Etage, in die Küche getragen, und in den Kessel geschüttet. Ein Höllenfeuer wurde entfacht. Nur Stückkohle vom Hausbrand kam zur Verwendung. Der Kohlengries wurde für Zeiten aufgehoben, in denen es nicht so sehr darauf ankam, daß die Hitze die Platte des Herdes sanft erglühen ließ. Opa prokelte mit dem Stocheisen die Asche durch den Rost und orakelte: »Ein guter Zug ist das halbe Feuer.«

Endlich begann der Deckel auf dem Kessel zu klappern. Oma hob ihn herab. Sie schützte die Hand mit dem Topflappen. Wasserdampf schoß in Schwaden in die Küche. Oma griff nach der großen Schäpp – das war eine überdimensionale Suppenkelle – und begann, von dem kochenden Wasser in die Wanne zu schöpfen. Kaltes Wasser wurde dazugegossen. »Willi, du kannst einsteigen«, sagte sie schließlich und fuhr probehalber noch einmal mit der Hand durch das Wasser. »Es ist schön warm.«

Ich begann zu schreien. Ich war noch nicht in der Schule, und bis zu diesem Zeitpunkt durften die Jungen noch lange Haare tragen. Bei mir war es ein weißblonder Lockenkopf, der Stolz meiner Mutter. Ab sechs wurde jeder Junge dann Opfer des Hausfriseurs. Das war ein Arbeitsloser, der von sich glaubte, daß er Haare schneiden konnte. Für Glatze mit Vorgarten, ein Kahlkopf mit einem winzigen Pony über den Augenbrauen, reichte es in der Tat bei den meisten.

Der Grund meines Geschreis war ebendieser schöne Lockenkopf. Shampoo war nämlich selbst als Wort unbekannt, und für die Haarwäsche schien die Kernseife gut geeignet. Ich nehme an, daß die Haare tatsächlich sauber wurden. Leider biß die Seife auch ganz erbärmlich in den Augen. Und da war ich nun mal besonders empfindlich.

Schreien half nichts. Der Kopf wurde gewaschen. Mit einem Handtuch wurde er abgetrocknet. Föhn kannte ich, aber das war, wie Onkel Heinrich damals erzählte, ein warmer Wind im Voralpenland. Daß man den Wind auch selbst machen konnte, haben die Menschen in der Welkenbergstraße und auch wahrscheinlich im ganzen Duisburg-Beeck erst viele Jahre später gelernt.

Arme, Beine, Körper, das alles zu waschen war eher ein Vergnügen. Schließlich war ich fertig. Nun wäre ich ja gern in der Wanne geblieben. Aber das ging nicht. Ich mußte heraus. Mein Vater, ein Masure mit einem weichen Herzen, hatte Mitleid mit mir und faltete mir aus Zeitungspapier ein Schiffchen. Das setzte er behutsam ins Badewasser. Solange das Schiffchen schwamm, durfte ich im warmen Wasser bleiben. Ich saß mucksmäuschenstill, damit kein Wellengang das Schiff kentern ließ. Aber länger als drei Minuten hielt es sich niemals über Wasser. Für den Schiffsbau ist Zeitungspapier wohl doch nicht ganz das richtige. Da gab es früher zweckmäßigere Verwendungen: Das Feuer wurde am Morgen mit Zeitungspapier angezündet. Das Butterbrot für den Opa war zwar in Butterbrotpapier eingeschlagen, aber darum wurde eine Zeitung gewickelt. Das Butterbrotpapier mußte sauber bleiben. Denn Opa faltete es nach der Frühstückspause sorgsam zusammen und trug es wieder nach Hause. Es wurde gewöhnlich eine ganze Woche lang benutzt.

War es kalt oder wehte ein harter Wind, dann schob Opa sich eine Zeitung unter den Pullover, bevor er aufs Fahrrad stieg. Zeitungspapier hält warm. Die Landstreicher haben es nicht vergessen. Wenn es schellte, wurde der Schlüssel in Zeitungspapier gewickelt und auf die Straße geworfen. Der Besucher kannte das und öffnete sich selbst die Tür.

Höhepunkt im Leben einer Zeitung war der Sonntagmorgen. Opa hatte einen aus Zeitung gefalteten Fidibus an seine Sonntagszigarre gehalten und paffte blaue Wolken in die Küche. Er saß auf der Bank hinter dem Küchentisch. Vor sich hatte er den ganzen Stapel der in der Woche übriggebliebenen Zeitungen liegen und ein scharfes Brotmesser. Er zerteilte das Papier in lauter handliche Stücke, legte diese zu einem Block aufeinander, bohrte mit der Scherenspitze ein Loch am oberen Ende durch den Stapel und zog eine Schnur hindurch. Die verknotete er und stapfte mit dem Bündel an der Hand eine Halbtreppe tiefer an jenen Ort, der, weiß der Kuckuck, warum, straßauf, straßab A-B hieß.

Aber zurück in die Badewanne. Mein Schiff sank schließlich. Ich wurde aus dem Wasser gehoben und auf die Kiste neben dem Herd gesetzt. Ein großes Handtuch hüllte mich ein. Vor der Wanne wurden nun drei Stühle mit hohen Lehnen aufgestellt. Darüber breitete die Oma sorgfältig Kleidungsstücke aus. Nein, nicht zum Waschen, nicht zum Anziehen, nicht zum Vorwärmen. Sie baute die spanische Wand der armen Katholiken auf. Denn nun stieg meine Mutter in das Wasser, und die wollte nicht gesehen werden. Meine Oma folgte, wenn Mutter sich sauber wähnte. Und Oma wollte schon gar nicht gesehen werden. Sie legte sogar noch ein Handtuch über die Türklinke, damit niemand hereinspingsen konnte. Die Reihenfolge des Bades war genau festgelegt. Es ging bei den Männern nach dem Alter. Meinem Onkel Heinrich folgte mein Vater und schließlich als letzter der Opa.

Ja, es war dasselbe Wasser. Aber nach jedem Bad nahm meine Oma die große Schäpp, schöpfte den Schmand ab, Dreck schwimmt ja oben, und füllte etwas von dem heißen Wasser nach.

Ich weiß nicht abzuschätzen, wie lange die Badeszene eigentlich dauerte. Wenn in dem noch lauwarmen Wasser die Männersocken gewaschen und schließlich der Boden der Küche aufgewischt worden war, dann schleppte mein Onkel Heinrich den Rest Eimer für Eimer hinaus in den Ausguß, Oma scheuerte die Wanne, und Opa trug sie zurück in die Kammer.

Wir aber saßen rund um den Tisch. Der beim Bäcker aus dem selbstgefertigten Teig abgebackene Stuten duftete. Auf die Margarine wurde am Samstagabend – und nur am Samstagabend – Käse oder Fleischwurst gelegt. Das übliche Rübenkraut stand zwar auch auf dem Tisch, aber nur wenn Oma gut gelaunt war, erlaubte sie, daß über den Holländerkäse noch ein Hauch von dem süßen Kraut gestrichen wurde.

Und dann begann die Kinderseligkeit. Es wurden Geschichten erzählt. Das Zauberwort hieß: von früher. Von noch früher natürlich.

Gute alte Zeit? Na, ich weiß nicht recht. Mein Onkel Heinrich, der das Wasser schleppen mußte, denkt bestimmt anders darüber.

Zur Jahreswende

*E*s schlägt bald Mitternacht.
Das alte Jahr atmet den letzten Hauch
und weckt das neue damit auf zu vollem Leben.
Es soll dem Haus vor allem Frieden geben
und unsern Nachbarn und den Völkern auch.
Dank sei dem Herrn für alle Stunden, alle Tage,
für Lachen, Leid, für Freude und für bittere Plage.
Bald schlägt es Mitternacht.

(Und nach dem Glockenschlag zur Jahreswende:)

Es schlug grad Mitternacht.
In hohen Bögen ziehn Raketen ihre Bahn.
Sie ritzen in die Nacht die schmale Feuerspur,
flackernde Helle für Sekunden nur.
Das neue Jahr fängt dunkel an.
In deine Hände, Herr, bergen wir unsere Tage.
Das Lachen, Leid, die Freude und die bittere Plage.
Grad schlug es Mitternacht.

1. Januar
Neujahr

Zum neuen Jahr

*Wir wünschen euch ein gutes neues Jahr,
daß ihr vertragt den fetten Speck,
die frischen Eier und den weißen Weck,
daß ihr bezahlen könnt, was ihr gekauft,
daß ihr nicht häufig nach dem Doktor lauft
und Kummer, Sorgen, Tränen möglichst wenig,
das alles und für uns den Neujahrspfennig,
dies wünschen wir zum neuen Jahr.*

Jan und die toten Säuglinge

Für Jan lag eine leichte Wehmut über dem Silvestertag. Ein Strich wurde unter das Jahr gezogen. Im Pfarrbüro half Jan der Pastoralassistentin Paula Herbst bei der Aufstellung der Statistik. Nicht, als ob unter dem Strich nur Negativposten gestanden hätten: Das Spendenaufkommen gegen Hunger und Not in der Welt, für Mission und Caritas war wieder einmal leicht angewachsen, obwohl es fast zwei Prozent mehr Arbeitslose in der Stadt gab. Das Ferienhilfswerk hatte 24 Kinder mehr an die Nordsee schicken können als im Vorjahr. Die Altpapiersammlungen waren auf insgesamt 64 Tonnen gestiegen. Viermal startete ein großer Lastkraftwagen, vollgepackt mit Kleidern, Lebensmitteln und Medikamenten, um die Not im Nachbarland lindern zu helfen. Einem Neupriester in Peru wurde der Kauf eines Jeeps ermöglicht. Die Bücherei in der Gemeinde hatte in ihren neuen Räumen sieben Prozent mehr Bücher ausgeliehen. Endlich hatte der neue Osterleuchter beschafft werden können.

Andererseits zählte Jahn fünf Kirchenaustritte mehr als im Vorjahr. »Die Kirchenbesucherzahl ist in diesem Jahr nur um 0,5 Prozent zurückgegangen«, sagte Paula Herbst. »Im vorigen Jahr lagen wir über einem Prozent.«

»Das Wetter war vermutlich besser«, brummte Jan.

»Unsinn. Wir nähern uns dem harten Kern der Gemeinde«, ereiferte sich Paula Herbst. »Allmählich schält sich das heraus, was bleibt.«

Jan antwortete nicht. Er hörte seit Jahren diesen Spruch vom sogenannten harten Kern. Er zweifelte mehr und mehr daran, ob es den überhaupt gab, vor allem aber, ob er sich in Prozente fassen ließ.

Sie addierten die Trauungen, die Kommunionen, die Zahl der Rundbriefe, die Firmlinge.

»Ich finde es gut, daß der Pfarrer die Verstorbenen noch einmal beim Namen nennt«, sagte Paula Herbst.

»Es ist eine lange Reihe in diesem Jahr«, fügte Jan hinzu. »Man wird erinnert. Zum Glück werden auch die Täuflinge namentlich genannt. Es sind übrigens sieben Tote mehr als Täuflinge.«

»Wissen Sie eigentlich, Herr van Druiten, warum der Pfarrer die Täuflinge trennt nach solchen, die in der Krankenhauskapelle getauft worden sind, und solchen, die in unserer Pfarrkirche übers Taufbecken gehalten wurden?«

»Ist doch klar, Paula. Das Krankenhaus liegt wenige Meter jenseits der Gemeindegrenze. Es heißt zwar ›das Krankenhaus von St. Michael‹, aber genaugenommen gehört es zu St. Evermanus. Jedenfalls was den Standort angeht.«

»Na und?«

»Paula, Sie haben doch in Ihrer Ausbildung Kirchenrecht gehört. Muß ich Ihnen das erklären? Wessen Region, dessen Taufe.«

»Wie im Mittelalter«, seufzte Paula Herbst.

»Fertig«, sagte Jan und zog nun endgültig den Strich unter Ziffern und Zahlen. »Ich bin gespannt, was Pfarrer Schulte-Westernkotten daraus macht.«

»Am letzten Silvesterabend ging einem sein Fazit in der Jahresschlußandacht richtig unter die Haut«, erinnerte sich Paula Herbst.

Das stimmte. Pfarrer Schulte-Westernkotten ratterte die Ziffern nicht einfach herunter. Er versuchte Analysen, zeigte Hintergründe auf, Ursachen. Jedesmal war es ihm bisher gelungen, auch Zuversicht zu wecken. Jan jedenfalls verlor bei des Pfarrers Worten, bei den Texten, die er auswählte, den Psalmversen, den Schriftstellen seine Jahresschluß-Melancholie. So sehr, daß er den Wunsch des Pfarrers »Gesegnetes neues Jahr!« im letzten Jahr mit einem kräftigen »Danke, gleichfalls« beantwortet hatte. Erstaunt hatten ihn seine Banknachbarn angeschaut, und er war im nachhinein ein wenig verlegen geworden.

»Warum eigentlich?« stieß Jan hervor.

Paula Herbst schaute ihn fragend an.

»Na, warum antwortet die Gemeinde nicht laut und vernehmlich ›Danke, gleichfalls‹, wenn der Pfarrer einen schönen Sonntag wünscht oder frohe Ostern oder eben ein gesegnetes neues Jahr?« fuhr Jan fort.

Paula Herbst lachte und antwortete: »Wir sind eben eine konservative Gemeinde. In St. Evermanus geschieht das längst.« Sie schloß die Bücher und klappte die Deckel der Karteikästen zu. »Wir werden's in diesem Jahr nicht mehr ändern können«, sagte sie.

Sie erhob sich hinter ihrem Arbeitstisch. Klein und schmal war sie und schaute ein wenig hilflos hinter den dicken Brillengläsern hervor. Als sie vor drei Jahren ihren Dienst in St. Michael antrat, hätte wohl niemand ihr zugetraut, daß sie mit Ausdauer und Zähigkeit und immer fröhlich in der Lage war, die Gemeinde zu verändern. Aber neun Kreise junger Familien waren seitdem entstanden, siebzehn Frauen und Männer hatten in diesem Jahr bei der Vorbereitung der Kinder auf die Erstkommunion geholfen.

Jan sagte seit längerem zu Gret: »Die Paula ist ein Goldstück.«

»Bis heute abend, Paula«, verabschiedete Jan sich.

Es war eine windstille klare Nacht. Eine dünne Schneedecke hatte sich drei Tage nach Weihnachten über das Städtchen gelegt. Die Sterne versuchten wieder einmal den Kampf gegen die Neonbeleuchtung der Straßen zu gewinnen. Aber das gelang nur am Stadtrand, wo die Laternen weiter auseinanderstanden und das Sternengefunkel nicht ausblendeten.

»Mehr Menschen als sonst«, sagte Jan, als er die Kerzen angezündet hatte und in die Sakristei kam.

Glockenschlag 19 Uhr begann die Feier. Die festliche Doppelreihe der Meßdiener mit Kerzen und Weihrauch eröffnete die Prozession. Der Kaplan trug die Bibel so voran, daß eine Ahnung von der Gegenwart des Herrn in seinem Wort möglich wurde; am Schluß schritt Pfarrer Schulte-Westernkotten, gesammelt, ohne jede Hektik.

»Ich habe dich in meine Hand geschrieben.« Unter diesen Leitgedanken hatte der Pfarrer den Gottesdienst gestellt. Und unter diesem Wort ordneten sich die Ziffern, Zahlen, Trends und Ereignisse, wurden mit Sinn erfüllt, waren unter diesem Aspekt nicht ohne Trost und Hoffnungen.

Der Kirchenchor sang im Wechsel mit der Gemeinde. Die ausgewählten Lieder und Strophen umspielten mit »Wer nur den lieben Gott läßt walten« und »Was Gott tut, das ist wohlgetan« den Grundgedanken und vertieften ihn. Beim Gedächtnis der Toten und der Nennung der langen Namensreihe war es, als seien sie noch einmal gegenwärtig und inmitten ihrer Gemeinde. Aber am Schluß sollte nicht der Tod, sondern das Leben stehen. Die Namen der Täuflinge wurden gerufen: Zeichen von neuem Leben, von Zukunft und Überwindung der Angst, Zeugnis von Vertrauen und Angenommensein. In Pfarrer Schulte-Westernkottens Stimme klang das alles mit. Alphabetisch hatte Paula Herbst die Namen geordnet, damit keiner sich benachteiligt fühlte.

»Durch die Taufe aufgenommen in unsere Gemeinde, in die Hand des Herrn geschrieben und zu den Seinen gezählt wurden in diesem Jahr: Rainer Abromeit, Karlhans Abels, Friederike Adolphil, leider nach der Taufe verstorben, Kurt Caspers, ebenfalls als Säugling verstorben, Gertrud Dorring, Melitta Flakemeier. Auch dieses Kind ist nach der Taufe verschieden.« Hier hielt der Pfarrer inne, räusperte sich und schien über die Häufung der Säuglingssterblichkeit betroffen. Jan wunderte sich. Er hatte doch noch vor Weihnachten Frau Flakemeier mit dem Kinderwagen gesehen! Er schaute zu Paula Herbst hinüber. Irrte er sich, oder perlten wirklich auf ihrer Stirn kleine Schweißtropfen? Blaß war sie ja immer, aber dieses Kalkgesicht zeigte es deutlich: Der Paula war es schlecht. Jan würde sie im Auge behalten müssen.

Der Pfarrer fuhr fort mit Melanie Görgens, Ralf-Günther Grasemeier, Daniel Isenbügel und Konrad Korn. Aber dann folgten drei Namen von Kindern, die der Herr gleicherweise viel zu früh zu sich genommen hatte. Kein Wunder, daß die Sterbefälle die Taufen überwiegen, dachte Jan. Aber plötzlich packte ihn das Entsetzen. Nicht wegen der toten Kinder, sondern weil es ihm dämmerte, daß irgend etwas in der Statistik nicht stimmen konnte.

Dann geschahen einige Dinge zu gleicher Zeit. Pfarrer Schulte-Westernkotten atmete tief durch und las weiter: »Julia Lohscheider, auch dieses Kind . . .« Er stockte und blickte irritiert zu Paula Herbst hinüber, die sich ihrerseits rasch von ihrem Platz erhob und sich mit hastigen Bewegungen durch die Gläubigen drängte, dem Seitenausgang zu.

Jan erkannte, daß er Hilfe leisten mußte; er erwischte Paula Herbst noch vor dem Ausgang und stützte sie. Der Pfarrer sagte »einen Augenblick«, verließ das Lesepult und eilte zu Paula Herbst und dem Küster Jan.

Paula stieß halblaut eine Erklärung hervor: »Die Kreuzchen, mein Gott, die Kreuzchen!«

Jan war nun vollends verwirrt. Der Schweißausbruch der Pastoralassistentin, das wirre Reden von Kreuzchen. Sicher, Paula war überarbeitet. Aber daß solche Folgen eintraten?

Der Pfarrer, sehr blaß und mit roten Flecken über dem Kragen, trat ganz dicht an die beiden heran.

»Was ist mit der Statistik?« fragte er ratlos. »Es ist doch schlechterdings unmöglich, daß all diese Kleinen . . .«

»Die mit den Kreuzchen Bezeichneten sind lediglich in der Krankenhauskapelle getauft worden«, vermochte Paula Herbst noch hervorzubringen, ehe sie endgültig und völlig ohne Kraft in Jans Arme sank.

Wie vom Donner gerührt stand der Pfarrer zwanzig Sekunden lang da. Dann hatte er sich gefaßt. Während Jan Paula Herbst in die Kälte vor die Kirchentür führte und Paula sich auf eine Steinstufe hockte und losheulte, trat er an das Lesepult zurück und sagte: »Liebe Gemeinde, ich kann nur hoffen, daß die Eltern der eben genannten Säuglinge an diesem Silvesterabend nicht aus dem Hause konnten und, statt in die Kirche zu kommen, bei ihren Kindern bleiben mußten. Denn keineswegs war diesen Kindern ein so kurzes Leben beschieden, wie ich zunächst annahm. Unsere Frau Herbst hat hier auf der Liste hinter einige Namen ein Kreuzchen gezeichnet. Ich nahm an, daß dies das Zeichen für den Tod dieser Kinder sei. Wie konnte ich das Kreuz unseres Herrn so mißverstehen? Ist nicht ein Kreuz vielmehr ein Sinnbild des Lebens? Dieses Kreuz ist lediglich das Zeichen dafür gewesen, daß die heilige Taufe in der Kapelle des Krankenhauses stattgefunden hat und dort diese Kinder in das Leben der Gemeinde gerufen worden sind.«

Erst gluckste es ein wenig in den Kirchenbänken, aber dann war selbst draußen vor der Kirchentür bei Paula und Jan gar nicht zu überhören, daß ein befreiendes Lachen im Kirchenschiff erklang. Das machte der Frau Herbst ein wenig Mut, und Jan und sie wagten sich wieder in die Kirche. Hinten, ganz gegen ihre Gewohnheit, blieben sie stehen. Ein wenig zaghaft zwar, aber doch von Anfang bis Ende sangen sie das Schlußlied mit: »Zu Bethlehem geboren . . .«

Des Pfarrers Stimme, durch das Mikrophon verstärkt, hob sich deutlich aus dem Gemeindegesang hervor. Jan behauptete später steif und fest, er habe es genau gehört, daß der Pfarrer die dritte Strophe ein wenig verändert gesungen habe. Sein Text hätte gelautet:

»O Kindelein, von Herzen will ich *euch* lieben sehr, in Freuden und in Schmerzen, je länger, mehr und mehr. Eja, eja, je länger, mehr und mehr.«

2. Januar

Die Gewißheit des Wortes

Alles, was er besaß, hatte er mühelos in einen Pappkarton packen können. Das Gewicht zerrte ihm den Arm lang, und die Hanfschnur, mit der das Paket sorgsam verschnürt war, schnitt ihm in die Handflächen. Der Weg vom Bahnhof bis zur Vorstadtstraße, deren Name Zirbel ihm auf einen Zettel geschrieben hatte, zog sich hin.
Erst hatte er nach dem Stadtteil gefragt, dann den Straßennamen genannt. Eine merkwürdige Straße war das, in die er schließlich einbog.
An der Ecke türmten sich düstere, wuchtige Mietblöcke, fünf Geschosse hoch oder mehr, die zwischen sich nur ein schmales Blauband des Himmels frei ließen. Daran schlossen sich abrupt etliche unbebaute Grundstücke an, von mannshohen Bretterzäunen gesäumt; zweigeschossige Häuser folgten, teils aneinandergereiht, teils einzeln stehend. Gegen das Ende der Straße zu hockten ein paar schmalbrüstige Einfamilienhäuser unter spitzen Ziegeldächern. In dieser Straße wiederholte sich auf wenigen hundert Metern zusammengerafft das Bild der Stadt am Rande des Ruhrgebiets: im Zentrum wuchernde Steintürme bis in die Wolken, wilde Flächen folgten zu den Vorstädten hin, allmähliches Ausfransen bis ins Bauernland hinein.
Paul war aufgeregt, als er das Haus Nr. 17 erreichte. Es war gelblich

getüncht, zweieinhalb Stockwerke hoch, die Haustür, innen liegend, über drei großporige Basaltstufen zu erreichen. Auf einen Blick waren die vier Namensschilder zu überfliegen: Krill, Cremser, Reitzak, Worboschilski. Reitzak, zweimal schellen.

Paul drückte die Klingel. Eine ältere, schmale Frau beugte sich aus dem Fenster der ersten Etage.

»Hallo!« rief sie.

Er trat aus dem Haustürloch auf die Straße zurück.

»Der Zirbel schickt mich. Er sagt, Sie nähmen Kostgänger.«

»Einen Augenblick!«

Sie verschwand für eine Weile und warf dann den Hausschlüssel, in Zeitungspapier eingeschlagen, hinab auf die Straße.

»Kommen Sie herauf«, sagte sie.

Er sprang die Treppe hinauf und stand am Ende eines finsteren Flurs. Licht flutete herein, als sie eine Tür öffnete. Bevor er noch die Küche betrat, schaute sie ihm ins Gesicht und fragte:

»Wie alt?«

»Einundzwanzig.«

»Ledig?«

»Ja.«

»Aus dem Osten?«

»Ja, aus einem Dorf bei Ortelsburg.« Er bemerkte, daß ihr das nichts sagte, und fügte hinzu: »Ortelsburg, Ostpreußen.«

Sie nickte. »Kommen Sie!« Sie gab die Türöffnung frei. Die Küche schien geräumig, wohl auch, weil sie nur mit den unbedingt notwendigen Möbeln ausgestattet war. Das eine Fenster zum Hof hin ließ das Abendlicht herein. Hinter dem Tisch auf einer Holzbank saß ein stoppelhaariger, etwa 50jähriger Mann. Der starrte ihn aufmerksam an, sprach aber nicht. Das Wort führte die Frau. Beinahe konnte man es ein Verhör nennen.

Paul kannte solche Augenblicke. Er antwortete, hielt aber seine Augen auf einen Wandkalender gerichtet, auf dem in großen Buchstaben zu lesen stand: »Die Füchse haben ihre Höhlen und die Vögel ihre Nester . . .« Dann wurden die Druckbuchstaben kleiner, und Paul konnte sie nicht mehr entziffern.

Nach knapp zehn Minuten wußte die Frau fast alles über ihn. Daß er im letzten Kriegsjahr, kaum 18jährig, noch Soldat geworden war. Daß er 1917 eine Schlosserlehre mit gutem Erfolg beendet hatte. Daß er ein Jahr Arbeit bei Borsig in Berlin gefunden hatte. Daß er seit vier Wochen arbeitslos war. Sie hatte ihn mißtrauisch angeschaut, aber in seinem Gesicht nicht jenen Ausdruck von Gleichgültigkeit entdeckt, den sie von den arbeitslosen jungen Männern kannte, die in der Straße wohnten und die stundenlang träge und entmutigt auf den Steintreppen der Haustüren saßen.

»Ich finde Arbeit«, sagte er zuversichtlich. »Ich nehme jede Arbeit an, die ich bekommen kann.«

Er zeigte ihr die schwieligen Innenflächen seiner großen Hände. Sie wußte schließlich, daß er noch genügend Geld hatte, um das Kostgeld zu bezahlen, daß er nicht rauchte und nicht soff, daß er nicht heimlich Knoblauch knabberte.

»Ich zeige Ihnen die Kammer«, sagte sie. Offenbar hatten Pauls Auskünfte sie zufriedengestellt.

Er blickte sich nur flüchtig um. Er kannte solche Kammern. Weiß getünchte Wände, noch schwach nach Heringsbrühe riechend, die der Farbe zugeschüttet worden war, damit sie sich nicht abrieb, kein Bild, kein Schrank, keine Decke auf den beiden Holzkisten . . .

»Das ist Ihr Bett«, sagte sie und wies auf das schmalere von zwei Bettgestellen. »Ihre Sachen können Sie in die Kiste legen. Aber besorgen Sie sich ein Vorhängeschloß. Mein jüngerer Sohn Heinrich schnüffelt gern herum.«

»Und wer schläft in dem anderen Bett?«

»Meine Söhne Heinrich und Dietrich. Sie sind ungefähr in Ihrem Alter.« Paul nickte. Er hatte nichts anderes erwartet. In Gelsenkirchen im Haus seiner Cousine hatte er das Zimmer mit drei anderen Kostgängern geteilt. In Berlin war es auch nicht besser gewesen. Zwar hatte er dort nur einen menschlichen Zimmergenossen gehabt, aber die kleinen braunen Linsen mit den sechs Beinen waren dafür um so zahlreicher anzutreffen gewesen und hatten die Nächte bisweilen zur Qual werden lassen.

Er setzte sich in der Küche an den Tisch dem Mann gegenüber. Sie hantierte in der Ecke am Herd und briet Kartoffeln für das Abendessen. Über die Schulter hinweg fragte sie: »Damit ich es nicht vergesse, Sie sind doch evangelisch, wie?«

Er schwieg verlegen und antwortete dann zögernd: »Nein, wohl nicht.«

Sie fuhr herum und duzte ihn plötzlich: »Was bist du dann? Hast du etwa deinen Gott mit dem Konfirmationsanzug ausgezogen?«

»Nein. Ich hatte nie solch einen Anzug. Ich bin katholisch.«

»Auch das noch«, murrte sie. »Der Zirbel ist doch bisher immer zuverlässig gewesen. Einen Katholiken hat er mir bis jetzt noch nie empfohlen.«

Sie rührte wild in der Bratpfanne herum und stieß dann hervor: »Das geht nun doch nicht. Essen Sie gleich mit uns, aber weiter geht's dann nicht.«

Der Mann öffnete jetzt seinen Mund. Paul hörte es bei den ersten Worten. Er hatte die weiche, melodische Aussprache der Masuren. »Mathilde«, sagte er, »kannst doch diesen Mann nicht in die Nacht hineinschicken. Wo soll er am Samstagabend ein Quartier finden? Meinst, das sollt ihm gefallen, dem Herrn?«

Sie schwieg verbissen.

Paul schaute auf den Kalender und las halblaut: »Die Füchse haben ihre Höhlen und die Vögel . . .«

Sie unterbrach ihn und sagte scharf: »Sie brauchen mir die Bibel nicht beizubringen, Junge.«

Sie hob die Pfanne vom Herd und brummte: »Na gut. Für diese eine Nacht mögen Sie bleiben. Aber dann ist Schluß. Schließlich haben wir eine erwachsene Tochter.«

»Franziska ist seit über vier Jahren in Holland, Mutter«, warf der Mann ein und zwinkerte Paul zu.

Der Bratduft lockte die Söhne herbei. Hein und Ditz wurden sie gerufen. Sie hatten schon einige Kostgänger kommen und gehen sehen und nahmen Paul gleichgültig hin.

Paul packte seinen Karton erst gar nicht aus, und als Ditz ihn danach fragte, da erzählte er, daß er nach dem Willen der Frau nur Kostgänger für eine Nacht sei.

»Was ist denn eigentlich so Besonderes mit der Franziska, eurer Schwester?« erkundigte er sich.

290

Hein lachte und antwortete: »Sie ist das schönste Mädchen, das du dir vorstellen kannst. Mitten im Krieg, 1916, ist sie nach Holland zu unserer Tante gegangen. Sie lernt dort Schneiderin.«

Und dann begannen die Brüder ausführlich von ihrer Schwester zu erzählen, ziemlich groß sei sie und hätte schmale, zarte Hände und Haare, braun und seidig wie ein Langhaardackel, und überhaupt, sie sei ein atemberaubend schönes Mädchen. Schon dachte Paul, die beiden seien über ihren Schwarmbildern in Schlaf gesunken, da fügte Ditz noch hinzu: »Das sonderbarste sind ihre Augen. Du wirst es kaum glauben, aber sie hat glasklare, grüne Augen, und im rechten Auge, mitten in dem Flaschengrün, da sitzt ein braungoldener Stein.«

»Ihr wollt mich auf den Arm nehmen«, sagte Paul.

Ditz blieb dabei und antwortete: »Glaub's oder glaub's nicht. Aber es ist, wie es ist.«

Paul konnte lange nicht einschlafen. Er hörte die Kirchturmuhr eins schlagen und halb zwei. Er hatte Durst, er stand leise auf und schlich sich in die Küche. Er wollte einen Schluck Wasser trinken.

Am geöffneten Fenster stand der Mann, die Hose übergestreift und das Hemd über der Brust offen. »Schmorra, Schmorra«, hörte er ihn beschwörend flüstern. »Laß ab von mir, Schmorra, ich versprech' es, ich werde nicht dulden, daß er weggejagt wird.«

Betreten zog sich Paul in die Kammer zurück. Fast hatte er »Schmorra« vergessen. In den masurischen Holzhäusern war sie daheim, hockte sich in manchen Nächten den Menschen auf die Brust und sperrte ihnen die Luft ab. »Schmorra, Schmorra«, sagten sie dann, wenn sie schweißgebadet und mit schwerem Atem aus den Alpträumen aufwachten, und versprachen Himmel und Erde, wenn sie nur von ihnen abließ.

Wie viele Jahre hatte er den Bannruf nicht mehr gehört! »Aberglaube«, hatte sein Vater gesagt. Aber der Vater war auch kein Masure. Die Mutter, die als Kind mehr masurisch als deutsch gesprochen hatte, die hatte er gelegentlich »Schmorra, Schmorra« murmeln hören. Und jedesmal stand ihr die Angst in den Augen, und sie war ihm fern und fremd vorgekommen.

Über den Kindererinnerungen schlief Paul schließlich ein.

Beim Frühstück ging es hitzig zu.

»Ich bin für die Kostgänger zuständig, ich habe die Last damit«, trumpfte Frau Reitzak auf.

»Und ich habe versprochen, daß er bleiben kann«, entgegnete der Mann.

»Schmorra! Wenn ich das schon höre!« Die Frau wurde zornig. »Abergläubisch wie ein Wasserpollak aus den Sümpfen.«

Der Mann sprang auf. Seine Adern am Hals schwollen. »Er bleibt«, sagte er leise und starrte seine Frau an. Sie schwieg. Ihr angebissenes Frühstücksbrot blieb mitten auf dem Tisch liegen.

Nach einer Weile versuchte der Mann einzulenken. »Warten wir eine Woche lang auf ein Zeichen«, schlug er vor. »Wenn sich in den nächsten sieben Tagen nichts ereignet, was uns ein Zeichen sein kann, dann muß er gehen.«

»Mit und ohne Schmorra?« fragte sie voller Spott.

»Ja«, stimmte er zu. »Aber ich hab's geträumt, irgendwas geschieht.«

In dieser Woche berieten die Brüder ihren Zimmergenossen, wie er ein Zeichen herbeizwingen könne. »Locke die Tauben vom Dach, und laß sie aus deiner Hand fressen. Das hat unser Vater schon Jahre vergeblich versucht. Das wäre für ihn ein Zeichen«, sagte Ditz.

»Versuche Arbeit zu finden in der Kaiser-Brauerei«, lachte Hein. »Das wäre für Mutter wie ein Wunder, wenn du als Katholik dort eine Stelle bekämst.«

Die Kaiser-Brauerei war nämlich ein alteingesessener Familienbetrieb, hoch angesehen und von der Besitzerfamilie Kaiser bis hin zum Bierkutscher Feldhoff evangelisch. Das war darauf zurückzuführen, daß die Arbeiter ihre Firmentradition bis auf die Urgroßväter zurückrechneten. Damals gab es in dem ganzen Ort noch keine zugewanderten Katholiken. Weil die Söhne den Vätern in die Brauerei folgten, blieb es dabei. Die Kaiserleute waren evangelisch. Nur böse Zungen spotteten, daß der Begriff »die Blauen« hier seinen Ursprung hatte. Genau besehen war der Bierkonsum bei denen aus dem Osten, die im Pütt oder bestenfalls in der Hütte Arbeit fanden, erheblich höher als der der »blauen« Eingesessenen.

Paul wagte den Versuch und stellte sich in der Brauerei vor. Es gelang ihm, bis zum Braumeister Wiener vorzudringen. Der fragte ihn: »Was kannst du?«

»Ich bin ein Schlosser mit guten Zeugnissen«, antwortete Paul, und weil das offensichtlich nicht ausreichte, prahlte er: »Wenn es sein muß, kann ich ein volles Bierfaß dreimal in die Luft stemmen.«

»Das will ich sehen«, sagte der Braumeister.

Er rief noch einige Männer dazu, die den starken Paul miterleben wollten. Sie führten ihn in die Lagerhalle. Faß reihte sich dort an Faß. Paul hatte noch niemals solche gewaltigen Fässer gesehen. Er versuchte erst gar nicht, eines anzuheben.

»Sagt's doch gleich, wenn ihr mich nicht einstellen wollt«, grollte er.

Wiener lachte und sagte: »Wer weiß. Wieviel Bier kannst du denn vertragen, ohne aus den Pantinen zu kippen?«

»Was soll das nun wieder?« fragte Paul mißtrauisch.

»Wir wollen sehen, ob du ein Mann bist.«

»Bei uns mißt man die Schweine danach, wieviel sie fressen und saufen«, antwortete Paul und ließ die Männer stehen.

»Nimm's nicht persönlich. Wir haben schon seit einem halben Jahr niemand mehr eingestellt«, tröstete ihn der Pförtner.

Und Katholiken schon gar nicht, dachte Paul.

Er versuchte das Zeichen mit den Tauben herbeizulocken. Als Junge hatte er oft ihr Gurren so geschickt nachgemacht, daß ihm die eine oder andere ins Zimmer geflogen war. Er flötete am geöffneten Fenster, leise, ausdauernd. Die Vögel ließen sich täuschen. Zwei flatterten vom First bis zur Dachrinne, und eine saß schließlich auf seiner Fensterbank. Da stapfte Frau Reitzak in die Kammer, und die Vögel, die er zum Zeichen der Friedfertigkeit greifen wollte, stoben davon.

Er hatte die Waschmaschine repariert. Aber das war kein überzeugendes Zeichen, das gab selbst der Mann zu. Paul hatte den Brüdern im Skatspiel sieben Groschen abgenommen. Das jedoch war eher ein bedrohliches Zeichen. Er hatte sogar am Freitag das Kunststück fertiggebracht, eine Arbeitsstelle auf dem Pütt zu bekommen. Ab Montag sollte es losgehen. Nicht als Schlosser zwar, sondern vor Kohle. Auch das ließ die Frau nicht gelten.

So gingen die Tage zeichenlos dahin. Der Sonntag wurde eingeläutet. Dem Paul klangen die Glocken wie Trauergeläut. Er hatte sich wohl gefühlt bei Reitzaks, hatte jeden Abend den Franziska-Geschichten der Brüder begierig gelauscht und hatte die Bilder des schönen Mädchens weitergesponnen bis in die Träume hinein.

Frau Reitzak, die er eines Tages nach Franziska gefragt hatte, schimpfte mit ihren Söhnen: »Setzt ihm keine Flausen in den Kopf. Was wißt ihr von Franziska? Sie war vierzehn und lang und dürr, als ihr sie zuletzt gesehen habt.«

Mit dem Mann war Paul am besten ausgekommen. Gelegentlich hatte er ein paar Sätze in holprigem Masurisch mit ihm gesprochen. Dann begannen seine Augen zu glänzen.

Am Freitag abend hatten sie mit den Nachbarn vor dem Haus gesessen und gesungen. Paul sang einen kräftigen Bariton. Der Frau hatte am besten gefallen, daß er von jedem Lied viele Strophen auswendig konnte. »Bist mir ein seltsamer Katholik«, hatte sie gesagt. Als er verdutzt dreinschaute, erklärte sie: »Alle Schwarzen, die ich kenne, die können von den Liedern nur die erste Strophe auswendig.«

Die Glocken hörten zu läuten auf. Sie saßen um den Tisch.

»Morgen ziehe ich dann wieder aus«, sagte Paul.

»Weißt schon, wohin?« fragte der Mann.

»Nun, das wird sich finden. Für ein paar Tage gehe ich ins Gesellenhaus!«

»Tja, so ist das«, sagte der Mann.

Es schellte, aber als die Frau den Schlüssel auf die Straße werfen wollte, war da niemand. Ärgerlich kam sie in die Küche zurück. Sie saß noch nicht wieder, da wurde die Küchentür aufgestoßen. Eine junge Frau, einen Strohkoffer in der Hand, trat ein und stand ein wenig verloren in der Küche.

»Können Sie nicht lesen?« fuhr Ditz sie an. »Hausieren ist hier verboten.« Sie stellte den Koffer auf den Boden.

»Aber bitte«, sagte Frau Reitzak, »lassen Sie uns in Frieden. Wir kaufen nie etwas an der Tür.«

»Schön dreist, hier einfach einzudringen«, fügte Hein hinzu.

»Und das am Samstagabend.«

Hilflos stand die junge Frau da. Sie trug ein blaues Leinenkleid. Ihre Brille beschlug. Sie nahm sie ab.

Paul fiel auf, daß ihre Hand dabei zitterte. Sie war wohl noch neu in diesem Geschäft. Sonnenlicht fiel schräg durch das Fenster. Das Haar der Frau schimmerte auf. Da sah Paul es deutlich: ein brauner Fleck im grünen Auge. Etwas von ihrem Jammer, von ihrer Not sprang auf ihn über. Er sagte leise: »Das ist doch eure Franziska.«

Die junge Frau schlug die Hände vor das Gesicht.

Der Mann sprang als erster auf, schloß sie in die Arme und rief: »Ziska, Kind! Aus einer langen Bohnenstange von vierzehn ist ein schönes Täubchen geworden. Fast fünf Jahre, Ziska, fast fünf Jahre haben wir dich nicht mehr gesehen.«

Frau Reitzak stand starr und sagte schließlich: »Mann, das war das Zeichen. Das war das Zeichen! Wir alle haben unser Kind nicht erkannt. Sogar ich, die eigene Mutter . . .« Sie brach ab, schluckte und fuhr barsch fort: »Und der, der sie nie gesehen hat, der hat sie beim Namen genannt.« Sie trat auf Paul zu und sagte: »Kannst bleiben, wenn du willst.«

»Die Füchse haben ihre Höhlen«, murmelte Paul.

Spiele im Schnee

Kaum ein Ereignis wird von den Kindern so freudig begrüßt wie der erste Schnee. Wunderbar, wenn die Flocken herabsegeln, sich niederlassen, liegenbleiben und die Welt einhüllen. Herrlich, wenn der harte Winterwind den feinen Schneestaub umherwirbelt, ihn zu Haufen aufbläst, Täler formt. Am schönsten jedoch, wenn die Sonne die Schneekristalle blitzen läßt. Dann möchten alle Kinder im Schnee spielen.

Einen Vogel hat jeder

Die Kinder legen sich rücklings in eine unberührte Schneefläche und strecken die Arme seitwärts so aus, daß die Hände in Höhe des Kopfes liegen. Nun werden die Arme gehoben und immer wieder in den Schnee geschlagen, dabei aber allmählich zum Körper hingeführt. So entstehen ausgebreitete Schwingen. Wer vorsichtig aufsteht, hat einen schönen Vogel.

Die Schneeplastik

Kinder sind begeistert, wenn es darangeht, einen Schneemann zu bauen . . . Mit Messer, Löffel, Spachtel lassen sich nun aus dem unförmigen Schneeklotz ziemlich leicht feinere Formen kratzen und schaben. Es wächst ein Gesicht mit deutlich hervorstehender Nase; Stirn, Kinn, Mund, Wangen, Hals, Haaransatz sind zu erkennen. Selbst feine Konturen können herausgearbeitet werden. Schade nur, daß die Sonne bald alles wieder wegschmelzen wird.

Schneeballspiele

Ein Feld für ein Jägerballspiel, etwa zwölf Schritte im Geviert, wird in den Schnee gezeichnet. Die Ecken können mit Schneebällen markiert werden. Bis auf einen einzigen Jäger gehen nun alle in das Feld. Der

Jäger darf das Feld nicht betreten. Er versucht vom Rand mit Schneebällen sein »Wild« zu treffen. Gelingt ihm das, so wird das Wild zum Jäger und darf mitwerfen. Wer als letzter im Feld bleibt, ist ein besonders schlauer Fuchs.

Ein Strich, den keine Partei überschreiten darf, wird für eine Schneeballschlacht gezogen. Jede Partei hat 100 Schneebälle. Welche Gruppe bringt die meisten Treffer an?

Helm ab! So heißt das Spiel, bei dem jeder einen aus Zeitungspapier gefalteten Helm auf dem Kopf hat. Wessen Helm mit einem Schneeball heruntergeworfen wird, der muß ausscheiden.

Fünf Konservendosen werden mit der Öffnung nach oben hintereinandergestellt. Zehn harte Schneebälle darf jeder machen. Wer landet mit möglichst vielen in den Dosen?

Vogelschießen: Über einen Baumast wird eine Schnur geworfen. An das eine Ende wird ein Federwisch, ein Pappvogel und ein Gewicht gebunden. Am anderen Ende zieht einer den Strick auf und ab. Wer trifft trotzdem den Vogel?

Auf dem Eis

Das Schlittern auf der Eisbahn macht viel Spaß. Besonders schön wird es, wenn man sich etwas Besonderes einfallen läßt.
Wer hüpft während der Fahrt über ein Hindernis? Wer überwindet zwei Hindernisse?
Wer kann während der Fahrt ein Taschentuch aufnehmen?
Wer schlägt mit einem Stock eine Büchse vom Pfahl?
Wer geht in die Hocke – ganz tief natürlich – und kann sich vor Ablauf der Fahrt wieder aufrichten?

Spiele im Winter, das ist nicht nur etwas für Kinder. Der vergnügte Nachmittag im Schnee kann die ganze Familie begeistern.

3. Januar

Hast du was, dann bist du was

Er hatte sich den Schlafsack auf die Schultern gelegt und war fortgegangen. Die Feten nach dem Abitur gefielen ihm immer weniger. Erst Trubel bei Theo, dann die Kellerparty bei Gudrun, gestern in Julias Garten, morgen bei Arnold. Und so sollte es noch einige Tage weitergehen.
Heute war er nicht in Stimmung gekommen, hatte nicht die richtigen Gesprächspartner gefunden. Zu früh hatte es zu viele Betrunkene gegeben. Zum ersten Mal wurde ihm der Lärm der Stereoanlage lästig. Er wollte allein sein, allein mit seinen Plänen. Im Abitur war alles wunderbar gelaufen. Die Schinderei der letzten beiden Jahre hatte sich gelohnt. Es war kein Numerus clausus denkbar, der mehr fordern konnte, als seine Durchschnittszensur hergab.
Selbstverständlich Medizin. Nicht Land- und Wiesenarzt, der Nacht für Nacht wegen Kinderbauchschmerzen und Alkoholvergiftung herausgetrommelt wird. Augenarzt wird er werden, einen Porsche wird er fahren, vielleicht ein kleines Jagdhaus in Schweden . . .
Leicht und locker waren seine Schritte. Das Leben lag klar vor ihm. Er mußte herauskommen aus dem Mief der kleinen Leute, aus den ewigen Geldsorgen. Einmal nicht mehr kleinlich rechnen müssen wie Mutter, wenn sie einen neuen Mantel brauchte, nicht um ein Darlehen betteln wie Vater, wenn sein VW auseinanderzufallen drohte. Das alles durfte für ihn nicht gelten. Sein Studium jedenfalls war finanziell abgesichert. Er warf

übermütig seinen Schlafsack in die Luft und schrie: »Ein Hoch auf meinen Opa!«

Er hatte nur unklare Erinnerungen an seinen Großvater, Erinnerungen, die sich mit Tauben, Geschichten und schwieligen Innenflächen großer Hände verbanden. Irgendwann vor Jahren mußte er wohl plötzlich gestorben sein. Zu Hause sprach niemand über Großvater. Seine Kinderfragen waren stets auf verlegenes Schweigen gestoßen.

Aber Großvater hatte ihm immerhin ein Sparbuch mit 30 000 Mark vererbt. Die Summe war festgeschrieben für sein Studium und machte samt Zins und Zinseszins für all die Jahre einen runden Betrag aus. Vom Giebel des Bankhauses am Hafen blinkte eine Neonschrift auf: *Hast du was, dann bist du was.*

Er gelangte an den Fluß, der in der hellen Nacht silbrig und ruhig dahinströmte. In der Ferne braute sich ein Gewitter zusammen. Fahle Helle zuerst, viel später das leise Rummeln des Donners.

Unter der Brücke war es dunkel. Beinahe hätte er die beiden Bänke übersehen, die dort aufgestellt waren. Er streckte sich lang auf der einen aus. Den Schlafsack schob er unter den Kopf. Die Juninacht war lau. Er war überhaupt nicht müde. Seine Gedanken schweiften in die Zukunft. Die fernen Blitze schienen für Bruchteile von Sekunden die Schleier kommender Tage zu zerreißen. Träume und Wünsche wurden zu scharfen Bildern ausgeleuchtet. Er würde es schaffen, Freunde haben, er würde anerkannt sein, zufrieden, glücklich.

Das Gewitter schien sich jenseits des Stroms festgeweht zu haben. Allmählich nur wurde der Widerschein der Blitze gleißender, immer noch rollte das Grollen des Donners dumpf über die Dächer der Häuser am anderen Ufer.

Plötzlich bemerkte er, daß er nicht mehr allein war. Eine Gestalt, nicht ganz sicher auf den Beinen, näherte sich. In die Nachtgeräusche mischte sich monotoner Singsang. Der Mann steuerte auf die Brücke zu. Ein weiter Mantel, ein breitkrempiger Hut, eine Tasche an der Hand. Wie im Schattentheater sah er die Umrisse. Aus der Tasche nahm der Mann eine große Flasche, zog den Korken mit den Zähnen heraus und genehmigte sich einen langen Schluck. Genau hinter seiner Silhouette hing der Neonsatz in der Luft: *Hast du was, dann bist du was.*

Offenbar waren die Bänke das Ziel des Nachtwanderers. Er kam mit Schlingern und Schleifen endlich nahe heran, setzte sich, schien sich über die Anwesenheit des jungen Mannes nicht zu wundern, sagte »Nabend« und streckte sich auf der zweiten Bank aus. Der Wind trieb eine Wermutwolke herüber.

»Was bist du für einer?« fragte der Alte. »Ich kenne dich nicht. Bist du ausgerissen?«

Der Junge lachte und berichtete voller Stolz, daß er gerade das beste Abitur gebaut habe, das die Schule seit Jahren aufweisen konnte. Der Alte war ein geduldiger Zuhörer. Bald kannte er die Pläne des Jungen.

Da fragte der Junge: »Aber Sie, wie sind Sie auf den Wermut gekommen?« Der Alte streichelte die Flasche. »Lange Geschichte«, sagte er. »Traurige Geschichte. Aber, wer weiß, vielleicht sagt sie dir was.«

Die schwarzen Wolken ballten sich jetzt dicht an der anderen Stromseite. Als sie endlich die Wasserbarriere übersprungen hatten und als die ersten dicken Tropfen in das Gras platschten, hatte der Junge die sonderbarste Geschichte seines Lebens gehört.

Der Alte war vor Jahren ein Irgendwer mit einem kleinen Haus am Stadtrand gewesen, ging täglich seiner Arbeit im Werk nach, war Vorsitzender im Taubenverein »Reiselust«, hatte Familie, Freunde, Nachbarn. Doch irgendwo blieb eine kleine Sehnsucht nach einem Leben ohne Alltagssorgen, mit viel Geld und großem Glück, nach anderen Freunden, in deren Kreis sein Wort zählte, die ihn nicht nur bei Taubenproblemen ansprachen und sagten: »Hör mal, was hältst du davon, was soll ich da am besten machen?« Diese kleine Sehnsucht war es, die ihn Woche um Woche seinen Tippschein ausfüllen ließ, nie mehr als zwei Spalten, viele Jahre lang. Ernsthaft hatte er nie damit gerechnet, einen großen Gewinn zu machen. Vielleicht irgendwann so viel, daß er mit seiner Frau für ein paar Wochen nach Griechenland fahren konnte. Griechenland war der Traum seiner Frau.

Und dann war plötzlich das Unwahrscheinliche geschehen, die Chance von eins zu sechs Millionen war Wirklichkeit geworden. Er hatte eine riesige Summe Geld gewonnen. Alles, was er sich gewünscht hatte, schien sich zu erfüllen. Er war plötzlich wer.

Unwillkürlich hatte der Junge sich ein wenig aufgerichtet und die Neonschrift angestarrt. *Hast du was, dann bist du was.*
Die Tochter des Alten, die vorher ihr Leben an ihm vorbei gelebt hatte, kam
und fragte, wie sie am besten ihr Eigenheim bauen sollte. Er riet und
finanzierte. Seine Züchterkollegen erhielten endlich das Clubhaus, für das
sie schon jahrelang gespart hatten. Kein Beschluß im Taubenverein wurde
gegen seine Meinung gefaßt. Manchmal hatte er den Eindruck, daß die
Menschen gar nicht mit ihm, dem ersten Vorsitzenden der »Reiselust«,
redeten, sondern daß sie einen ansprachen, der unsichtbar und aufgeblasen
hinter ihm stand, den sie anlächelten, dem sie beflissen zunickten.
Vieles veränderte sich in seinem Leben im Laufe eines Jahres. Er ließ sein
Haus umbauen. Starke Gitter sicherten die Fenster. Er gönnte seiner Frau
und sich einen längeren Griechenlandurlaub. Danach gab er seine Arbeitsstelle im Werk auf, denn das, was er dort verdiente, stand in keinem
Verhältnis zu dem, was er besaß.
Aber weshalb schlief er nachts schlechter, er, der früher wie ein Murmeltier
fest und traumlos selbst tagsüber schlafen konnte, wenn die Nachtschicht
es verlangte? Weshalb quälten ihn oft stundenlang Gedanken, wie er den
Reichtum festhalten könne, den das Glück ihm in die Tasche gesteckt hatte?
Manchmal fragte er sich auch, was all die neuen Freunde und Bekannten
an ihm fanden. Er war sich darüber völlig im klaren, daß die meisten ihn
schamlos auszunutzen versuchten. Manche, die früher nie daran gedacht
hatten, mit dem ersten Vorsitzenden eines Taubenvereins sprechen zu
wollen, ihn zu ihrer Party einzuladen, mit ihm segeln zu gehen, die wollten
all dies mit dem, der den großen Gewinn gemacht hatte, sehr wohl.
Er hatte nie ein rechtes Verhältnis zu Geld gehabt. Mit dem Lohn war
seine Frau fertig geworden. Und das auf gute und anständige Weise. Der
Gewinn zog Berater an. Sie berieten ihn gar nicht gut. Die Aktien, die er
kaufte, waren ziemlich müde Papiere. Das Baugeschäft, in das er inve-
stierte, machte vier Monate später Pleite. Hier und da begann man über
ihn zu lachen. Da packte ihn die Wut. Er hob den größten Teil seines
Geldes ab, ließ sich mit dem Taxi in die hundertdreißig Kilometer weit
entfernte Spielbank fahren und verjubelte fast alles in einer Nacht. Der
Rest reichte gerade noch für eine Fahrkarte zweiter Klasse.

Er fühlte sich befreit und atmete auf. Jetzt wollte er wieder ganz der alte sein. Spät erst erkannte er, daß es keinen Weg zurück gab. Zu Hause häuften sich Vorwürfe und Streit. Er versuchte, bei seiner Tochter in dem Haus zu leben, das er bezahlt hatte. Das ging nur wenige Wochen gut. Sie wollte wegen der Kinder nicht dulden, daß er sich ab und zu betrank. Niemand wollte mehr mit ihm segeln, längst lud ihn keiner mehr zu einer Party ein. Wer suchte schon Rat bei einem, der in einer einzigen Nacht ein Vermögen auf den Kopf gehauen hatte! Im Taubenverein wählten sie einen anderen Vorsitzenden.

Der Alte auf der Bank machte eine Pause. Er wickelte eine Zeitung um seine Beine. »Das Gewitter kühlt die Luft ab«, sagte er. »Ich friere so leicht.«

»Das war noch nicht das Ende der Geschichte«, bohrte der Junge.

»Nein. Eines Tages zog ich los. Ich wollte mich selber suchen. Aber ich fand mich nicht. Niemand stand hinter mir, der mich hielt. Na, und dann kommst du darauf, daß er nur da ist, wenn du Wermut in dich hineinschüttest. Das macht warm.« Er nahm einen Schluck.

»Aber gibt es denn gar nichts, was Sie wirklich durch das Geld ein bißchen glücklicher gemacht hat?«

»Doch. Die Erinnerung an die weißen Tempel in Griechenland. Und dann noch eines – vielleicht. Daran denke ich jetzt oft. Ich habe alle Aktien verkauft, die Reste des Gewinns zusammengekratzt und alles meinem damals vierjährigen Enkel vermacht. Festgelegt für sein Studium, damit keiner etwas abheben konnte. Er soll mal schlauer werden als sein Opa. Sie sollen ihm beibringen, wie dumm der Werbespruch ist, der da drüben an der Hauswand leuchtet.«

Das Gewitter brach jetzt voll los. Die aufkommenden Windböen trieben die Tropfen bis weit unter die Brücke.

Der Junge stand auf. »Wieviel Geld haben Sie denn für Ihren Enkel noch übrigbehalten?« Er schrie wegen des Wetters sehr laut.

»Es waren auf den Kopf 30 000 Mark«, sagte der Alte und versuchte, die Zeitungen festzuhalten, an denen der Wind wüst zerrte.

An dem Giebel des Bankhauses am Hafen wurden die Neonleuchten abgeschaltet.

4. Januar

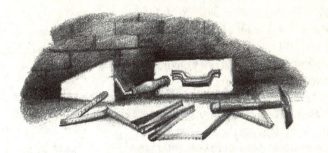

Die Kündigung

Alles hatte damals mit der Kündigung angefangen. »Von Ihnen lasse ich mich nicht hinauswerfen«, antwortete ich Herrn Kass vom Personalbüro. Seine Augenlider begannen zu flattern. Die dünnen Lippen preßten sich zusammen.
»Wie stellen Sie sich das vor, Josten? Denken Sie etwa an – Arbeitsgericht?«
Vor dem Wort Arbeitsgericht hatte er gestockt. Arbeitsgericht, das war für ihn wahrscheinlich so etwas wie Abdeckerei.
»Ich stelle mir vor, daß der Chef mir das selber sagen soll.« Als ich einen Schimmer von Hoffnung auf seinem Gesicht sah, fügte ich hinzu: »Ich meine den Alten.«
Er drehte sich verärgert um und verließ das Büro. Ich wartete ein paar Minuten, starrte auf den firmeneigenen Wandkalender: *Nur Culter Landmaschinen,* aber Kass kam nicht zurück.
Dann eben nicht. Ich ging über den Hof an der großen Montagehalle vorbei zum Generatorenhaus. Fritz hatte das Gerüst bereits umgebaut.
»Na?« fragte er neugierig.
»Eimer, Pinsel, Hammer!« fauchte ich. Ich kletterte auf das Gerüst. Er reichte mir das Werkzeug.

»Hat er dich abgekanzelt?«

Ich kratzte mit der Hammerschneide den Riß von allem losen Mörtel frei. Fritz sah, daß ich viel zuviel Mörtel herausriß.

»Er hat dich geschaßt, was?«

»Setz Gips an!«

»Es ist schon zwanzig vor zwölf.«

»Setz Gips an!«

Fritz ließ ein wenig Wasser in den Eimer laufen und streute Gipsmehl hinein, gleichmäßig, ruhig.

»Schade, Bernd. Ich habe gern mit dir zusammengearbeitet.« Einen Augenblick ließ ich den Hammer sinken. Fritz? Ach, wahrscheinlich hätte er jeden so getröstet.

»Das soll mir erst mal der Alte selber sagen, daß ich gehen muß.«

»Der Gips ist gleich soweit.«

Ich schlug mit dem Pinsel Wasser in den Mörtelriß. Er färbte sich dunkel.

»Spitztruffel! Gips! Glättspan!«

Fritz reichte mir das Werkzeug. Ich häufte den Gips auf den Glätter. Der weiße Brei zerlief. Mit der Spitztruffel drückte ich ihn vorsichtig in den Riß. Nachfassen. Jetzt mußte jede Bewegung sitzen. Gips wird schnell hart. Eindrücken, abschaben, glattstreichen; tausendmal vollzogene Bewegungen. Mit dem nassen Pinsel strich ich die Ränder bei, wieder und wieder. Der Gips bildete bereits schlappe Schuppen. Ich kratzte den Eimer leer.

Schrill pfiff das Signalhorn über das Werksgelände hin. Ich ließ Glätter und Truffel fallen. Der Gips platschte auf das Gerüst. Mittag!

Fritz und ich waren unter den ersten in der Kantine. Maurer sind eben pünktlich. Wir setzten uns in die Stammecke des Bautrupps. Der Polier kam herein. Ich sah es ihm an. Er wußte schon Bescheid. Immer, wenn er Ärger hatte, färbte sich seine Haut käsgelb.

»Junge, Junge«, sagte er, schaute mich an und schüttelte den Kopf. Die anderen Bauleute setzten sich zu uns. Sechs waren wir insgesamt bei Culter. Auch sie hatten bereits etwas läuten hören.

»Wie lange warst du bei uns?« versuchte der alte Schorsch einen müden Witz.

»Noch bin ich bei euch, ich, Bernd Josten, beinahe schon im dritten Lehrjahr«, antwortete ich ironisch.

»Ja, noch ist er«, bestätigte der Polier. »Nach Feierabend soll er zum Senior kommen.«

Als Fritz und ich wieder ins Generatorenhaus zurückgehen wollten, schickte er Schorsch mit uns.

»Du weißt dann morgen, wie es weitergeht, Schorsch.«

Für die steht es felsenfest, daß ich die Papiere kriege, dachte ich. Der Nachmittag zog sich hin. Ich war nicht bei der Sache. Schorsch schabte mehrmals mit seiner Truffel die Nasen von meinen Flickstellen weg. Aber er sagte nichts. Für ihn war ich gestorben. Er mußte sich nach einem anderen umsehen, der ihm das Bier zu holen hatte, der ihm nach Feierabend das Werkzeug säuberte, der für ihn jeden Montag zur Apotheke rannte und katerstillende Pillen verlangte. Diese Arbeiten wurden zwar nicht im Lehrvertrag erwähnt, Schorsch aber war der Meinung, daß Diamanten geschliffen werden müßten. Mir paßte das nicht. Aber Schorsch war fünfzig Kilogramm schwerer als ich. Er war der Altgeselle, ich der Lehrling. Er oben. Ich unten. Auch das steht nicht im Lehrvertrag.

Der Lehrvertrag liegt zu Hause im kleinen Koffer, in den Mutter alle Akten stopft. »Wenn es mal brennt«, sagt sie immer.

»Findest du das richtig, Schorsch, was sie mit mir machen?« Schorsch zuckte die Schultern. Schließlich sagte er: »Bist doch selber dran schuld, Junge. Was soll der Alte denn machen? Die Bauern drücken ihn. Er ist auf die Bauern angewiesen. Also drückt er dich. Hättest dich eben nicht einmischen dürfen. Was geht es uns an, wenn der Milchpreis steigt? Tja, wenn das Bier teurer wird! Aber Milch? Pfui Deibel!«

Alter Sack, dachte ich.

Um halb fünf hielt ich es nicht mehr aus. Ich kratzte mein Werkzeug sauber und sammelte es in den Eimer.

»Nach Feierabend, hat der Polier gesagt«, erinnerte mich Fritz.

»Wer bezahlt mir das, nach Feierabend?«

Ich klopfte mir den Dreck aus den Kleidern und sagte: »Bis nachher! Tschüs.«

»Nimm's nicht tragisch«, gab mir Schorsch noch mit auf den Weg.
Herr Kass blickte vorwurfsvoll auf die große Bahnhofsuhr an der Büro-
wand. Aber er schluckte jedes Wort hinunter. Er gab Lotte einen Wink.
Sie verschwand hinter der dickgepolsterten Tür. Kaum fünf Sekunden
brauchte ich zu warten.
»Der Herr Senator läßt bitten.«
Ich war bislang nie im Zimmer des Seniors gewesen. Culter hob nicht
einmal seinen Blick, als sich die Tür hinter mir schloß. Ich hatte reichlich
Gelegenheit, mich umzusehen. Mooreiche, Leder, ein blauer Orienttep-
pich, der wie eine Eisscholle auf dem Parkett schwamm. An der Rück-
wand eine Graphik, die alle Mitarbeiter Culters mit Stolz erfüllte. Es war
die Produktionskurve seit 1946. Trend: insgesamt aufwärts. Allerdings
in den letzten Jahren deutlich abflachend. Die Sirene schrillte: Feierabend. Ich traute mich nicht recht von der Tür weg.
»Sie sind entlassen, Josten.«
Ich schwieg.
Jetzt erst schaute er auf, ein wenig belustigt, schien mir.
»Aus welchem Grund, wenn ich fragen darf?« preßte ich heraus.
»Sie sind nicht dumm, Josten. Versetzen Sie sich in meine Lage. Sie
schreiben für den ›Anzeiger‹. Sie schreiben, die Erhöhung der Milchprei-
se durch die Molkereien ist nicht gerechtfertigt. Sie schreiben, Milch wird
sauer, wenn sie keiner kauft. Sie schreiben, wenn lange genug keine Milch
gekauft wird, wird sie billiger.«
Jetzt erst sehe ich, daß er den »Anzeiger« vor sich liegen hat, den
»Anzeiger« von Montag vor acht Tagen.
Es fiel mir nichts anderes ein: »Familien mit Kindern sind von der
Milchpreiserhöhung am meisten betroffen, Herr Culter.«
Er ging darüber hinweg. »Die Bauern hier wissen, daß Sie das geschrie-
ben haben, Herr Josten. Ich lebe von den Bauern. Sie lebten bis vor drei
Minuten auch davon. Genügt das?«
Ich schwieg. Mir fiel gar nichts mehr ein.
»Ihre Papiere und den Monatslohn hat Herr Kass bereitgelegt.« Er blät-
terte wieder in seiner Zeitung.
»Und der Lehrvertrag?«

»Wollen Sie, daß wir Sie auf geschäftsschädigendes Verhalten verklagen, junger Mann?«

»Ich will ein Zeugnis.«

»Ich sagte Ihnen bereits, junger Mann, Ihre Papiere liegen bei Herrn Kass.« Er blickte noch einmal zu mir herüber.

»Ich mache das nicht gern, Junge. Aber das Geschäft verlangt es eben.«

»Ich finde, das ist . . .« Endlich hatte ich den Faden gefunden. Endlich hatte ich wieder Argumente bei der Hand, von Pressefreiheit, eigener Meinung, Erpressung, davon, daß die Bauern am wenigsten von der Preiserhöhung mitkriegen. Aber wer sollte mich hören? Ich befand mich nämlich schon vor dem eisernen Werkstor. Ich hatte dem Alten die Hand gegeben, ich hatte die Tür leise geschlossen, ich hatte sogar »danke« gesagt, als Kass mir den gelben Umschlag mit den Papieren in die Hand gedrückt hatte.

Bei Finneberg sah ich die Räder stehen. Das blaue Mofa vom Polier lehnte genau unter dem Schild: Keine Fahrräder abstellen.

Ich ging in die Gaststube. Der Stammtisch war besetzt. Der Polier, Fritz, Schorsch, alle saßen sie da. Sie rückten nicht zusammen, um mir einen Platz freizumachen. Ich schob meinen Stuhl an die Tischecke.

»Vor zwei Jahren habe ich meinen Einstand gegeben.« Ich blickte sie an. »He, Fine, eine Abschiedsrunde Steinhäger.«

Ich war nicht einmal enttäuscht, als ich bemerkte, daß der Polier sich vorsichtig umschaute, bevor er meinen Schnaps kippte. Sie hatten mich abgeschrieben. Es störte ihren Feierabend, daß ich bei ihnen saß. Arbeitslose müssen irgend etwas an sich haben, einen Geruch, die Gefahr der Infektion oder auch nur einen unsicheren Ausdruck in den Augen. Ich ging. Schade um das Geld für die Runde. Warum mußte ich mich wichtig machen? Wütend ließ ich dem Polier die Luft aus beiden Reifen.

5. Januar

Gold im Kornett

Es war sicher nicht der schlechteste Job, den Little Louis von seiner Mutter vermittelt bekommen hatte. Man muß bedenken: 1917, Krieg. Kaum eine Gelegenheit, in einer der kleinen Kneipen zum Tanz aufzuspielen. Mit anderen Worten, Geld war knapp. Aber Louis schmerzten alle Muskeln, jeden Knochen spürte er. Für einen Siebzehnjährigen ist es nicht leicht, den ganzen Tag lang durch die Straßen von New Orleans zu fahren und treppauf, treppab Kohlen in die Häuser zu schleppen. Immerhin hatte er es vergleichsweise gut. Die anderen Jungen, die sich in diesem Gewerbe ein paar Cents verdienten, mußten den schweren Karren durch die Straßen schieben. Vor seinen Wagen jedoch war das Maultier Lady gespannt, ein störrisches Biest zwar, und wie manches Maultier war es von Zeit zu Zeit weder durch gute Worte noch durch einen Tritt von der Stelle zu bewegen. Aber Lady bedeutete schon eine Erleichterung, um die ihn viele beneideten.

Gelegentlich hatte Louis einen Glückstag. Daß heute ein solcher Tag war, spürte er gleich am Morgen. Kaum hatte er seinen ersten Eimer Kohlen in die zweite Etage hinaufgeschleppt und wollte seine fünf Cents kassieren, da zog die dickliche Frau einen halben Dollar aus der Tasche ihres nicht mehr ganz taufrischen Morgenrocks und sagte: »Den Rest kannst

du dir verdienen, wenn du mir diesen kleinen Schrank zu meiner Schwester schaffst. Sie wohnt hier in Storyville, nur ein paar Straßen weiter.«
Wer hätte da nicht sofort zugesagt? Wie Louis allerdings das Möbelstück mit Hilfe der Frau durch das schmale Treppenhaus bugsiert hatte, das wußte er hinterher selbst nicht mehr so genau zu sagen. Er erinnerte sich nur an weiche Knie und einen knapp vermiedenen Sturz die steile Stiege hinab. Als der schwere Schrank erst auf dem Wagen stand, war die Arbeit schnell getan. Wenn der Tag so anfing, mußte eigentlich alles gelingen, was er anfaßte.

Kurzum, als er am späten Nachmittag zu seiner Mutter zurückkam, klimperten in seiner Tasche ein Dollar und 35 Cents. Für den nächsten Tag waren sie die Sorgen los. Das reichte für Bohnen, Reis und ein Stück Fleisch.

»Abendessen gibt's heute nicht«, sagte seine Mutter. Louis knurrte der Magen.

»Reichen denn ein Dollar und 35 Cents noch nicht?« fragte er.

»Ein schönes Stück Geld, Junge. Big Blacky ist heute morgen gestorben. Du könntest zur Totenwache gehen.«

Big Blacky war einer der vielen schwarzen Musiker gewesen, die damals New Orleans bevölkerten. Seine Posaune konnte sich hören lassen.

»Mir soll's recht sein«, sagte Louis, wusch sich den Kohlenstaub aus den Ohren, zog den einzigen Anzug an, den er besaß, und machte sich auf den Weg.

Sie hatten den Toten in der hinteren Kammer aufgebahrt. Ein Dutzend Trauergäste hatten sich schon eingefunden. Natürlich war Sweet Child unter den ersten gewesen. Trauergesellschaften, das war seine Spezialität. Keine Leiche ohne Sweet Child, hieß es damals. Er hatte den ersten Trauergesang angestimmt und sich dann in der Küche an Käse, Plätzchen und Kaffee gütlich getan.

Das war bei jeder Leichenfeier so. Louis hatte heute nichts anderes vor. War irgendeiner in ihrer Gegend gestorben, versammelten sich die Nachbarn und Bekannten, und wer immer ein Trauerlied anstimmte, der hatte das Recht auf Essen und Trinken. Big Blacky lag im Sarg, als ob er schliefe. Sie hatten ihn mit einem weißen Tuch bis zum Hals zugedeckt. Seine grauen Bartstoppeln glitzerten im Licht der sechs Kerzen. Louis hatte Hunger. Hunger macht nicht gerade geduldig. So stimmte er bald den Choral an, und der Kondolenzbesuch strebte rasch seinem Ziel zu: In der Küche versorgte er sich mit Kaffee, Käse und Gebäck.

Louis hatte nicht die Absicht, lange zu bleiben. Er wollte noch an diesem Abend zu Joe Lindsey hinüber. Vielleicht hatte sich doch eine Gelegenheit für die Band ergeben, irgendwo zu spielen. Sie hatten sich zu sechs Mann zusammengetan. Joe war der Chef. Er verstand es, recht ordentlich mit seinem Schlagzeug umzugehen. Unter den Jungen war auch Louis Prevost. Die Klarinette blies er mit einem vollen, harten Ton. Auch Morris French war dabei, ein schlaksiger, dünner Bursche, dem man die Luft gar nicht zugetraut hätte, mit der er sein Instrument so zum Tönen brachte, daß er bisweilen »die Posaune von Jericho« genannt wurde.

In dieser Band spielte Louis Armstrong das Kornett. Er wußte, daß er gut blies. Der weiche Ton, den er dem Instrument entlockte, war weit über die Straße hinaus bekannt. Wenn er plötzlich die Oktav wechselte und ganz reine klare Töne hervorperlten, kam die Band so richtig in Schwung. Sicher, er war nicht Joe Oliver, der berühmte Alte aus New Orleans, der ungekrönte König auf dem Kornett. Olivers Band schlug bei allen Straßenkonzerten jeden Konkurrenten aus dem Feld, zumal nachdem er sich mit Kid Ory zusammengetan hatte. Die Leute auf der Straße blieben stehen, wenn Olivers Band auf einem Lastwagen vorüberfuhr. Die anderen Musiker wichen lieber aus, wenn er in Sicht war. Denn an einen Sieg war überhaupt nicht zu denken. Joe Oliver, das war Louis' Vorbild. Ihm wollte er es gleichtun.

Unauffällig wollte sich Louis aus dem Trauerhaus schleichen. Doch Big Blackys Witwe hatte ihn erspäht, flüsterte mit Blacky junior, und der faßte Louis am Jackenzipfel. »Hör mal, Louis, ihr könntet doch eigentlich morgen Big Blacky auf seinem letzten Weg begleiten?«

Louis wußte nicht sicher, ob er Blacky junior richtig verstanden hatte. Meinte er, daß sie nur mitziehen sollten, oder wollte er sie richtig engagieren?

Doch Blacky ließ keinen Zweifel. »Du spielst in einer Band mit Joe und Morris? Ich denke, Big Blacky würde nichts dagegen haben, wenn ihr spielt.«

Louis hatte Mühe, die freudige Erregung zu verbergen, die ihn mit einemmal überkam.

»O.K., wird gemacht«, sagte er und rannte los. Solange er in Joe Lindseys Band spielte, ist er nie mehr so schnell zu ihm gekommen. Ganz außer Atem riß er die Tür auf und rief: »Joe, Morris, Louis, stellt euch vor: Wir haben einen Job. Morgen kommt Big Blacky ein paar Fuß unter die Erde. Wir sind die Band, die ihm zum letztenmal aufspielt.«

Alle wollten sie wissen, wie es dazu gekommen war. Es dauerte fast eine halbe Stunde, bis sie endlich ihre Instrumente zur Hand nahmen, Joe Lindsey den Eröffnungswirbel schlug und sie die langsamen traurigen Märsche spielten, die morgen Big Blackys letzten Gang verschönen sollten.

Viel zu früh hatte sich Louis Armstrong am nächsten Morgen am Trauerhaus eingefunden. Die Mutter hatte seinen Anzug auf Hochglanz gebracht, ja sie hatte ihm sogar von seinem Onkel einen Hut besorgt.

Die Trauergemeinde fand sich nach und nach ein. Schließlich kam auch der Reverend. Big Blacky hatte keine Reichtümer auf seiner Posaune zusammengeblasen. So mußte er auf dem billigen Pferdekarren zum Friedhof gefahren werden. Doch die Plattform war groß, und Joe und seine Jungen fanden bequem Platz darauf. Gleich nach dem ersten Wirbel horchte alles auf. Joe hatte das Fell mit einem Seidentuch überspannt und entlockte der Trommel ungewohnt dumpfe matte Töne. Die anderen fielen ein. Schon nach den ersten Minuten wußten sie: Ihre Musik drang ins Herz. Morris French auf der Posaune übertraf sich selbst, Louis hatte den Dämpfer ins Kornett gegeben und ließ die Töne sanft zerfließen. Es war eine Musik, wie sie Joe Oliver sicher nicht besser gespielt hätte. Big Blacky konnte zufrieden sein.

Der Weg zum Friedhof war ziemlich lang. Aber das war Louis nur recht. Immer wieder blinzelte er über den Trichter seines Kornetts in die Menge am Straßenrand, sah, wie auch die Unbeteiligten die Köpfe wendeten und stehenblieben. Er freute sich darüber. Schließlich waren sie am Ziel. Der

Totengräber hatte die Grube sauber ausgehoben. Der Reverend segnete die Leiche ein und sprach die üblichen Worte: »Staub zu Staub, Asche zu Asche . . .« Die Frauen weinten laut auf. Die ersten machten sich bereits auf den Rückweg.

Jetzt kam die Stunde der Band. Es war nun mal so in New Orleans, wenn die Leiche erst unter der Erde lag, dann klang die Musik anders, dann wendete sich alles wieder dem Leben zu. Joe wirbelte die Stöcke, das Kornett jubelte auf, nicht mehr durch einen Dämpfer war der Ton gepreßt. Fröhlich schmetterte er los. Der Rhythmus fuhr denen in die Beine, die gerade noch ihre letzten Tränen weggewischt hatten. Sie wippten erst im Takt, doch dann sangen sie und sprangen neben dem Wagen her, feuerten die Band an. Die kam ganz groß in Schwung. Alle waren einer Meinung: In New Orleans gibt es keine heißere Musik. Louis hätte das fast selbst geglaubt. Da wollte es der Zufall, daß ihnen auf halbem Weg Joe Oliver und Kid Ory mit ihrer Band begegneten. Sie plackten sich längst nicht mehr mit Pferd und Wagen ab, sondern hatten sich auf der Ladefläche ihres Lastwagens aufgebaut. Dem Zusammentreffen war nicht mehr auszuweichen. Vom Erfolg übermütig, sagte Joe Lindsey: »Los, wir nehmen's mit ihnen auf.« Morris wurde blaß, und aus Louis Prevosts Klarinette schlüpften ein paar dünne Töne. Aber Louis Armstrong blies, daß sein Hals sich blähte, und wer wollte behaupten, daß Joe Oliver es besser konnte?

Die Zuhörer jubelten nach jeder Nummer.

Didn't he ramble intonierte Oliver, obwohl er sicher nicht von einem Leichenzug kam. Er wollte die Gegner reizen. Doch die waren nicht faul, und in der nächsten Nummer griffen sie dasselbe Thema auf. Morris hatte seine Angst überwunden, seine Posaune spielte er so gut wie nie zuvor. Louis ließ sein Kornett in den letzten Takten sogar höher klettern, als Joe Oliver vorgelegt hatte. Die Sympathien der Zuhörer neigten wieder zu Joe Lindsey und der Band auf dem Pferdewagen. Das wollten Kid und Joe nicht hinnehmen. Eine halbe Stunde folgte Nummer auf Nummer. Doch dann zeichnete sich das Ergebnis ab. Endgültig hatte der König gesiegt. Das Publikum klatschte nur noch Joe Oliver zu. Der winkte lässig zu Joe Lindsey hinüber. Dem blieb nichts anderes übrig, als dem Kutscher ein Zeichen zu geben. Auf Kid Orys Posaune klang ein Spottlied hinter ihnen drein.

Sie verkrochen sich in ihrer kleinen Stammkneipe. Morris French versuchte ein paar Töne eines Blues. Sie fielen ein. Es war ihnen danach zumute.

Der Wirt rief ihnen zu: »He, Louis, hast du schon gehört, was Joe Oliver über dich gesagt hat?«

»Gelacht hat er sicher über mich.«

»Du irrst dich. Er hat gesagt, Louis ›Satch mo‹ Armstrong hat Gold im Kornett. Ich sag's euch, der schafft es!«

»Darauf spendiere ich ein Bier«, sagte Louis und bestellte eine Runde.

Als sie ihre Traurigkeit weggetrunken hatten, reichten gerade ein Dollar und 35 Cents, um die Zeche zu bezahlen.

6. Januar
Dreikönige

Daniel und der Hund des Königs

Dieser Tag wird ein Glückstag für Daniel werden. Das spürt der Junge gleich, als er aufwacht. Seine beiden kleinen Hunde liegen im Hof und wärmen sich in der Morgensonne. Mutter steht am Feuer und summt ein Lied vor sich hin. Vater hat versprochen, ein Zicklein zu schlachten. Am Abend soll es ein leckeres Mahl geben. Aber bis zum Abend ist es noch lange hin. An einem langen Glückstag kann vieles geschehen. Zuerst will Daniel sich mit anderen Jungen aus seiner Schule an der großen Straße treffen.
An der großen Straße wird der König Herodes heute in seiner Sänfte vorbeigetragen. Daniel soll mit einem Palmwedel winken. »Lang lebe der König« müssen die Jungen schreien, wenn Herodes vorbeikommt. Der Lehrer hat das mit ihnen eingeübt. Jedem Jungen hat er sogar ein kleines Geldstück versprochen, wenn das Hosiannageschrei laut genug ausfällt. Daniel hat gehört, daß der Lehrer diese Jubelpfennige vom Schatzmeister des Königs erhalten hat.
Daniel ist gespannt, wie der große Hund des Herodes aussieht. Die Leute sprechen oft von diesem Hund. Das Tier soll im Festzug dabeisein. Daniel hat Hunde gern.

Als Daniel an der großen Straße ankommt, sind die anderen Jungen bereits da. Aber der Lehrer schimpft nicht. Es ist eben ein Glückstag für Daniel. Er wartet ziemlich lange am Straßenrand. Dann endlich kündigen Trommelwirbel und Trompetenschall das Nahen des Festzuges an.

Prächtig gekleidete Soldaten marschieren vornweg. Es folgen die Priester, die Schriftgelehrten mit ihren spitzen Hüten und die Ratgeber des Königs. Unmittelbar vor der Sänfte trottet der Lieblingshund des Königs Herodes, ein schweres, großes Tier mit einem dunklen Fell und einem wilden Blick.

Alle, die den Hund versorgen müssen, knurrt er tief aus der Kehle heraus an, sträubt die Nackenhaare und fletscht die gelblichen Zähne. Gelegentlich beißt er auch zu. Deshalb gehen ihm die Menschen im Palast aus dem Wege.

Der Hund läuft mitten auf der Straße. Er läßt sich von Lärm und Geschrei nicht stören und schaut nicht nach rechts und nach links. Genau an der Stelle, wo Daniel winkt und schreit, bleibt der Hund plötzlich stehen. Der Zug stockt. Der Hund hebt den Kopf, wedelt ein wenig mit dem Schwanz und zerrt so lange an der Leine, bis er dicht vor Daniel steht.

Daniel hat keine Angst vor Hunden. Er krault dem Tier das Nackenfell. Als jedoch andere Kinder den Hund streicheln wollen, duckt er sich und knurrt böse. Herodes winkt den Jungen zu sich heran und schenkt ihm eine silberne Münze. »Melde dich morgen bei Sonnenaufgang an der Pforte meines Palastes«, sagt er zu dem Jungen.

»Es ist heute ein Glückstag für dich«, sagt der Lehrer zu Daniel. Aber das weiß Daniel schon lange.

Daniel erscheint am nächsten Morgen pünktlich vor dem Palasttor. Er wird eingelassen; von diesem Tag an darf der Junge im Palast arbeiten. Er hat die schmale Nebentür des Thronsaals zu öffnen und zu schließen. Die großen Türen werden von Soldaten bewacht. Lange Männer mit noch längeren Spießen hat der König als Türwächter ausgewählt.

Daniel steht an der kleinen Tür. Aber die kleine Tür ist wichtig. Durch diese Tür muß Daniel den Lieblingshund des Königs in den Thronsaal führen. Jedesmal, wenn König Herodes Gäste empfängt, soll der Hund dabeisein. Er legt sich stets zu Füßen des Jungen auf den Marmorfußboden. Nur von Daniel läßt er sich streicheln. Niemand sonst traut sich an das Tier heran, nicht einmal die Soldaten.

Meist verhält sich der Hund ruhig, wenn die Gäste vorgestellt werden. Aber dann und wann knurrt er und blafft.

Daniel hat den Eindruck, daß Herodes zu den Menschen, die der Hund anknurrt, unfreundlich ist und sie nur kurz und ungnädig anhört. Offenbar traut der König seinem Hund eine große Menschenkenntnis zu. Hinter dem Rücken des Königs nennen die Saaldiener den Hund gelegentlich »großer Ratgeber« und lachen hinter der vorgehaltenen Hand.

Eines Tages werden dem König drei Magier aus dem fernen Morgenland gemeldet. Magier sind kluge, weise Männer, die sich mit den Sternen auskennen. Die Prachttür wird geöffnet, und die Männer treten in den Saal. Daniel bemerkt auf ihren Mänteln den Staub von ihrem langen Weg durch die Wüste.

Der Hund springt auf, jault und winselt freudig und läuft auf die Magier zu. Er schlägt wild mit dem Schwanz und leckt ihnen die Hände. Etwas Ähnliches ist nie zuvor geschehen.

Neugierig winkt der König die Weisen an seinen Thron. Die Ratgeber des Königs und die Saaldiener drängen sich herbei. Sie wollen hören, woher diese Männer kommen und was sie zu berichten haben.

Die Magier erzählen von ihrer Wissenschaft. Sie erforschen den Lauf der Sterne und deuten ihre Botschaft. Schließlich sagt der älteste der drei, ein großer Neger mit tiefschwarzer Haut: »Wir sind gekommen, um den Messias, den neugeborenen König der Juden, zu begrüßen. Wir haben im Morgenland seinen Stern gesehen. Er zog vor uns her, und wir folgten seinem Schein. Seit ein paar Tagen aber ist er verschwunden. Da dachten wir uns, wir fragen dich, Herodes. Wo ist der Mächtige, der in diesem Land geboren worden ist?«

Plötzlich herrschte Totenstille im Thronsaal. Es ist, als ob ein großer Schreck alle erstarren läßt. Herodes wird blaß. Ein neuer König? Ein König, von dem er nichts weiß? Ist nicht er, Herodes, der König im Judenland? Er ganz allein?

Herodes schickt die Magier aus dem Saal. Kaum haben sie ihn verlassen, da läßt der König die berühmtesten Schriftgelehrten, die bedeutendsten

Wissenschaftler und die klügsten Ratgeber zusammenrufen. Diese sagen ihm alles, was sie über das Kommen des neuen Königs herausgefunden haben. Sie wissen, daß die Zeit sich erfüllt hat und daß der Messias in diesen Tagen geboren werden soll. Sie wissen aus den alten, heiligen Schriftrollen, daß er aus dem Stamm Juda kommen wird. Sie wissen, daß er unter den Nachkommen des Königs David zu suchen ist. Sie wissen sogar, daß Bethlehem die Stadt ist, in der der Messias zur Welt kommen soll. Die Männer sind belesene Priester, scharfsinnige Denker, Gelehrte, die das alles wissen.

Der Junge staunt über ihre Kenntnisse. Sie wissen so unendlich viel über den, der da kommen soll. Daniel wundert sich, warum sie nicht schnell den Saal verlassen und nach Bethlehem eilen, um den Messias zu finden und anzubeten. Aber nichts dergleichen scheinen sie vorzuhaben, als der König sie endlich entläßt.

Herodes befiehlt, die drei Magier wieder in den Palast zu holen. Er ist sehr freundlich zu ihnen. Zu freundlich, scheint es dem Jungen. Katzenfreundlich. Er verstellt sich, denkt Daniel.

Herodes schickt die drei Weisen nach Bethlehem. Sie sollen dort nach dem Kinde forschen und es ihm melden, wenn sie den Messias gefunden haben. Er, Herodes, will sich dann auch auf den Weg nach Bethlehem machen und dem neuen König huldigen.

Die Weisen bedanken sich und brechen auf. Inzwischen ist es fast dunkel geworden. Herodes läßt die Hauptleute der Palastwache zu sich rufen. Er befielt ihnen, die Schwerter zu schärfen, um den zu töten, von dem gesagt wird, daß er der Messias, der neue König der Juden, sein soll. Denn er hat Angst und will selbst König bleiben.

Traurig macht sich der Junge auf den Heimweg. »Herodes ist ein böser Mann«, murmelt er. Der Hund, der sonst am Abend immer im Palast bleibt, folgt ihm. Vor dem Tor senkt er die Nase zu Boden, schnüffelt, jault auf und folgt der Spur, die er gefunden hat.

Der Junge will ihn zurückhalten, aber der Hund ist stärker als er. Wenn Daniel den Lieblingshund des Königs nicht verlieren will, muß er dem Tier folgen.

Bis vor das Stadttor rennt der Hund. Dort hat er die drei Magier eingeholt.

Diese schauen zum Himmel und wandern auf Bethlehem zu. Da sieht auch Daniel den strahlend hellen Stern. Er versucht nicht mehr, den Hund zurückzuhalten. Sie laufen bis in die späte Nacht. Am Rande der Stadt Bethlehem bleibt der Stern stehen.

Die Weisen finden in einem ärmlichen Stall ein Kind. Vor diesem Kind beugen sie sich nieder, bis ihre Stirn die Erde berührt. Sie beten das Kind an und überreichen ihm Geschenke. Maria, die Mutter des Kindes, und Josef, ihr Mann, nehmen die Geschenke entgegen: Gold, duftenden Weihrauch und kostbare Myrrhe.

Mit einem Male weiß Daniel, was das alles zu bedeuten hat. Als ein armes Kind ist der Messias auf die Welt gekommen. Da kniet auch der Junge nieder. Selbst der wilde Hund liegt ganz friedlich da, blinzelt aus sanften Augen und schlägt mit dem Schwanz. Der Junge erzählt, was er im Palast gehört hat und was für einen bösen Plan der König ausführen will.

Der lange Arbeitstag und der weite Weg von Jerusalem nach Bethlehem haben Daniel müde gemacht. Er lehnt sich an die noch sonnenwarme Steinwand und schläft ein. Als er früh am nächsten Morgen aufwacht, sind die Magier schon weitergezogen. Schnell bricht der Junge auf. Er muß pünktlich im Palast sein, sonst wird Herodes zornig. Er kommt gerade noch rechtzeitig. Daniel findet die Weisen nicht im Palast. Er freut sich. Sie sind nicht nach Jerusalem zurückgekehrt. Sie ziehen auf einem anderen Weg in ihre Heimat zurück.

Herodes wartet voll Ungeduld drei Tage lang. Einmal hockt er sich finster auf seinen Thronsessel, dann läuft er mit großen Schritten durch den Saal, schreit die Diener an, versinkt wieder in dumpfes Brüten. Angst breitet sich aus. Die Diener wagen nicht, miteinander zu reden, und schleichen an den Wänden entlang. Nur der wilde Hund ist wie ausgewechselt. Er springt übermütig umher, neckt die Diener und legt sich dann und wann auf den Rücken und reckt die Beine in die Luft.

»Schafft mir das Vieh für immer aus den Augen«, schreit Herodes. »Es hat mich getäuscht. Den Jungen, den nehmt gleich mit. Ich will ihn nicht mehr sehen.«

Ein Soldat zerrt Daniel und den Hund in den Hof. Er hebt seine Lanze und will das Tier töten. Doch der Hund drängt sich zutraulich an den Soldaten und versucht, ihm die Hand zu lecken.

»Laß ihn leben«, bittet der Junge.

Der Soldat zaudert, läßt schließlich die Waffe sinken und sagt: »Gut, er soll leben, der Messiashund. Aber nimm das Biest mit und laß dich nie mehr in der Nähe des Palastes blicken!«

Das verspricht Daniel.

Ängstlich hält sich der Junge vom Palast fern. Tage später hört er dann von dem furchtbaren Verbrechen. Herodes hat in Bethlehem und in der ganzen Gegend alle Knaben bis zum Alter von zwei Jahren durch seine Soldaten töten lassen.

Als Daniel das erfährt, da schlingt er die Arme fest um den Hals des Hundes. »Die klugen Schriftgelehrten, all die vielen Ratgeber, ja sogar Herodes, haben doch alles vom Messias gewußt«, flüstert er. »Warum haben sie nicht geglaubt? Warum, warum haben sie nicht geglaubt?«

Es dauert Wochen, bis sich in der Stadt die Nachricht herumspricht, daß Jesus, Maria und Josef aus Bethlehem auf einem Esel vor Herodes und seinen Soldaten geflohen sind, geflohen ins ferne Land Ägypten.

Quellenverzeichnis

Martin und Markus mit dem Raben (Echter Verlag)
Tollwut, aus: Zeit zu hassen, Zeit zu lieben (Arena Verlag)
Das schönste Rad der Welt, aus: Die Vögel des Himmels – die Fische der See (Echter Verlag)
Die Macht der Liebe, aus: Kristina, vergiß nicht . . . (Arena Verlag)
Der Alvenbogen, aus: Ein Pferd, ein Pferd, wir brauchen ein Pferd (dtv-junior)
Freundschaft, aus: Es geschah im Nachbarhaus (Arena Verlag)
Der blaue Götterstein, aus: Zeit zu hassen, Zeit zu lieben (Arena Verlag)
Zwölf Wünsche für Elisabeth (Echter Verlag)
Die wildgewordene Straßenbahn, aus: Ein Pferd, ein Pferd, wir brauchen ein Pferd (dtv-junior)
Ein Fisch, ein Fisch ist mehr als nur ein Fisch (Echter Verlag)
Sie lebt, weil sie starb, aus: Bellm/Fährmann, Als hätt' der Himmel die Erde still geküßt (Butzon & Bercker)
Das Jahr der Wölfe, aus: Das Jahr der Wölfe (Arena Verlag)
Nikolaus und Jonas mit der Taube (Echter Verlag)
Der Alte, aus: Kristina, vergiß nicht . . . (Arena Verlag)
Die Hechte werden bald beißen, aus: Der lange Weg des Lukas B. (Arena Verlag)
Die Rose im Poncho (nach einer Idee von Herrn G. Bauer, Essen)
Ein Stern ging auf (nach einer Idee von Frau Tiltmann-Fuchs, Odental)
Anthony Burns, aus: Der lange Weg des Lukas B. (Arena Verlag)
Mirjam, aus: Der lange Weg des Lukas B. (Arena Verlag)
Tod am Brunnen, aus: Der lange Weg des Lukas B. (Arena Verlag)
Die Eulenmühle, aus: Ein Pferd, ein Pferd, wir brauchen ein Pferd (dtv-junior)
Jan und die toten Säuglinge, aus: Der Hirschhornknopf im Klingelbeutel (Echter Verlag)
Die Gewißheit des Wortes, aus: Zeit zu hassen, Zeit zu lieben (Arena Verlag)
Die Kündigung, aus: Wind ins Gesicht (Arena Verlag)
Daniel und der Hund des Königs (Echter Verlag)